프로그램관리 표준서
(THE STANDARD FOR PROGRAM MANAGEMENT)

제4판

의회도서관 출판시도서목록 데이터 신청을 마쳤습니다.

ISBN: 978-1-62825-609-3
  출판기관: Project Management Institute, Inc.
  14 Campus Boulevard
  Newtown Square, Pennsylvania 19073-3299 USA
  전화: +1 610-356-4600
  팩스: +1 610-356-4647
  이메일: customercare@pmi.org
  인터넷: www.PMI.org

©2017 Project Management Institute, Inc. All Rights Reserved.

프로젝트관리협회(Project Management Institute, Inc.) 콘텐츠는 대부분의 국가에서 인정되는 미국 지적재산권법에 의해 저작권이 보호됩니다. PMI의 콘텐츠를 재출판하거나 복제하려면 PMI의 허가를 받아야 합니다. 자세한 내용은 http://www.pmi.org/permissions 에서 확인하시기 바랍니다.

주문 또는 가격 관련 정보는 IPG(Independent Publishers Group)로 문의하시기 바랍니다.
  Independent Publishers Group
  Order Department
  814 North Franklin Street
  Chicago, IL 60610 USA
  전화: +1 800-888-4741
  팩스: +1 312-337-5985
  이메일: orders@ipgbook.com (주문 전용)

그 밖의 의문사항은 PMI Book Service Center로 문의하시기 바랍니다.
  PMI Book Service Center
  P.O. Box 932683, Atlanta, GA 31193-2683 USA
  전화: +1-866-276-4764 (미국 또는 캐나다) 또는 +1-770-280-4129 (기타 국가)
  팩스: +1-770-280-4113
  이메일: info@bookorders.pmi.org

미국에서 인쇄됨. 출판사의 사전 서면 허가 없이는 어떠한 형식이나 수단(전자 매체, 수동, 복사, 녹음) 또는 정보 저장 및 검색 시스템으로도 이 책의 어떤 부분도 복제하거나 전송할 수 없습니다.

이 책에 사용된 용지는 미국정보표준기구(National Information Standards Organization, NISO)에서 공표한 보존용지기준 (Z39.48-1984)을 준수합니다.

PMI, PMI 로고, PMBOK, OPM3, PMP, CAPM, PgMP, PfMP, PMI-RMP, PMI-SP, PMI-ACP, PMI-PBA, PROJECT MANAGEMENT JOURNAL, PM NETWORK, PMI TODAY, PULSE OF THE PROFESSION, 그리고 슬로건 MAKING PROJECT MANAGEMENT INDISPENSABLE FOR BUSINESS RESULTS. (프로젝트관리는 비즈니스 실적에 필수 요소.) 는 모두 프로젝트관리협회 (Project Management Institute, Inc.) 의 마크입니다. 전체 PMI 상표 목록에 대해서는 PMI 법무 부서에 문의하십시오. 본 출판문에 등장하는 그 밖의 모든 상표, 서비스 마크, 상호, 트레이드 드레스, 제품 이름 및 로고는 해당 소유주의 자산입니다. 여기에서 명시적으로 부여되지 않은 모든 권리는 유보됩니다.

10 9 8 7 6 5 4 3 2 1

고지 사항

여기에 포함된 문서를 비롯하여 프로젝트관리협회(PMI) 표준 및 지침 관련 출판물은 자발적으로 합의되는 표준 개발 프로세스를 통해 개발됩니다. 개발 프로세스에서 자원자들이 모여 이 지침서에서 다루는 주제에 관심이 있는 사람들의 견해가 종합적으로 통합됩니다. PMI에서 개발 프로세스를 관리하고 합의 도출 과정의 공정성을 높이기 위한 규칙을 제정하는 동안에는 서적을 간행하지 않으며 특정 정보의 정확성이나 완전성 또는 표준이나 지침서에 포함된 모든 판단의 확실성을 시험 또는 평가하거나 검증하지 않습니다.

PMI는 출판물, 응용프로그램 사용 또는 이 지침서 참조로 인해 직접적 또는 간접적으로 발생하는 특별, 간접적, 부수적 및 보상적 성질을 포함한 모든 종류의 신체 부상, 재산 또는 기타 손해에 대해 어떠한 책임도 지지 않습니다. PMI는 여기에 수록된 정보의 정확성 또는 완전성과 관련하여 명시적으로나 묵시적으로 어떠한 보증이나 주장도 하지 않으며, 이 지침서의 정보가 사용자의 특정 목적 또는 요건을 충족할 것임을 보증하지 않습니다. 표준 또는 지침서를 통해 개별 제조업체나 판매자의 제품 또는 서비스의 성능을 보장하지도 않습니다.

이 지침서의 출판 및 제작 과정에서 PMI는 특정 개인 또는 법인을 위하거나 대신하여 전문 분야 등의 서비스를 제공하지 않으며, 특정 개인 또는 법인에 대한 제3자의 의무를 이행하지 않습니다 이 지침서의 독자는 주어진 상황에 합당한 대처 방식을 결정함에 있어 유능한 전문가의 조언을 구하거나 각자 독자적인 판단을 내려야 합니다. 이 지침서에서 다룬 주제와 관련된 정보 및 기타 표준뿐 아니라 여기에 포함되지 않은 기타 정보나 관점에 대해서도 그밖에 다양한 출처에서 확인할 수 있습니다.

PMI에서는 본 지침서의 내용을 준수하도록 강요하거나 준수 여부를 감시하지 않으며, 그러한 권한을 보유하지도 않습니다. 또한, 안전이나 보건 목적으로 제품, 디자인, 설치물을 인증 또는 테스트하거나 검사하지 않습니다. 지침서에 수록된 보건 또는 안전 관련 정보의 준수 인증이나 그밖에 고지는 PMI와 무관하며 전적으로 해당 인증자 또는 고지자의 책임입니다.

목차

1. 머리말 1
   1.1 프로그램관리 표준서의 목적 2
   1.2 프로그램이란 무엇인가? 3
      1.2.1 프로그램 착수 6
      1.2.2 포트폴리오, 프로그램 및 프로젝트 사이의 관계 7
   1.3 프로그램관리란 무엇인가? 8
   1.4 포트폴리오관리, 프로그램관리, 프로젝트관리 사이의 관계 및 조직차원
       프로젝트관리(OPM)에서 각각의 역할 10
      1.4.1 포트폴리오관리, 프로그램관리 및 프로젝트관리 사이의 상호작용 ... 12
      1.4.2 프로그램관리와 포트폴리오관리 사이의 관계 12
      1.4.3 프로그램관리와 프로젝트관리 사이의 관계 12
   1.5 조직의 전략, 프로그램관리 및 운영관리 사이의 관계 14
   1.6 비즈니스 가치 15
   1.7 프로그램 관리자의 역할 16
      1.7.1 프로그램 관리자 역량 17
   1.8 프로그램 스폰서의 역할 20
   1.9 프로그램관리오피스의 역할 20

2. 프로그램관리 성과 도메인 23
2.1 프로그램관리 성과 도메인 정의 24
2.2 프로그램관리 성과 도메인 상호작용 25
2.3 조직의 전략, 포트폴리오관리 및 프로그램관리 연계 26
2.4 포트폴리오와 프로그램의 차이점 26
2.5 프로그램과 프로젝트의 차이점 28
2.5.1 불확실성 28
2.5.2 변경관리 29
2.5.3 복잡성 31

3. 프로그램 전략연계 33
3.1 프로그램 비즈니스 케이스 35
3.2 프로그램헌장 36
3.3 프로그램 로드맵 36
3.4 환경 평가 38
3.4.1 기업환경요인 38
3.4.2 환경 분석 39
3.5 프로그램 리스크관리 전략 41
3.5.1 전략연계를 위한 리스크관리 41
3.5.2 프로그램 리스크 한계선 41
3.5.3 초기 프로그램 리스크 평가 42
3.5.4 프로그램 리스크 대응 전략 42

4. 프로그램 편익관리 43
4.1 편익 식별 46
4.1.1 편익 관리대장 47
4.2 편익분석 및 기획 48
4.2.1 편익관리 계획서 50
4.2.2 편익관리 및 프로그램 로드맵 50
4.2.3 편익 관리대장 업데이트 50

4.3 편익 인도 51
4.3.1 편익 및 프로그램 구성요소 52
4.3.2 편익 및 프로그램 거버넌스 52
4.4 편익 이전 53
4.5 편익 지속 55

5. 프로그램 이해관계자 참여 57
5.1 프로그램 이해관계자 식별 60
5.2 프로그램 이해관계자 분석 62
5.3 프로그램 이해관계자 참여 기획 63
5.4 프로그램 이해관계자 참여 64
5.5 프로그램 이해관계자 의사소통 66

6. 프로그램 거버넌스 67
6.1 프로그램 거버넌스 실무 70
6.1.1 프로그램 거버넌스 계획서 70
6.1.2 프로그램 거버넌스, 비전 및 목표 71
6.1.3 프로그램 승인, 인증 및 정의 72
6.1.4 프로그램 성공 기준 72
6.1.5 프로그램 감시, 보고 및 통제 72
6.1.6 프로그램 리스크 및 이슈 거버넌스 73
6.1.7 프로그램 품질 거버넌스 74
6.1.8 프로그램변경 거버넌스 74
6.1.9 프로그램 거버넌스 검토 75
6.1.10 정기적인 프로그램 건전성 점검 76
6.1.11 프로그램 구성요소 착수 및 이전 76
6.1.12 프로그램 종료 78
6.2 프로그램 거버넌스 역할 78
6.2.1 프로그램 스폰서 80
6.2.2 프로그램 운영위원회 81
6.2.3 프로그램관리오피스 82

6.2.4 프로그램 관리자 83
　　6.2.5 프로젝트 관리자 84
　　6.2.6 기타 이해관계자 85
　6.3 프로그램 거버넌스 설계 및 구현 85

7. 프로그램 생애주기 관리 89
　7.1 프로그램 생애주기 89
　　7.1.1 프로그램 생애주기 단계 개요 90
　　7.1.2 프로그램 정의 단계 91
　　7.1.3 프로그램 인도 단계 95
　　7.1.4 프로그램 종료 단계 97
　7.2 프로그램 활동 및 통합 관리 98
　　7.2.1 프로그램 활동 개요 98
　　7.2.2 프로그램 통합관리 99
　　7.2.3 프로그램 활동에 프로그램 생애주기 연결 103

8. 프로그램 활동 105
　8.1 프로그램 정의 단계 활동 106
　　8.1.1 프로그램 구상 활동 106
　　8.1.2 프로그램 기획 단계 활동 110
　8.2 프로그램 인도 단계 활동 124
　　8.2.1 프로그램 변경 감시 및 통제 125
　　8.2.2 프로그램 의사소통관리 125
　　8.2.3 프로그램 재무관리 127
　　8.2.4 프로그램 정보관리 130
　　8.2.5 프로그램 조달관리 131
　　8.2.6 프로그램 품질보증 및 품질통제 132
　　8.2.7 프로그램 자원관리 133
　　8.2.8 프로그램 리스크 감시 및 통제 134
　　8.2.9 프로그램 일정 감시 및 통제 136
　　8.2.10 프로그램 범위 감시 및 통제 137

    8.3 프로그램 종료 단계 활동 138

        8.3.1 프로그램 재무 종료 139

        8.3.2 프로그램 정보 보관 및 이전 139

        8.3.3 프로그램 조달 종료 140

        8.3.4 프로그램 자원이전 140

        8.3.5 프로그램 리스크관리 이전 140

참조 자료 141

부록 X1
제4판 변경 사항 143

부록 X2
프로그램관리 표준서 제4판의 기여자 및 검수자 157

용어해설 163

색인 169

표 및 그림 목록

그림 1-1.	프로그램 생애주기	5
그림 1-2.	포트폴리오, 프로그램, 프로젝트 및 조직 전략의 예	8
그림 2-1.	프로그램관리 성과 도메인	24
그림 3-1.	프로그램 전략연계의 요소	34
그림 3-2.	프로그램 로드맵의 예	37
그림 4-1.	프로그램 생애주기 및 프로그램 편익관리	46
그림 4-2.	일반적인 프로그램 생애주기 전반에 걸친 원가 및 편익 프로필 예시	49
그림 5-1.	프로그램의 이해관계자 환경	58
그림 5-2.	이해관계자의 권력/이해관계 배치도 예	63
그림 6-1.	거버넌스 계층구조	68
그림 7-1.	프로그램 생애주기 단계	91
그림 8-1.	프로그램 구상 단계 활동 상호작용	106
그림 8-2.	프로그램 기획 단계 활동 상호작용	111
그림 8-3.	프로그램 인도 단계 활동 상호작용	124
그림 8-4.	프로그램 종료 단계 활동 상호작용	138

표 1-1.	프로젝트관리, 프로그램관리, 포트폴리오관리의 비교 개요	11
표 5-1.	이해관계자 관리대장	60
표 7-1.	지원 활동과 프로그램관리 생애주기 단계 연결	104
표 X1-1.	제4판의 상위 수준 변경사항	146
표 X1-2.	1 단원 - 제4판	148
표 X1-3.	2 단원 - 제4판	149
표 X1-4.	3 단원 - 제4판	150
표 X1-5.	4 단원 - 제4판	151
표 X1-6.	5 단원 - 제4판	152
표 X1-7.	6 단원 - 제4판	153
표 X1-8.	7 단원 - 제4판	154
표 X1-9.	8 단원 - 제4판	155

1

머리말

프로그램관리 표준서 제4판에서는 프로그램관리 원칙을 소개하고 설명한다. 일반적으로 인정되는 프로그램 및 프로그램관리에 대한 정의 및 프로그램 성공에 중요한 프로그램관리 성과 도메인, 프로그램 생애주기, 중요한 프로그램관리 원칙, 실무 및 활동에 대한 개념을 제공한다. 제4판 프로그램관리 표준서는 이전 판에 제시된 개념을 확대하고 명확하게 정의한다. 더 나아가 최신판 프로젝트관리지식체계 지침서(PMBOK® Guide) [1],[1] The Standard for Portfolio Management(포트폴리오관리 표준서) [2], Implementing Organizational Project Management: A Practice Guide(조직차원프로젝트관리구현: 실무지침서) [3], PMI Lexicon of Project Management Terms(PMI 프로젝트관리용어집) [4]을 포함하여 프로젝트관리협회(Project Management Institute, PMI)에서 발행하는 기본적이며 핵심적인 표준서 및 지침서들을 보완하고 이들과 연계된다.

이 단원에서는 표준서의 범위에 관련된 용어들을 정의 및 설명하며, 이어지는 내용을 소개한다. 다음과 같은 주요 단원들로 구성된다.

1.1 프로그램관리 표준서의 목적

1.2 프로그램이란 무엇인가?

1.3 프로그램관리란 무엇인가?

1.4 포트폴리오관리, 프로그램관리, 프로젝트관리 사이의 관계 및 조직차원 프로젝트관리(OPM)에서 각각의 역할

1.5 조직의 전략, 프로그램관리, 운영관리 사이의 관계

1.6 비즈니스 가치

1.7 프로그램 관리자의 역할

1.8 프로그램 스폰서의 역할

1.9 프로그램관리오피스의 역할

---

[1] 괄호 안의 숫자는 표준서 맨 뒤에 나온 참조 목록을 가리킨다.

1.1 프로그램관리 표준서의 목적

프로그램관리 표준서는 우수한 프로그램관리 실무를 지원하는 것으로 널리 인정되고, 대부분의 경우 및 대다수 프로그램에 적용될 수 있는 프로그램관리 원칙, 실무와 활동에 대한 지침을 제공한다.

- ◆ **프로그램관리의 원칙은** 프로그램의 효과적인 관리에 부합되며 중요하다고 여겨지는 원칙이다.
- ◆ **일반적으로 인정된다는 것은** 설명된 원칙, 지식 및 실무가 가치 있고 유용하다고 일반적으로 동의한다는 것을 뜻한다.
- ◆ **우수 실무란** 인도되고 실현된 편익의 정도와 효과를 측정한 결과가 그 원칙, 지식 및 실무를 적용하는 것이 프로그램의 관리를 개선하고 프로그램의 성공 가능성을 높인다고 일반적으로 동의할 수 있는 실무를 뜻한다. 우수 실무라고 해서 표준서의 전체 기준을 모든 프로그램에 적용해야 함을 의미하지는 않는다. 프로그램 및 후원하는 조직의 고유하거나 특수한 요구사항에 따라, 주어진 프로그램에 가장 적합한 실무를 결정하는 것은 조직의 리더, 프로그램 관리자, 프로그램팀 및 프로그램관리오피스(있는경우)의 책임이다.

또한 프로그램관리 표준서는 일반적으로 그리고 특히 다음과 같은 담당자와 소통할 때 프로그램 관리자의 역할에 대한 공통된 이해를 제공하려는 목적을 가지고 있다.

- ◆ 그 프로그램 또는 구성요소들이 포함된 포트폴리오의 포트폴리오 관리자
- ◆ 그 프로그램에 속한 프로젝트의 프로젝트 관리자
- ◆ 프로그램 스폰서 및 프로그램 운영위원회의 다른 위원들. 이 위원회를 프로그램 거버넌스 보드 또는 포트폴리오 거버넌스 보드라고도 한다.
- ◆ 프로그램관리오피스 또는 프로젝트관리오피스
- ◆ 그 프로그램 또는 다른 하위 프로그램에 종사하는 프로그램 팀원
- ◆ 프로그램 편익 수혜자
- ◆ 그 프로그램에 영향을 줄 수 있는 기타 이해관계자 또는 이해관계자 집단(예: 조직 임원진, 비즈니스 파트너, 클라이언트, 공급업체, 판매업체, 리더 또는 정치 집단)

프로그램관리 표준서는 프로그램 관리자가 업무 수행 과정에서 준수해야 하는 책임, 존중, 공정성 및 정직의 의무를 명시한 프로젝트관리협회(Project Management Institute, PMI)의 윤리 및 직무 강령 [5]에 따라 적용되도록 의도되었다. 윤리 및 직무 강령에 따라 실무자는 윤리와 직무 강령을 성실하게 이행해야 하며, 법률과 규정, 조직 및 직무 정책을 준수할 의무를 가진다.

1.2 프로그램이란 무엇인가?

프로그램이란 개별적으로 관리해서는 실현되지 않는 편익을 달성하기 위해 통합된 방식으로 관리하는 다양한 관련 프로젝트, 하위 프로그램 및 프로그램 활동들로 정의된다.

여러 개의 프로젝트, 하위 프로그램 및 프로그램 활동을 하나의 프로그램으로 관리하면, 구성요소 결과물 또는 후원하는 조직의 추진 방향이나 전략 변경에 맞춰 적절히 프로그램 *구성요소들의* 전략 및 작업 계획을 조정할 수 있으므로 편익의 인도 성과가 향상된다. 주로 스폰서 조직이나 후원하는 조직의 구성원에게 편익을 인도하기 위해서 프로그램을 수행한다. 프로그램은 현재 역량 강화, 변경 촉진, 자산 형성 또는 유지, 새로운 제품 및 서비스 제공, 가치 창출 또는 보존을 위한 새로운 기회 개발 등을 통해 편익을 제공할 수 있다. 이러한 편익은 후원하는 조직과 프로그램의 의도된 수혜자 또는 이해관계자에게 유용성을 제공하는 결과로서 후원조직에 인도된다.

프로그램은 주로 산출물과 결과를 생산할 목적으로 추진되는 구성요소 프로젝트 및 하위 프로그램을 통해 의도된 편익을 인도한다. 프로그램의 구성요소들은 각각 편익 인도에 기여하는 상호 보완적 목표를 통해서 상관 관계를 맺는다.

구성요소 프로젝트나 프로그램 중 공통 또는 상호 보완적 목표를 지향하지 않는 요소, 공통 편익의 인도에 공동으로 기여하지 않는 요소, 지원이나 기술 또는 이해관계자들의 공통적인 출처에 의해서만 연관되는 요소들은 대개 프로그램이 아닌 포트폴리오로써 관리할 때 성과가 향상된다(The Standard for Portfolio Management (포트폴리오관리 표준서) [2] 참조).

다음은 프로그램을 구성하는 요소들과 각각의 정의를 정리한 목록이다.

- ◆ **구성요소**는 프로그램을 지원하기 위해 수행되는 프로젝트, 하위 프로그램 또는 그 밖의 관련 활동들이다.

- ◆ **프로젝트**는 프로젝트관리지식체계 지침서(PMBOK® Guide) [1]에서 설명한 대로 고유한 제품, 서비스 또는 결과를 창출하기 위해 한시적으로 투입하는 노력이다. 프로젝트는 *예산, 일정, 사양, 범위 및 품질 등의 정해진 제약* 안에서 프로그램에 의해 요구되는 산출물 또는 결과를 생산하기 위해 수행한다.

- ◆ 때로 부속 프로그램이라고 하는 **하위 프로그램**은 기본 프로그램에 중요한 일련의 하위 목표를 달성하기 위해 후원되고 수행되는 프로그램이다. 예를 들어 전기자동차 신제품을 개발하는 프로그램이 모터, 배터리 및 충전소 신기술 개발과 관련된 여러 다른 프로그램을 후원할 수 있다. 하위 프로그램 각각은 이 표준서에 설명된 대로 관리되며, 후원하는 프로그램의 구성요소로서 감시되고 관리된다.

- ◆ **기타 프로그램 관련 활동**은 프로그램을 지원하기 위해 수행되기는 하지만 프로그램에 의해 후원되거나 수행되는 하위 프로그램 또는 프로젝트에 직접 연관되지 않는 작업 프로세스 또는 활동이다. 프로그램에 의해 후원되는 프로세스 및 활동의 예로는 교육, 기획, 프로그램 수준 통제, 보고, 회계 및 행정관리와 관련된 프로세스와 활동들이 있다. 프로그램 구성요소와 직접 관련된 운영 활동 또는 유지보수 기능을 기타 프로그램 관련 활동으로 간주할 수 있다.

    프로그램관리 상황에서 용어 '활동'이 사용될 때는 프로그램 활동으로 인식되어야 한다. 프로그램 활동은 프로그램을 지원하기 위해 수행되는 활동이며, 프로그램의 하위 프로젝트 진행 중에 수행되는 활동은 프로그램 활동이 아니다.

프로젝트와 프로그램 사이의 주된 차이점은 구성요소들의 결과가 개별적으로 실현됨에 따라 편익의 인도 전략을 적절히 최적화할 필요가 있다는 프로그램 내 인식에 기반한다. 초기에는 프로그램의 편익을 인도하기 위한 최상의 방법이 모호하거나 불확실할 수 있다. 프로그램의 구성요소가 인도하는 결과는 프로그램의 의도된 편익을 인도하는 데 기여하며, 필요에 따라 프로그램 및 그 구성요소의 전략을 개선하는 데에도 기여한다.

프로그램으로서 중점 추진 과제 관리의 주된 가치는 조직에 최적 상태로 편익을 인도하기 위해 전략을 기꺼이 조정하려는 프로그램 관리자의 의지에 기반한다. 구성요소들의 결과 및 산출물에 맞춘 프로그램의 잠재적 조정 필요성과 프로그램 전략 또는 계획의 잠재적 수정 필요성의 결과로서, 반복적이고 비순차적인 방식으로 프로그램 구성요소들이 추진될 수 있다.

그림 1-1의 프로그램 생애주기에서 프로그램 인도 단계의 비순차적 특성을 보여준다. 프로그램에서는 구성요소들의 반복적 추진을 통해 조직의 편익에 기여하는 일련의 산출물과 결과가 생산될 것으로 기대된다. 프로그램 편익은 프로그램 기간 전반에 걸쳐 점진적으로 실현되거나 프로그램 종료 시점 또는 이후에 실현될 수 있다. 프로그램 생애주기에 대해서는 이 표준서 7 단원에서 자세히 설명한다.

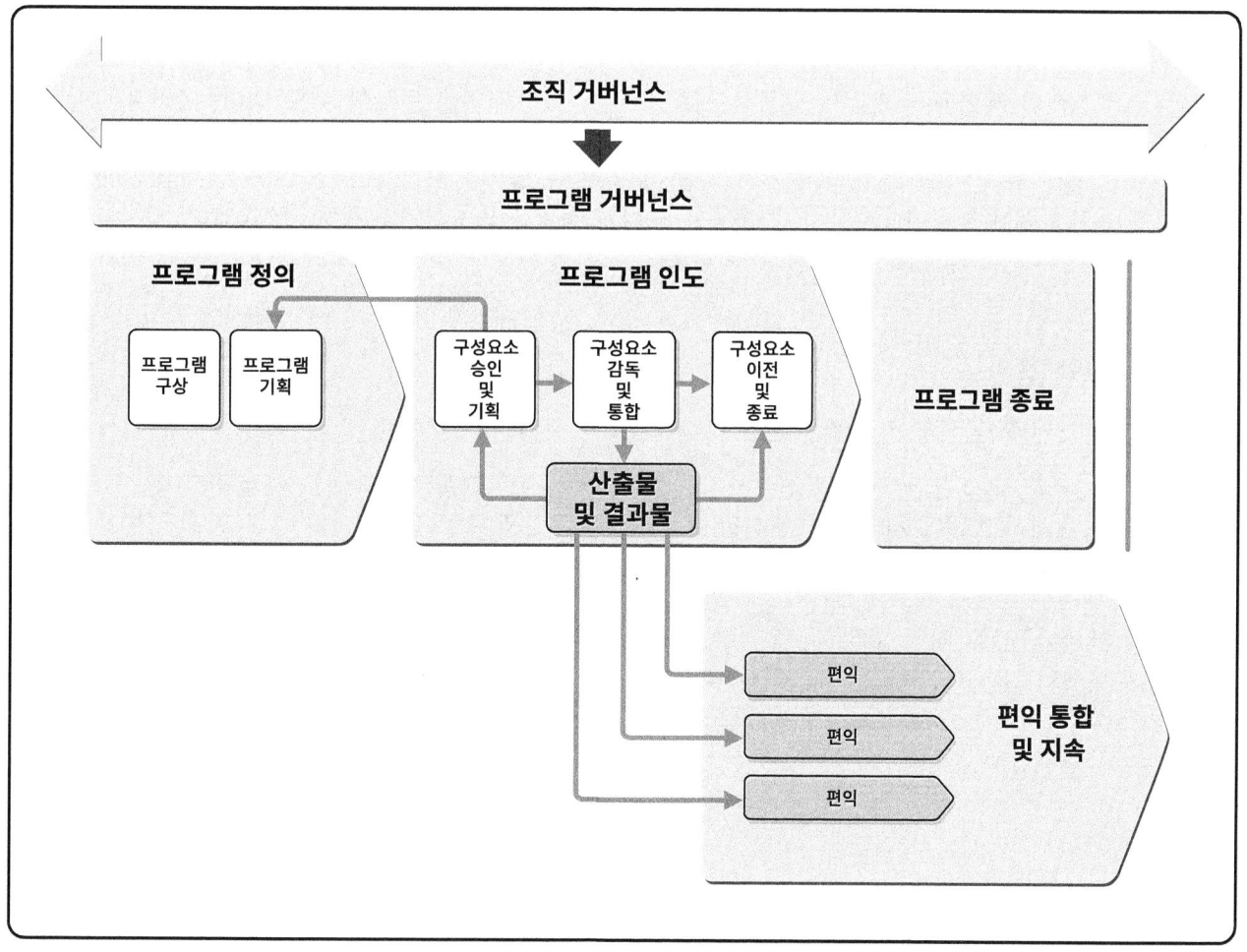

그림 1-1. 프로그램 생애주기

점진적으로 편익을 인도하는 프로그램의 한 가지 예로, 조직 차원의 프로세스 개선 프로그램이 있다. 이러한 프로그램은 통합에 따른 편익의 완벽한 실현 보장(예: 개선된 프로세스의 채택 보장 또는 새로운 프로세스로 직원 만족도 및 성과 측정)을 위해 특정 프로세스(예: 재무 통제 프로세스, 재고관리 프로세스, 채용 프로세스, 성과 평가 프로세스) 및 하위 프로그램을 표준화하고 통합하는 방향으로 구성요소 프로젝트들을 추진하도록 구상될 수 있다. 각 구성요소가 완료될 때 점진적으로 편익을 인도할 수 있다. 구성요소의 결과로 프로세스, 만족도 및 성과를 한층 더 개선하는 새 프로젝트가 시작될 수 있다. 하지만 사업 개선에 필요한 모든 프로젝트 및 하위 프로그램이 각각의 의도된 프로그램 편익을 인도하기 전까지는 프로그램이 완료되지 않는다.

또는 프로그램이 통합된 결과로서 일괄적으로 의도된 모든 편익을 인도할 수도 있다. 이러한 경우에는 프로그램이 완료될 때까지 프로그램의 편익이 실현되지 않는다. 의약품 개발 프로그램을 통합된 편익 인도 방식의 프로그램으로 간주할 수 있다. 전체 의약품 개발 프로그램이 성공적으로 완료되고, 제품 판매 승인을 받은 후 환자 치료에 사용되어 조직이 판매 수익을 달성할 때까지 프로그램의 개별 구성요소가 편익을 인도할 것으로 예상되지 않기 때문이다.

1.2.1 프로그램 착수

프로그램은 일반적으로 두 가지 방법으로 착수되거나 인식된다.

- ◆ 새로운 목표, 목적 또는 전략을 추구하기 위해 착수된 프로그램은 구성요소 프로젝트 및 프로그램의 작업을 개시하기 전에 시작된다. 이러한 프로그램은 일반적으로 새로운 전략 목표와 목적을 지원하기 위해 시작되며, 조직은 프로그램을 통해 비전과 사명을 추구할 수 있다. 이러한 프로그램의 예로는, 인간 행동에 영향을 주기 위해(건전한 행동 방식 또는 테러 위협에 대한 인식 고취, 또는 새로운 규정의 엄격한 준수) 또는 위기 대응(예: 재난 구호 활동 또는 공중 보건 문제 관리)을 위해서 조직의 전략기획 프로세스의 일환(예: 새로운 제품이나 서비스 개발 또는 새로운 시장으로 확장하기 위한 포트폴리오 기반 의사결정의 일환)으로 시작된 프로그램이 있다. 이러한 프로그램은 일반적으로 시작 단계부터 프로그램관리 활동을 통해 지원된다.

- 조직에서 공통의 결과, 역량, 목표 또는 편익을 추구하는 과정에 진행 중인 프로젝트, 프로그램 및 기타 작업들이 상관됨을 인식할 때에도 프로그램이 형성될 수 있다(예: 이전의 독립적 소프트웨어 개발 중점 추진 과제에 의해 지원되는 프로세스 개선 프로그램 또는 공립 공원 건설, 교통 통제 프로젝트 및 지역사회 지원 프로그램에 의해 지원되는 근린재생 프로그램). 대개 조직에서 진행 중인 중점 추진 과제를 단일 프로그램으로써 관리하면 조직의 편익이 더 효과적으로 실현될 것이라고 판단할 때 이러한 프로그램이 형성된다. 이러한 프로그램은 프로젝트의 일부 또는 전부가 시작된 후 프로그램관리 활동을 통해 지원된다.

새로 시작되거나 확인된 프로그램은 모두 이 표준서의 다음 단원에서 설명하는 원칙 및 생애주기관리 지침에 따라 관리해야 한다. 예를 들어, 프로그램 정의에 중요한 활동이 관련 프로젝트 및 다른 프로그램이 이미 시작되었을 수 있는 프로그램에 대해 완료되었는지 확인하는 것은 프로그램 관리자의 책무이다.

1.2.2 포트폴리오, 프로그램 및 프로젝트 사이의 관계

포트폴리오, 프로그램 및 프로젝트 간에 다음과 같은 관계가 형성된다.

- 포트폴리오란 전략 목표를 달성하기 위해 하나의 그룹으로 관리되는 프로젝트, 프로그램, 하위 포트폴리오 및 운영 업무들의 집합이다.

- 프로그램은 개별적으로 관리해서는 실현되지 않는 편익을 달성하기 위해 통합적인 방식으로 관리되는 다양한 관련 프로젝트, 하위 프로그램 및 프로그램 활동들로 구성된다. 조직의 전략 목표에 중요한 편익을 인도하기 위해 수행되는 프로그램은 포트폴리오의 공통 요소이다.

- 독립적으로 관리되든 또는 프로그램의 일부로 관리되든 상관없이 프로젝트는 고유한 제품, 서비스 또는 결과를 산출하기 위해 수행되는 한시적인 노력이다.

조직 포트폴리오의 중요한 요소로서 프로그램과 프로젝트는 조직의 전략 목표를 지원하는 데 필요한 산출물과 결과물을 생산하기 위해 수행된다.

그림 1-2에서 조직의 전략을 추구하기 위해 프로그램 및 프로젝트 포트폴리오를 구성하는 방법의 예를 보여준다.

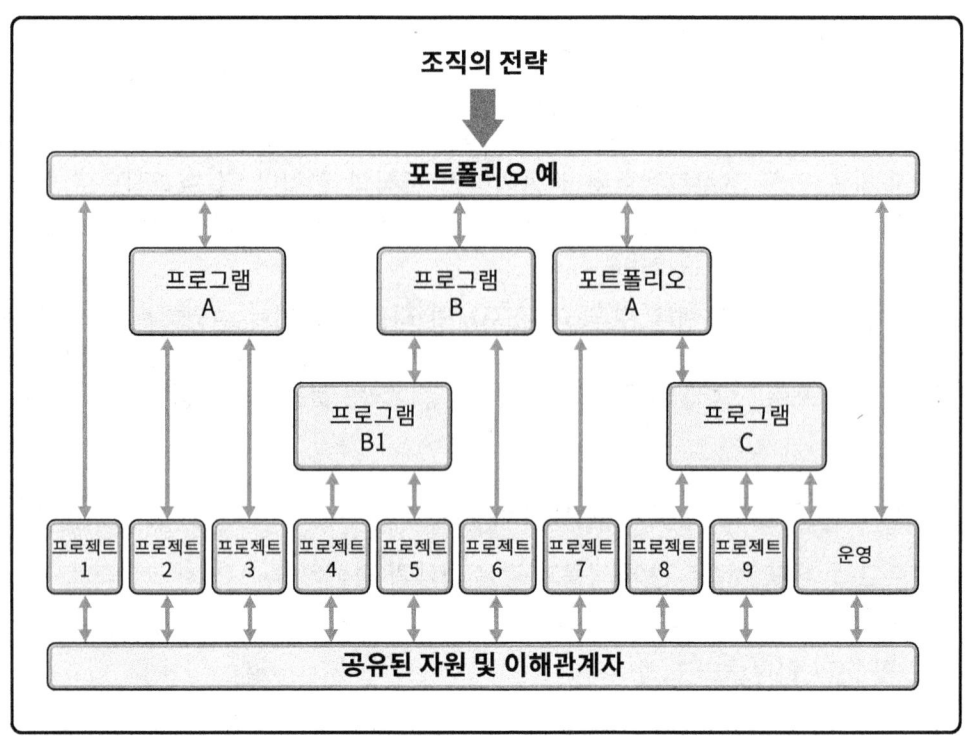

그림 1-2. 포트폴리오, 프로그램, 프로젝트 및 조직 전략의 예

1.3 프로그램관리란 무엇인가?

프로그램관리는 프로그램 목표를 달성하고 관련 프로그램 구성요소를 개별적으로 관리해서는 실현되지 않는 편익과 통제를 얻기 위해 지식과 기술, 원칙을 프로그램에 적용하는 기법으로 정의된다. 프로그램관리에는 프로그램 목표를 확실히 달성하고 프로그램 편익을 최적으로 인도하기 위해 프로그램 구성요소들을 조정하는 작업이 수반된다. 조직에서 프로그램 목표 및 목적을 달성할 책임을 지고 팀을 이끌도록 승인한 프로그램 관리자가 프로그램관리를 수행한다.

프로그램 관리자는 상호 의존적이고 상호 연관성이 있는 5가지 프로그램관리 성과 도메인인 프로그램 전략연계, 프로그램 편익관리, 프로그램 이해관계자 참여, 프로그램 거버넌스 및 프로그램 생애주기 관리 도메인에서 수행하는 활동을 통해 프로그램을 구성하는 프로젝트, 하위 프로그램 및 기타 프로그램 활동들의 효과적인 연계, 통합 및 통제를 유지해야 한다. 프로그램관리 성과 도메인은 프로그램관리 작업의 전체 범위 내에서, 특정 성과 도메인에서 발견된 활동을 다른 도메인의 활동과 차별화하고 고유하게 특성화하는 활동 또는 기능의 관련 영역들을 상호 보완적으로 분류한 영역이다. 이러한 성과 도메인에 대해서는 이 표준서의 다음 단원에서 자세히 설명한다. 프로그램 관리자는 이러한 프로그램관리 성과 도메인을 통해 구성요소 상호 의존관계를 감독하고 분석함으로써 프로그램 구성요소들을 관리할 최적의 방법을 결정한다. 다음은 이러한 상호 의존관계와 관련된 활동의 예이다.

- ◆ 프로그램 구성요소의 산출물과 결과가 어떤 방식으로 프로그램의 의도된 편익 인도에 기여하고 조직의 전략을 지원할 것으로 예상되는지 정의한다.
- ◆ 프로그램 구성요소의 편익이 조직의 목표와 전략적인 연계를 유지하는지 확인하기 위해 구성요소들의 편익 실현을 감시한다.
- ◆ 프로그램이 의도된 편익 추구를 효과적으로 최적화하고 가치를 제공할 수 있도록 프로그램 구성요소들의 산출물과 결과가 효과적으로 의사소통되고 고려되는지 확인한다.
- ◆ 모든 프로그램 구성요소, 작업 또는 단계에 걸쳐 프로그램 활동(예: 자금조달 및 조달)을 선도하고 조율한다.
- ◆ 프로그램 내에서 추진되는 모든 활동에 대하여 통합된 관점을 제공하기 위해 이해관계자들과 의사소통하고 보고한다.
- ◆ 프로그램의 여러 구성요소 전반의 리스크를 선제적으로 평가하고 이에 대응한다.
- ◆ 조직의 전략과 프로그램의 비즈니스 케이스에 프로그램 업무를 연계시킨다.
- ◆ 공유된 거버넌스 구조 내에서 범위, 원가, 일정, 자원, 품질 및 리스크 이슈를 해결한다.
- ◆ 여러 프로그램에서 문화적, 사회경제적, 정치적 및 환경적 차이를 효과적으로 해소하기 위해 프로그램관리 활동, 프로세스 및 인터페이스를 조정한다.

프로그램 관리자는 프로그램 및 그 구성요소들이 적절하게 계획, 통제 및 완료되고 프로그램 편익이 적절히 인도되고 유지되도록 하기 위해 프로그램관리 원칙을 적용한다.

1.4 포트폴리오관리, 프로그램관리, 프로젝트관리 사이의 관계 및 조직차원 프로젝트관리(OPM)에서 각각의 역할

포트폴리오관리, 프로그램관리, 프로젝트관리 사이의 관계를 이해하려면 이러한 분야들 간 유사점과 차이점을 인식하는 것이 중요하다. 또한 조직차원 프로젝트관리(OPM)와 어떤 방식으로 관련되는지 이해하는 것도 도움이 된다.

포트폴리오관리, 프로그램관리 및 프로젝트관리는 모두 조직에서 조직의 전략을 조정하고 효율적으로 추진하기 위한 체계적 수단을 제공한다. 그러나 포트폴리오관리, 프로그램관리 및 프로젝트관리는 전략 목표 달성에 기여하는 방식과 주안점에서 서로 다르다.

◆ 포트폴리오관리는 전략 목표를 달성하기 위해 하나 또는 그 이상의 포트폴리오를 중앙집중식으로 관리하는 기법이다. 포트폴리오관리에서는 후원할 프로그램 또는 프로젝트를 선택할 때, 해당 목표와 작업의 우선순위를 지정할 때, 자원이 적절히 확보되는지 확인할 때 우수 실무 확립 및 활용에 중점을 둔다. 포트폴리오관리 실무 표준에 대한 자세한 내용은 The Standard for Portfolio Management (포트폴리오관리 표준서) [2]를 참조한다.

◆ 프로그램관리는 프로그램 목표를 달성하고 관련 프로그램 구성요소를 개별적으로 관리해서는 실현되지 않는 편익과 통제를 얻기 위해 지식과 기술, 원칙을 프로그램에 적용하는 활동이다. 프로그램관리에서는 결과가 관련된 프로젝트 및 기타 프로그램 그룹을 추진하는 과정에서 파생되는 편익의 통합적, 효과적 인도에 중점을 둔다.

◆ 프로젝트관리란 프로젝트 요구사항을 충족시키기 위해 지식, 기술, 도구 및 기법 등을 프로젝트 활동에 적용하는 것이다. 프로젝트관리에서는 일정, 원가 및 사양에 대해 정의된 제약 내에서, 조직이 요구하는 산출물과 결과물을 효율적으로 인도하는 데 중점을 둔다. 프로젝트관리 실무에 관한 표준은 프로젝트관리지식체계 지침서 [1]에 설명되어 있다.

OPM은 전략 목표를 달성하기 위해 다양한 포트폴리오관리, 프로그램관리 및 프로젝트관리 실무를 통합한 프레임워크를 제공한다. OPM은 포트폴리오관리, 프로그램관리, 프로젝트관리 원칙 및 실무들을 연계하여 조율된 포트폴리오관리, 프로그램관리, 프로젝트관리 실무를 지원한다. 조직에 향상된 성능, 개선된 결과, 지속 가능한 전략적 편익을 창출하기 위해 OPM이 활용된다. OPM 실무에 대해서는 Implementing Organizational Project Management: A Practice Guide(조직차원 프로젝트관리 구현: 실무 지침서) [3]에 설명되어 있다.

표 1-1은 조직의 배경에서 포트폴리오, 프로그램 및 프로젝트의 범위, 초점 및 관리를 비교한 것이다. 프로젝트관리와 프로그램관리의 차이점은 2.5 단원에서 자세히 설명한다.

표 1-1. 프로젝트관리, 프로그램관리, 포트폴리오관리의 비교 개요

조직 프로젝트관리			
	프로젝트	프로그램	포트폴리오
용어 정의	프로젝트란 고유한 제품, 서비스 또는 결과를 창출하기 위해 일시적으로 투입하는 노력.	프로그램이란 개별적으로 관리해서는 실현되지 않는 편익을 달성하기 위해 통합적인 방식으로 관리하는 다양한 관련 프로젝트, 하위 프로그램 및 프로그램 활동.	포트폴리오란 전략적 목표를 달성하기 위해 그룹으로 관리되는 프로젝트, 프로그램, 하위 포트폴리오 및 작업.
범위	프로젝트는 정의된 목표를 갖는다. 범위는 프로젝트 생애주기 전반에 걸쳐 점진적으로 구체화된다.	프로그램은 프로그램 구성 요소의 범위를 포괄하는 범위를 갖는다. 프로그램은 프로그램 구성 요소의 산출물과 결과물이 조율되고 상호 보완적인 방식으로 인도되도록 함으로써 조직에 편익을 제공한다.	포트폴리오는 조직의 전략적 목표에 따라 변경되는 조직 범위를 갖는다.
변경	프로젝트 관리자는 변경을 예상하고, 관리 및 통제되는 상태로 변경을 유지하기 위한 프로세스를 실행한다.	프로그램은 프로그램 구성 요소가 결과물 및/또는 산출물을 인도하면서, 편익의 인도를 최적화하기 위해 필요에 따라 변경을 수락하고 그에 맞추는 방식으로 관리된다.	포트폴리오 관리자는 폭넓은 내부 및 외부 환경에서 변경을 지속적으로 감시한다.
계획	프로젝트 관리자는 프로젝트 생애주기 전반에 걸쳐 상위 수준 정보를 세부 계획으로 점진적으로 구체화한다.	프로그램은 프로그램 구성요소의 상호 의존관계와 진행 상황을 추적하는 상위 수준 계획을 사용하여 관리된다. 또한 구성요소 수준에서의 계획을 안내하는 데 프로그램 계획도 사용된다.	포트폴리오 관리자는 집계 포트폴리오와 관련하여 필요한 프로세스와 의사소통을 생성하고 유지한다.
관리	프로젝트 관리자는 프로젝트 목표를 충족시키기 위해 프로젝트팀을 관리한다.	프로그램은 프로그램 구성 요소의 활동을 조정함으로써 프로그램 편익이 예상대로 인도되도록 보장하는 프로그램 관리자가 관리한다.	포트폴리오 관리자는 집계 포트폴리오에 보고할 책임을 가졌을 수 있는 포트폴리오관리 팀원 또는 프로그램 및 프로젝트 팀원을 관리하거나 조율할 수도 있다.
감시	프로젝트 관리자는 프로젝트가 생산을 위해 착수한 제품, 서비스 또는 결과물 생산 작업을 감시 및 통제한다.	프로그램 관리자는 전체 목표, 일정, 예산 및 프로그램 편익이 충족되도록 보장하기 위해 프로그램 구성 요소의 진행 상황을 감시한다.	포트폴리오 관리자는 전략적인 변경을 감시하고 포트폴리오의 자원 할당과 성과 결과 및 리스크를 집계한다.
성공	성공은 제품과 프로젝트 품질, 적시성, 예산 준수 및 고객 만족도 수준을 기준으로 측정한다.	프로그램의 성공은 프로그램이 조직에게 의도된 편익을 인도할 수 있는지 여부와 프로그램이 그러한 편익을 효율적이고 효과적으로 인도하는지 여부로 측정한다.	성공은 포트폴리오의 편익 실현과 집계 투자 성과 측면에서 측정한다.

1.4.1 포트폴리오관리, 프로그램관리 및 프로젝트관리 사이의 상호작용

포트폴리오관리, 프로그램관리 및 프로젝트관리 사이의 구별은 상호작용을 통해 명확해질 수 있다. 포트폴리오 관리자는 조직이 추구하는 가치 실현을 위해 조직의 전략 계획에 따라 프로그램 및 프로젝트를 선별하여 우선순위를 지정하고 실무자를 배정한다. 프로그램 관리자는 프로젝트, 하위 프로그램 및 기타 지원 작업들을 조율된 방식으로 관리하여 조직의 전략 기획과 연계된 조직 편익을 인도하는 데 중점을 둔다. 프로젝트 관리자는 프로젝트, 프로그램 또는 포트폴리오의 일환으로서 조직에 요구되는 특정 산출물과 결과물을 생산하는 데 주력한다.

1.4.2 프로그램관리와 포트폴리오관리 사이의 관계

프로그램관리 기능과 포트폴리오관리 기능은 협업적 관계에 있다. 프로그램 관리자와 포트폴리오 관리자는 조직이 필요로 하거나 추구하는 편익을 효과적이고 효율적으로 인도하기 위하여 협력한다. 포트폴리오관리의 일환으로 확정된 조직의 전략 및 우선순위는 추진할 프로그램을 정의하고, 조직 편익을 인도하기 위한 프로그램 전략을 지지하고, 프로그램에 필요한 자원을 할당하기 위한 근거가 된다. 편익 인도를 위한 프로그램 전략은 조직의 편익을 추구하고 조직으로부터 요구되는 자원을 정하기 위한 구체적인 수단을 정의한다. 프로그램관리 기능과 포트폴리오관리 기능은 우선순위와 자원이 적절히 배정된 프로그램들을 통해, 조직의 전략 기획이 지원되고 인도되는 방식을 정의함으로써 협업적 방식으로 조직을 지원한다.

1.4.3 프로그램관리와 프로젝트관리 사이의 관계

프로그램관리와 프로젝트관리(프로그램 관리자 및 프로젝트 관리자가 실행하는 실무) 사이에도 협업적 관계가 형성된다. 프로그램 관리자와 프로젝트 관리자는 프로그램 목표를 추구하여 프로그램 편익을 인도하기 위해 실행 가능한 전략을 정의하기 위해 협력한다. 프로그램 관리자가 정의하는 프로그램 전략 및 상위 수준 프로그램 계획은 프로젝트 관리자가 감독할 프로젝트를 정의하고 승인하기 위한 근거가 된다. 프로젝트 관리자가 관리하는 프로젝트는 프로그램과 그 구성요소에 의해 추진되는 전략적 방향의 재확인 또는 조정 근거가 되는 산출물과 결과물을 인도한다. 프로그램 관리자와 프로젝트 관리자는 조직에 필요하거나 조직이 추구하는 편익을 인도할 수 있도록 조직을 지원하는 일에 협력한다.

프로그램 관리자와 프로젝트 관리자 사이의 관계와 상호작용은 프로그램 생애주기 동안 변경될 수 있다. 프로그램이 진행되는 동안 다양한 시점에 프로젝트가 착수되고 완료될 수 있다. 프로젝트의 착수 및 기획 단계에서 프로그램 관리자가 프로젝트 관리자와 긴밀히 협력하면서 프로그램 요구사항을 감독하고 지시 및 지침을 전달해야 할 수 있다. 그러나 프로젝트의 작업 실행 및 종료 단계에서 프로그램 관리자와 프로젝트 관리자 사이의 관계가 달라지기도 한다. 이러한 단계에서 프로그램 관리자는 일반적으로 해당 프로그램에 기여하는 프로젝트들 간 상호 의존관계를 조율하는 데 더 집중하는 반면, 프로젝트 관리자는 내부 프로젝트 활동을 관리하는 데 주력한다. 일반적으로 프로그램 관리자가 매일 개별 프로젝트 구성요소를 직접 관리하지는 않는다. 프로젝트가 진행됨에 따라, 프로그램 관리자와 프로젝트 관리자 사이의 상호작용에서 더 중점을 두어야 하는 것은 프로젝트들 간 상호 의존관계의 식별과 통제, 프로젝트 성과 감시, 구성요소 프로젝트에 영향을 미치는 에스컬레이션 이슈 해결, 통합 프로그램 편익에 대한 프로젝트, 하위 프로그램 및 프로그램 작업의 기여도 추적과 같은 활동이다. 프로젝트 종료 시점에서, 프로젝트 산출물 및 결과물이 프로그램으로 효과적으로 이전되어, 프로젝트가 인도하는 편익이 동화되고 지속되도록 하기 위해 프로그램 관리자와 프로젝트 관리자가 다시 한번 긴밀히 협력한다.

프로그램 관리자와 프로젝트 관리자는 이슈 및 리스크 관리에도 협력한다. 프로그램 관리자는 프로그램 성과 또는 편익 인도에 영향을 줄 수 있는 이슈 및 리스크와 개별 프로젝트 또는 하위 프로그램 수준에서는 해결할 수 없는 이슈 및 리스크를 감시하고 해결한다. 반면에 프로젝트 관리자는 보통 주어진 프로젝트 내에서 발생하는 이슈 및 리스크 관리에 주력한다. 프로젝트 관리자는 프로그램 관리자가 인지할 수 있도록 다른 프로그램 구성요소에 영향을 주는(줄 가능성이 있는) 이슈, 리스크 및 의존관계를 확인한다.

또한 프로그램 관리자는 프로그램 구성요소를 진행하는 과정에서 발생하는 새로운 기회가 빠짐없이 프로그램에 인식되고 수용되도록 관리한다.

프로그램관리 기능과 프로젝트관리 기능 간 상호작용은 반복적이고 주기적인 경향을 보인다.

- 프로그램의 정의 단계에서는 프로그램의 의도된 편익, 목표 및 전략에 대한 정보가 프로그램에서 구성요소 프로젝트로 이전되고, 구성요소 프로젝트의 전략, 목표, 요구사항, 제약 및 시기에 대한 정보가 다시 프로그램으로 이전된다.

- 프로그램 인도 단계에서는 구성요소 프로젝트의 진척, 이슈, 리스크, 의존관계, 산출물 및 결과물에 관한 정보가 구성요소 프로젝트에서 프로그램 및 다른 구성요소로 이전된다. 이 단계에서 프로그램관리 기능은 프로젝트관리 기능과의 정기적인 정보 교환을 통해 모든 프로그램 구성요소의 활동이 조직의 편익을 제공하려는 프로그램의 의도와 적절히 조율되고 완전히 연계될 수 있도록 한다.

- 프로그램의 인도 및 종료 단계에서, 구성요소 프로젝트가 종료됨에 따라 프로젝트 산출물 및 결과물에 대한 정보가 구성요소 프로젝트로부터 프로그램으로 이전됨으로써 프로젝트 편익이 완전히 실현되고 지속될 수 있게 된다.

반복적인 정보 교환과 함께 프로그램 관리자와 프로젝트 관리자들 간 작업 조율이 필요하므로 프로그램관리 기능과 프로젝트관리 기능이 긴밀히 협력해야 한다. 프로그램 관리자는 프로그램 및 기타 구성요소의 요구사항에 근거하여 프로젝트 관리자가 그 프로젝트를 관리하는 방식에 영향을 줄 수 있다.

1.5 조직의 전략, 프로그램관리 및 운영관리 사이의 관계

조직에서 프로그램관리를 통해 조직의 전략을 지원하는 복잡한 중점 추진 과제를 추진한다. 실제로 이러한 중점 추진 과제를 추진할 때, 프로그램 관리자는 그 프로그램이 운영을 책임지는 일련의 업무 영역에 영향을 준다는 사실도 알게 된다. 더 나아가 프로그램 관리자는 프로그램에 의해 인도되는 편익이 조직의 운영 활동 방식이나 범위에 영향을 줄 수 있고, 프로그램 편익의 인도가 지속되도록 하기 위해 프로그램 인도물이 조직의 해당 주체로 이전되는 경우도 종종 확인하게 된다. 이러한 이유 때문에 프로그램 관리자가 조직 내 운영 관리 책임자와 상호 지원적이며 협업적인 관계를 형성하는 것이 중요하다. 프로그램 관리자와 운영 관리자는 서로 협력하면서 조직의 전략 목표들 간 균형을 유지하고 이를 성공적으로 수행할 책임을 진다.

조직은 결과를 산출하거나 조직, 제품 또는 서비스를 변경하기 위한 전략적 비즈니스 중점 추진 과제를 고안함으로써 필요한 변경을 해결한다. 프로그램과 프로젝트로 구성되는 포트폴리오는 이러한 중점 추진 과제를 인도하기 위한 수단이다. 변경을 실현하기 위해 프로그램을 이용하는 방법에 대한 자세한 내용은 Managing Change in Organizations: A Practice Guide(조직의 변경관리: 실무 지침서) [6]를 참조한다.

1.6 비즈니스 가치

조직은 프로그램관리를 통해 조직의 편익 인도 역량을 강화한다. 비영리 조직에서 편익은 사회적 가치(예: 향상된 건강, 안전 또는 보안)의 형태로 인도될 수 있다. 영리 조직에서는 비즈니스 가치의 형태로 조직의 편익이 인도되는 것이 일반적이다. 비즈니스 가치는 비즈니스의 모든 유형 및 무형 요소들의 총합으로 정의될 수 있다. 여기서 유형 요소에는 금전적 자산, 설비, 비품, 지분, 도구, 시장 점유율 및 유틸리티 등이 포함된다. 무형 요소에는 영업권, 브랜드 인지도, 공공 편익, 등록상표, 규정준수, 평판, 전략적 제휴 및 역량이 포함될 수 있다. 확고히 자리 잡은 지속적인 운영 업무의 효과적인 관리를 통해서도 비즈니스 가치를 창출할 수 있다. 하지만 조직에서 포트폴리오관리, 프로그램관리 및 프로젝트관리를 효과적으로 활용하여 조직의 미래 지향적 사명 및 비전과 일치하는 새로운 비즈니스 전략을 효과적으로 추구할 수 있도록 함으로써, 조직이 신뢰할 수 있는 확립된 프로세스를 통해 새로운 비즈니스 가치를 창출할 수 있다.

포트폴리오관리에서는 조직의 프로그램, 프로젝트 및 운영이 조직의 전략과 연계되는지 확인한다. 조직은 이로써 프로그램 및 프로젝트를 통해 조직의 전략 목표를 달성하는 방법과 인적, 재무적, 기술적 또는 물적 자원으로 프로그램 및 프로젝트를 지원할 방법을 정의할 수 있다. 이러한 방법을 통해 포트폴리오관리 활동은 비즈니스 가치 추구를 최적화한다.

프로그램관리를 통해 조직은 프로젝트, 하위 프로그램 및 기타 프로그램 관련 활동들을 조율된 방식으로 추진함으로써 조직의 전략 목표를 더욱 효과적으로 달성할 수 있다. 프로그램관리에서는 비즈니스 가치 창출을 증대하기 위해 관련 구성요소 프로젝트 및 프로그램의 관리를 최적화할 방법을 모색한다.

프로젝트관리를 통해 조직은 프로젝트에 의한 산출물 및 결과물 인도를 향상시키는 지식, 프로세스, 기술, 도구 및 기법을 적용함으로써 조직의 목표를 달성하는 데 필요한 산출물과 결과물을 한층 더 효과적이고 효율적으로 산출할 수 있다. 프로젝트관리에서는 새로운 제품, 서비스 또는 결과를 인도할 때 조직의 효율성을 향상시킴으로써 비즈니스 가치 인도를 최적화할 방법을 모색한다.

1.7 프로그램 관리자의 역할

프로그램 관리자는 수행 조직에서 프로그램 목표를 달성할 책임이 있는 하나 또는 여러 팀을 이끌도록 지정된 책임자이다. 프로그램 관리자는 프로그램의 리더십, 수행 및 성과에 대한 책임과 프로그램 목표를 달성하고 예상되는 프로그램 편익을 인도할 수 있는 프로그램팀 구성에 대한 책임을 진다. 프로그램 관리자의 역할은 프로젝트 관리자의 역할과 다르다. 두 역할 사이의 차이점은 프로젝트와 프로그램들 간 기본적인 차이점과 1.2 ~ 1.4 단원에서 설명한 프로젝트관리와 프로그램관리 사이의 차이점을 바탕으로 한다.

프로그램에서 편익을 인도(프로젝트, 하위 프로그램 및 기타 작업을 통해)하는 가장 좋은 방법은 불확실할 수 있다. 프로그램의 구성요소들에 의해 생산되는 결과물 또는 산출물을 예측 및 통제하기 불가능할 수 있다. 결과적으로 편익 인도를 최적화하기 위해 프로그램 진행 과정에서 전략 및 계획의 조정이 필요할 가능성이 있음을 인식하는 방식으로 프로그램을 관리해야 한다. 프로그램 관리자의 주된 역할은 프로그램 구성요소 활동의 산출물과 결과물을 감시하고, 이것들에 맞게 프로그램이 적절히 조정되는지 확인하는 것이다. 프로그램 관리자는 프로그램 구성요소들이 조직의 전략 목표를 충족시키기 위해 요구된 대로 조정되는지 확인한다.

프로그램이 편익을 인도하는 과정에서 발생될 수 있는 복잡한 이슈들을 관리하고 조율할 책임도 프로그램 관리자에게 있다. 이러한 이슈는 결과물, 운영, 조직의 전략, 자원 확보, 외부 환경, 조직의 거버넌스 시스템 또는 프로그램 이해관계자들의 기대사항 및 동기부여와 관련된 불확실성에서 유발될 수 있다.

3 ~ 7 단원에 설명된 성과 도메인과 지원 프로그램 활동은 프로그램 편익의 인도를 최적화하기 위해 불확실성을 관리하고, 복잡성을 탐색하며, 프로그램 환경에서 변경을 구현하는 데 필요한 원칙, 실무 및 프로그램관리 기술에 대해 논의한다. 이해관계자와 운영위원회의 참여에 대한 프레임워크와 원칙 및 프로그램 생애주기의 진척을 관리하기 위한 프레임워크와 원칙에 대해서도 설명한다. 8 단원에서는 편익 인도를 촉진하기 위해 권장되는 지원 프로그램 활동을 소개한다.

일반적으로 프로그램 관리자는 다음과 같은 업무를 담당한다.

◆ 5가지 프로그램관리 성과 도메인 내에서 작업을 진행한다.

◆ 프로그램을 지원하기 위해 수행되는 개별 중점 추진 과제에 대한 지원과 지침을 제공하기 위해 프로젝트 및 기타 프로그램 관리자와 소통한다.

◆ 프로그램에 적절한 자원과 우선순위가 배정되도록 포트폴리오 관리자와 소통한다.

◆ 조직의 전략 및 조직 차원의 지원과 프로그램의 지속적인 연계를 보장하기 위해 거버넌스 조직, 스폰서 및 프로그램관리오피스(있는 경우)와 협력한다.

◆ 프로그램에 적절한 운영 지원을 보장하고 프로그램에 의해 인도되는 편익을 효과적으로 유지하기 위해 운영 관리자 및 이해관계자와 소통한다.

◆ 프로그램의 구성요소별 중요성이 정확히 인식되고 이해되는지 확인한다.

◆ 전반적인 프로그램 구조 및 적용되는 프로그램관리 프로세스를 통해 프로그램 및 해당 구성요소팀이 작업을 성공적으로 완료하고 기대되는 편익을 인도할 수 있는지 확인한다.

◆ 프로그램이 의도된 편익을 인도할 수 있도록 프로그램의 최종 제품, 서비스 또는 결과에 프로그램 구성요소의 인도물, 결과물 및 편익을 통합한다.

◆ 효과적이며 적절한 리더십으로 프로그램팀을 이끈다.

프로그램 관리자는 프로젝트, 기타 프로그램 및 프로그램 활동이 일관된 방식으로 구성 및 실행되고, 확립된 표준 내에서 이행되는지 확인한다.

1.7.1 프로그램 관리자 역량

효과적으로 프로그램을 관리하기 위해 프로그램 관리자는 프로젝트 및 기타 프로그램 활동을 계획에 따라 효율적으로 완료하고 동시에 프로그램의 의도된 편익 인도를 개선하는 데 도움이 된다고 여길 때마다 프로그램이나 해당 구성요소의 전략 또는 계획을 조정할 수 있도록 장려해야 한다. 이러한 요구들을 균형 있게 조율하려면 프로그램 관리자가 프로그램 구성요소들의 산출물과 결과물이 프로그램의 의도된 조직 차원 편익 인도를 지원할 방법에 대한 통합적인 관점을 제시할 수 있는 역량이 있어야 한다.

프로그램 관리자에게 요구되는 전문성은 프로그램의 결과 또는 환경과 관련된 복잡성, 모호함, 불확실성 및 변경을 관리하는 데 필요한 능력에 크게 좌우된다. 요구되는 관리자 기술은 다양한 유형의 프로그램 또는 유형은 비슷하지만 직면한 과제가 서로 다른 프로그램에 따라 상당히 달라질 수 있다. 예를 들어, 프로그램이 목표한 결과에 부합되는 기술, 프로그램 환경에 특화된 비즈니스 기술 또는 복잡한 운영상 난제를 관리하는 데 중요한 강화된 프로젝트관리 기술 등이 관리자 기술에 포함될 수 있다. 다음은 프로그램 관리자에게 흔히 요구되는 기술과 역량이다.

- **의사소통 기술.** 개인, 집단 또는 위원회 자격 여부와 관계없이 프로그램 팀원, 스폰서, 고객, 판매업체 및 고위 경영진을 비롯하여 다양한 프로그램 이해관계자들과의 효과적인 정보 교환을 가능하게 해주는 의사소통 기술.

- **이해관계자 참여 기술.** 이해관계자 상호작용의 결과로 종종 발생하는 복잡한 이슈를 관리해야 하는 상황을 지원하는 이해관계자 참여 기술. 프로그램 관리자는 개인 및 집단의 기대사항을 관리하는 일의 역동적 측면을 인식해야 한다.

- **변경관리 기술.** 프로그램 전략이나 계획을 조정해야 할 때 필요한 합의, 조율 및 승인을 얻기 위해 개별 이해관계자 및 거버넌스, 검토위원회에 효과적으로 관여할 수 있는 기술. 프로그램 관리자는 조직의 프로그램 검토 및 승인 프로세스의 일환으로 프로그램이 여러 위원회와 소통할 때마다 이해관계자 및 위원회의 관점에 대한 통합적인 시각을 제시해야 한다.

- **리더십 기술.** 프로그램 생애주기 전반에 걸쳐 프로그램팀을 지도하는 리더십 기술. 프로그램 관리자는 구성요소 관리자와는 지속적으로, 기능조직 관리자와는 때때로 협력하면서 지원을 구하고, 갈등을 해결하며, 구체적인 작업 지침을 전달하여 개별 프로그램 팀원을 지휘한다.

- **분석 기술.** 프로그램 관리자가 프로그램 구성요소의 산출물 및 결과물이 프로그램의 편익 인도에 예상한 대로 기여하는지 여부 또는 프로그램의 전략 또는 계획에 대한 외부 사건의 잠재적 영향을 평가할 수 있는 기술.

- **통합 기술.** 프로그램 관리자는 프로그램의 전략적 비전과 계획을 전체론적 시각으로 기술하고 제시할 수 있는 역량을 갖추고 있어야 한다. 프로그램의 목표 및 조직의 편익 추구에 프로그램 구성요소 계획들의 지속적인 연계를 보장하는 것은 프로그램 관리자의 책임이다.

프로그램의 중점 분야에서 지식과 경험을 쌓은 숙련된 프로그램 관리자가 비즈니스 관련 경험이 부족한 프로그램 관리자보다 당연히 유리할 것이다. 하지만 경력에 관계없이 성공적인 프로그램 관리자는 지식, 경험 및 리더십을 효과적으로 활용하여 프로그램의 접근 방식을 조직의 전략과 연계하고, 프로그램 편익의 인도를 증진하며, 이해관계자 및 프로그램 운영위원회와의 협업을 강화하고 프로그램 생애주기를 관리한다. 일반적으로 프로그램 관리자는 다음과 같은 능력을 비롯하여 일정 수준의 역량을 발휘해야 한다.

- ◆ 프로그램에 대한 편익 중심의 전체론적 관점에서 세부 사항을 관리한다.
- ◆ 포트폴리오관리, 프로그램관리 및 프로젝트관리의 원칙, 실무, 프로세스, 도구 및 기법에 대한 풍부한 실무 지식을 활용한다.
- ◆ 프로그램 운영위원회 및 기타 경영진 이해관계자들과 원활하고 협업적으로 소통한다.
- ◆ 팀원 및 소속 조직의 이해관계자들과 생산적이고 협업적인 관계를 형성한다.
- ◆ 비즈니스 지식, 기술 및 경험을 활용하여 프로그램 환경의 불확실성, 모호성 및 복잡성에 대한 이해와 탐색을 지원하는 관점을 제시한다.
- ◆ 강력한 의사소통 및 협상 기술을 활용하여 이해와 합의를 촉진한다.

특정 프로그램이나 조직의 상황 안에서 이러한 능력을 입증하는 것은 특별한 도전이 될 수 있다. 기술적인 설계 이슈로 인해 복잡한 프로그램에는 엔지니어링 또는 기술 분야 경력이 있는 프로그램 관리자가 필요할 수 있다. 수백 또는 수천 가지 상호 연결된 활동으로 인해 복잡한 프로그램에는 광범위하고 풍부한 프로젝트관리 경력을 보유한 프로그램 관리자가 필요할 수 있다. 숙련된 프로그램 관리자는 자신의 강점과 약점을 잘 알고, 자신의 역량을 보완하는 프로그램 관리팀을 구성한다.

종종 복잡하고 역동적인 프로그램의 특성을 감안할 때, 프로젝트관리 분야 또는 해당 프로그램과 밀접하게 관련된 기술 분야를 배경으로 하는 프로그램 관리자가 현장에 투입되는 것은 납득이 된다. 해당 분야 진입 경로와 관계없이 프로그램 관리자는 흔히 PMI의 PgMP®(Program Management Professional, 프로그램관리 전문가) 자격인증 프로그램을 통하거나 대학원 학술 연구를 통해 프로그램 관리자 역할과 연관된 핵심 역량 관련 특정 개발 및 교육 기회를 찾는다.

프로그램관리 역량에 관한 자세한 정보는 Project Manager Competency Development Framework(프로젝트 관리자 역량 개발 프레임워크) 제3판을 참조한다.

1.8 프로그램 스폰서의 역할

프로그램 스폰서는 프로그램에 필요한 자원과 지원을 제공하고 성공으로 이끌 책임이 있는 개인 또는 집단이다. 프로그램 운영위원회가 프로그램 스폰서의 역할을 맡을 수 있다. 하지만 일반적으로 프로그램에 대한 적절한 지원과 프로그램의 의도된 편익 인도를 보장하기 위해 전담하는 한 명의 임원이 프로그램 스폰서가 된다. 해당 지위에서 스폰서는 이해관계자 참여 범주 내에서 프로그램 관리자를 지원 및 보조한다. 또한 프로그램 스폰서는 프로그램 관리자에게 가치 있는 지침과 지원을 제공함으로써, 프로그램에 상위 수준의 적절한 관심과 고려사항이 투입되고 프로그램에 영향을 줄 수 있는 조직의 변경정보가 프로그램 관리자에게 확실히 전달되도록 한다. 프로그램 스폰서의 거버넌스 및 관리 중점적 역할에 대해서는 5.1 및 6.2.1 단원에서 각각 자세히 설명한다.

1.9 프로그램관리오피스의 역할

프로그램관리오피스는 프로그램 관련 거버넌스 프로세스를 표준화하고 자원, 방법론, 도구 및 기법 등의 공유를 촉진하는 관리 구조이다. 때로 교육훈련 및 그 밖의 조직 변경관리 활동도 프로그램관리오피스에서 지원한다. 해당 프로그램에 고유한 지원을 제공하기 위해 개별 프로그램 범위 내에서 프로그램관리오피스를 구축하거나, 개별 프로그램과는 독자적으로 구축하여 하나 이상의 조직 프로그램에 지원을 제공할 수 있다 (자세한 내용은 5.1 및 6.2.3 단원 참조). 프로그램의 일환으로 구축될 때 프로그램관리오피스는 프로그램 인프라의 중요한 요소로, 프로그램 관리자를 지원하는 역할을 한다. 다수의 프로젝트 및 프로그램 활동의 관리 실무를 통해 프로그램 관리자를 지원할 수 있는데, 예를 들어 다음과 같은 실무가 포함된다.

- ◆ 추후 이어질 표준 프로그램관리 프로세스 및 절차 정의
- ◆ 표준과 실무를 확실히 이해할 수 있도록 지도하는 교육 제공
- ◆ 프로그램 의사소통 지원
- ◆ 프로그램 수준의 변경관리 활동 지원
- ◆ 프로그램 성과 분석 수행
- ◆ 프로그램 일정 및 예산 관리 지원
- ◆ 프로그램 및 그 구성요소에 대한 일반적인 품질 기준 정의
- ◆ 효과적인 자원관리 지원
- ◆ 리더 및 프로그램 운영위원회 대상 보고 지원
- ◆ 문서 및 지식 이전 지원
- ◆ 변경관리, 리스크, 이슈, 및 의사결정 추적에 대한 중앙 집중식 지원 제공

대형 또는 복잡한 프로그램의 경우, 프로그램관리오피스에서 인적자원 및 기타 자원, 계약 및 조달, 법률 또는 법제화 이슈에 대한 추가적인 관리 지원도 제공할 수 있다.

어떤 프로그램은 수년간 계속되며, 더 큰 조직의 운영 관리와 중복되는 여러 가지 일반적인 운영 업무를 수행할 수 있다. 프로그램관리오피스에서 이러한 업무 중 일부를 수행할 수도 있다. 프로그램관리오피스의 특정 거버넌스 및 관리 중점적 역할에 대해서는 6, 8 단원에서 자세히 설명한다.

어떤 조직은 공식적으로 정의된 프로그램관리오피스를 두지 않기도 한다. 이러한 경우에는 선임된 프로그램 관리자가 프로그램관리오피스의 관리 기능을 담당하는 것이 일반적이다.

2

프로그램관리 성과 도메인

프로그램관리 성과 도메인은 프로그램관리 작업의 전체 범위 내에서, 특정 성과 도메인에서 발견된 활동을 다른 도메인의 활동과 차별화하고 고유하게 특성화하는 활동 또는 기능의 관련 영역들을 상호 보완적으로 분류한 영역이다.

이 단원은 다음과 같은 소단원들로 구성된다.

2.1 프로그램관리 성과 도메인 정의

2.2 프로그램관리 성과 도메인 상호작용

2.3 조직의 전략, 포트폴리오관리 및 프로그램관리 연계

2.4 포트폴리오와 프로그램의 차이점

2.5 프로그램과 프로젝트의 차이점

프로그램 관리자는 모든 프로그램관리 단계에서 여러 프로그램관리 성과 도메인의 작업을 활발하게 수행한다.

그림 2-1에서 프로그램관리 성과 도메인: 프로그램 전략연계, 프로그램 편익관리, 프로그램 이해관계자 참여, 프로그램 거버넌스 및 프로그램 생애주기 관리를 보여준다.

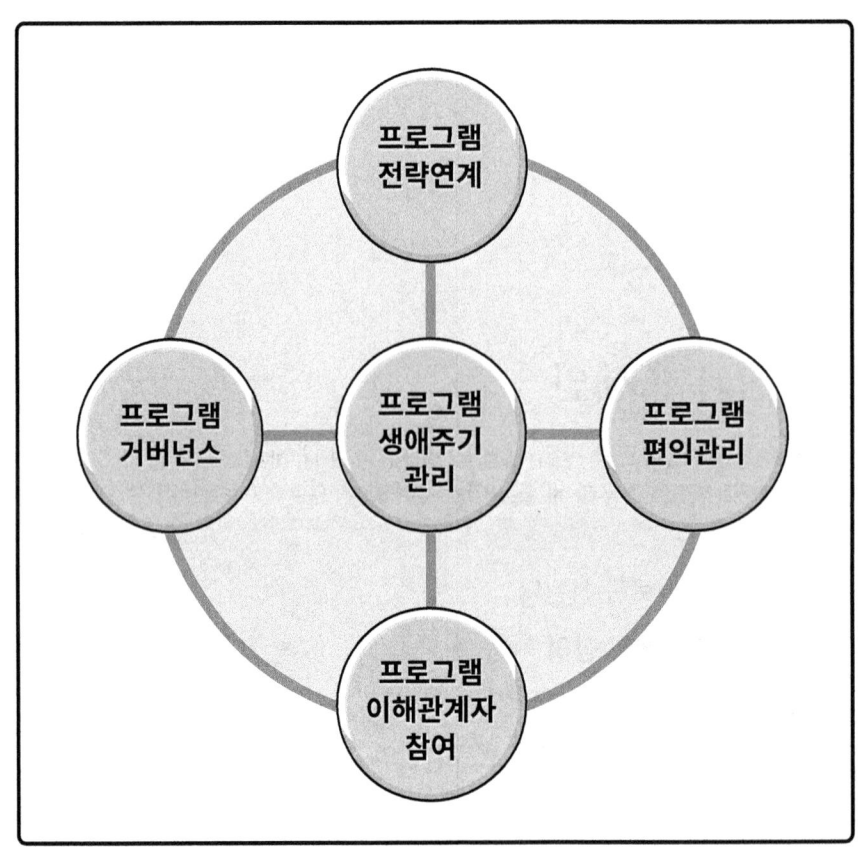

그림 2-1. 프로그램관리 성과 도메인

2.1 프로그램관리 성과 도메인 정의

조직은 종종 전체 조직에 영향을 미치는 합의된 목표를 달성하고 편익을 인도하기 위해 프로그램을 착수한다. 프로그램을 구현하는 조직은 여러 구성요소 전반에 걸쳐 수요, 변경, 이해관계자 기대사항, 요구사항, 자원, 시기의 충돌 등의 정도를 고려하고 균형을 조절한다. 프로그램 기간 전반에 걸쳐 변경이 발생한다. 새로 도입되는 제품, 서비스 또는 조직의 역량이 이러한 변경에 반영될 수 있다. 5가지 프로그램관리 성과 도메인 안에서 작업하는 프로그램 관리자의 조치, 지침 및 리더십을 통해 다양한 비즈니스 프로세스(예: 새로운 또는 개선된 서비스를 제공하기 위해 필요한 프로세스)에 변경을 도입할 수 있다. 더불어 이들 성과 도메인은 프로그램의 성공에 매우 중요하다. 프로그램관리 성과 도메인은 다음과 같이 정의된다.

- **프로그램 전략연계**—조직의 목표 및 목적에 연계되는 편익을 제공하기 위해 프로그램 산출물과 결과물을 식별하는 성과 도메인.
- **프로그램 편익관리**—프로그램이 제공하는 편익을 정의, 창출, 극대화 및 인도하는 성과 도메인.
- **프로그램 이해관계자 참여**—이해관계자 요구를 식별하여 분석하고, 이해관계자 지원을 촉진하도록 기대사항과 의사소통을 관리하는 성과 도메인.
- **프로그램 거버넌스**—프로그램 의사결정을 가능하게 하고 그것을 수행하며, 프로그램을 지원하기 위한 실무를 구축하고, 프로그램을 지속적으로 감독하는 성과 도메인.
- **프로그램 생애주기 관리**—효과적인 프로그램 정의, 프로그램 인도 및 프로그램 종료를 촉진하기 위해 필요한 프로그램 활동들을 관리하는 성과 도메인.

5가지 성과 도메인은 프로그램 기간 전반에 걸쳐 동시에 실행된다. 프로그램 관리자와 프로그램팀은 이러한 도메인 안에서 맡은 활동을 수행한다. 구현되는 프로그램의 특성과 복잡성에 따라 특정 도메인에서 특정 시점에 요구되는 활동의 정도가 결정된다. 모든 프로그램 기간 전반에 걸쳐 프로그램마다 각 성과 도메인의 일부 활동이 요구된다. 해당 성과 도메인 안에서 작업은 반복적 특성을 띠며, 실제로 자주 반복된다. 이 표준서의 개별 단원에서 각 도메인에 대해 자세히 설명한다.

2.2 프로그램관리 성과 도메인 상호작용

그림 2-1에서 이미 소개하고 설명한 대로, 5가지 프로그램관리 성과 도메인은 모두 프로그램 기간 전반에 걸쳐 상호작용한다. 발생되는 상호작용의 빈도와 시기는 프로그램과 그 구성요소들에 따라 달라진다. 주어진 프로그램에서 발생되는 상호작용의 양은 존재하는 프로그램 개수만큼 다양하다. 조직에서 유사한 프로그램을 진행할 때, 성과 도메인 사이 상호작용도 비슷하며 종종 반복적이다. 5가지 도메인은 모두 다양한 강도로 상호작용한다. 이러한 도메인은 프로그램 관리자가 프로그램을 구현하는 동안 시간을 할애할 영역이다. 조직의 규모, 산업 또는 비즈니스 중점 및/또는 지리적 위치에 관계없이 프로그램 관리자 역할의 필수적인 측면인 상위 수준 비즈니스 기능들이 5가지 도메인에 반영된다.

2.3 조직의 전략, 포트폴리오관리 및 프로그램관리 연계

일반적으로 조직의 운영 전략과 연계하는 조직의 전략 기획 과정을 통하여, 조직의 전체 투자 범위를 평가하고 우선순위를 정하는 과정에서 프로그램의 시작점을 발견한다. 비즈니스 환경이나 조직의 전략이 변경됨에 따라, 조직은 의도된 편익과 목표를 달성하며 그 포트폴리오와 연계되어 있는 구성요소는 보강하고, 조직의 목표에 부합되지 않는 중점 추진 과제는 종료하는 포트폴리오 검토를 통해 작업을 지속적으로 평가한다. 포트폴리오 검토 프로세스 중에 조직의 전반적인 진척과 성공에 기여할 수 있는 잠재력을 가진 새로운 중점 추진 과제가 제안되고 분석되어 새로운 프로젝트, 포트폴리오 구성요소 및 프로그램의 시작점이 만들어진다.

조직의 포트폴리오 검토 프로세스 동안, 조직의 전략과 목표를 계속 지원하고 예상대로 수행되고 있는지 확인하기 위하여 프로그램을 평가한다. 일반적으로 프로그램의 비즈니스 케이스, 헌장 및 편익관리 계획서가 의도된 결과물의 현재 가장 적합한 프로필을 반영하는지 확인하기 위해 프로그램을 검토한다. 심층 평가를 위한 비즈니스 케이스를 개발하기 위해 한정된 기간, 제한된 자금으로 특정 개념이 승인될 수 있다. 개발된 비즈니스 케이스는 포트폴리오 검토 프로세스 중에 검토된다. 이러한 활동은 프로그램 생애주기에서 하위 단계인 프로그램 구상 단계에서 발생한다. 실제 프로그램이 승인된 후, 자금조달이 공식적으로 승인되고 자금이 배정되며, 중점 추진 과제에 프로그램 관리자가 선임된다. 프로그램 인도 단계에서 프로그램 구성요소가 착수, 기획, 실행, 이전 및 종료되며, 동시에 편익이 인도, 이전 및 지속된다. 이 단계에서 편익을 인도하는 동안 프로그램이 계속 진행됨에 따라 프로그램 내 개별 프로젝트 및 하위 프로그램들이 시작되고 종료될 수 있다. 프로그램은 추구하는 편익이 달성되거나 종료 사유가 발생할 때 종료된다. 프로그램이 달성해야 할 편익과 목표가 더 이상 조직의 전략에 부합하지 않거나 프로그램의 핵심성과지표(KPI) 대비 측정 결과 프로그램에서 더 이상 타당하지 않은 비즈니스 케이스로 확인될 때 프로그램을 종료할 수 있다.

2.4 포트폴리오와 프로그램의 차이점

포트폴리오와 프로그램은 모두 프로젝트, 활동 및 비프로젝트 작업들의 그룹이지만 둘 사이를 명확히 구분하고 차이점을 식별하는 데 도움이 되는 몇 가지 측면이 있다. 1 단원에서 설명한 대로, 프로그램이란 개별적으로 관리해서는 실현되지 않는 편익을 얻기 위해 통합된 방식으로 관리하는 다양한 관련 프로젝트, 기타 프로그램, 프로그램 활동들의 그룹이다. 이러한 두 가지 중요한 조직 구성 간 차이는 관련성과 기간이라는 두 가지 측면에서 명확히 드러난다.

- ◆ **관련성.** 프로그램과 포트폴리오를 차별화하는 주요 고려 사항은 프로그램의 정의에서 "관련된"이라는 단어로 소개되고 암시되는 개념이다. 프로그램에서는 포함된 작업이 상호 의존관계에 있다. 즉, 의도된 편익을 완전히 달성하는 것은 프로그램 범위 내 모든 구성요소의 인도에 달려있는 식이다. 포트폴리오에서는 포함된 작업이 포트폴리오 책임자가 선택하는 모든 방식과 관련된다. 일반적인 포트폴리오 작업 분류에는 동일한 자원 풀에서 실무자를 배정한 업무, 같은 클라이언트에게 인도되는 작업 또는 동일한 회기에 수행되는 작업이 포함된다. 동일한 지리적 영역 또는 전략사업부 내에서 수행되는 작업의 예와 같이 다른 분류 방식도 유효하다. 포트폴리오에 포함된 작업은 광범위하고 다양한 중점 추진 과제에 걸쳐 있기도 하며, 이러한 중점 추진 과제는 서로 독립적일 수 있다. 중점 추진 과제들이 완전히 독립적일 수 있고 어떤 방식으로든 서로 관련되지 않더라도 조직에서 감독 및 통제가 용이하도록 분류하여 함께 관리할 수 있다.

- ◆ **기간.** 포트폴리오와 프로그램을 구별하는 또 다른 속성은 기간 요소이다. 프로그램은 프로젝트와 마찬가지로 일시적이며, 작업의 한 가지 측면으로 기간이라는 개념을 포함한다. 몇 년 또는 몇십 년에 걸쳐 진행되기도 하지만 프로그램에는 명확히 정해진 시작, 향후 종료 시점, 프로그램 수행 과정에서 달성해야 할 일련의 결과물 및 계획된 편익이 존재한다는 특성이 있다. 반면에 포트폴리오는 의사결정 목적으로 정기적으로 검토되며, 특정 날짜에 끝내야 하는 제한을 받지 않는다. 포트폴리오 내에서 정의된 다양한 중점 추진 과제 및 작업 요소는 대부분 서로 직접 관련되지 않으며, 편익을 달성하기 위해 서로 의존하지도 않는다. 포트폴리오에서는 조직의 전략 기획 및 비즈니스 주기에 따라 특정 투자의 시작 또는 종료가 결정되며, 이러한 투자는 다양한 목표를 광범위하게 지원한다. 또한 포트폴리오 내의 업무 및 투자는 몇 년 또는 몇십 년 동안 계속되는 경우도 있고, 비즈니스 환경이 변경됨에 따라 조직에 의해 수정되거나 종료될 수도 있다. 마지막으로, 승인받기 전에 평가하여 조직의 전략 목표에 연계해야 하는 프로그램과 프로젝트를 포함하여 다양한 중점 추진 과제에 대한 제안들이 포트폴리오에 포함된다. 제안은 조직의 포트폴리오에 정해지지 않은 기간 동안 존재할 수 있다.

요약해서 정리하면, 프로그램은 두 가지 중요한 방식에서 포트폴리오와 다르다. 프로그램에는 어떤 방식으로든 관련되고, 프로그램의 결과물 및 의도된 편익을 달성하는 데 집합적으로 기여하는 작업(프로젝트, 하위 프로그램 및 프로그램 활동)이 포함된다. 또한 프로그램은 기간이라는 개념을 포함하며, 특정 마일스톤 달성을 측정하여 일정을 통합한다. 포트폴리오의 경우, 중점 추진 과제(프로그램 및 프로젝트)가 포트폴리오에 도입된 후 순차적으로 완료되므로 포트폴리오에 포함된 작업이 지속적인 방식으로 관련되고 관리될 필요가 없다. 포트폴리오는 조직에서 조직의 전략 목표 달성에 중요한 일련의 투자 및 작업을 효과적으로 관리할 수 있는 수단을 제공한다.

2.5 프로그램과 프로젝트의 차이점

1 단원에서 설명한 대로, 프로그램관리는 개별 중점 추진 과제로 작업을 관리해서는 달성할 수 없는 편익을 창출하기 위해 설계된 상호 연관성 있는 작업 분류(즉, 프로젝트, 하위 프로그램 및 프로그램 활동)를 관리하는 데 효과적인 프레임워크를 조직에 제공한다. 프로그램은 대개 대규모, 복잡성, 장기간의 성격을 띠며, 그 정의의 불확실성이 용인된다. 이 단원에서 프로그램을 프로젝트와 구별하는 세 가지 특성을 자세히 설명한다. 이러한 기본적인 차이는 불확실성, 변경 및 복잡성에 대응하여 프로그램과 프로젝트를 관리하는 방식에서 나타난다.

2.5.1 불확실성

불확실성은 프로그램관리에서 피할 수 없는 도전이다. 결과물이 분명하지 않기 때문에 프로그램은 시작 단계에서 불확실성이 특히 높다. 프로그램과 프로젝트 모두 작업의 산출물, 편익 또는 결과물이 다소 예측될 수 없거나 불확실한 조직 환경에 존재한다. 조직 환경 외부의 변화도 불확실성을 야기하고, 그로 인해 프로그램관리의 불확실성이 증가한다. 하지만 조직의 상황에서는 개별 프로젝트가 프로그램보다 더 확실한 것으로 간주될 수 있다.

예상되는 프로젝트 산출물은 일반적으로 시작 단계에서의 프로그램 산출물보다 더 확실하다. 이는 프로젝트의 고정된 제약에서 비롯될 수 있다. 프로젝트가 진행됨에 따라, 프로젝트 진행 과정에서 불확실성을 제거하는 점진적 구체화의 결과로서 시간 및 예산에 맞춰 사양에 따른 산출물을 인도할 능력이 점점 확실해진다. 반면에, 프로그램은 준비 단계에서 전체 범위, 예산 또는 일정이 결정되지 않을 수 있다. 프로그램은 변화하는 환경에 맞춰 프로젝트의 방향을 바꾸거나 프로젝트를 취소하거나 새로운 프로젝트를 시작할 수 있기 때문에 이러한 상황은 불확실성을 다루는 프로그램의 역량으로 처리할 수 있다. 이로 인해 프로그램의 방향과 결과물에 대한 불확실성이 파생된다. 프로그램을 진행하는 동안 프로그램의 결과물이 의도된 편익 간 연계를 유지하기 위해서 범위와 내용이 지속적으로 구체화 및 명료화되고 조정된다. 그 결과로 불확실한 것으로 인식되는 초기 프로그램 환경이 형성되고, 프로그램을 더욱 효과적으로 관리하기 위해 불확실성을 포용하는 관리 방식이 필요해진다. 프로그램은 성공 기준을 충족하거나 완수하는 여러 개별 구성 요소들을 포함한다: 계획대로 정확하게 제공된 산출물, 제품 또는 서비스. 하지만 프로그램의 결과물 및 의도된 편익이라는 맥락에서는 이러한 개별 구성요소가 예상된 결과물에 전혀 기여하지 않을 수도 있다. 이로 인해 프로그램이 달성할 수 있는 결과물에 불확실성이 추가된다.

편익 실현과 의도된 결과물을 산출하기 위해 연계되는 다양한 구성요소에 초점을 맞춤으로써 발생하는 프로그램의 복잡성 및 기간으로 인해, 프로그램 관리자는 전체 프로그램 구성요소에 대해 폭넓고 총괄적인 관점에서 구성요소 부분들의 진척과 기여도를 철저하게 파악하고 성공적으로 관리해야 한다. 이러한 점이 프로그램관리와 프로젝트관리 방식을 구분 및 차별화하고, 프로그램 내에서 두 가지 모두가 필요함을 뒷받침한다.

2.5.2 변경관리

프로그램 관리자가 고려해야 할 변경에는 두 가지 범주가 있다. 바로 내적 변경과 외적 변경이다. 내적 변경은 프로그램 내부 변경을 가리킨다. 외적 변경이란 프로그램에 의해 창출되는 편익을 활용할 수 있도록 하기 위한 조직의 조정 필요성을 의미한다.

변경과 관련된 이슈는 프로그램과 프로젝트 내에서 다르게 처리되어야 한다. 프로젝트는 범위, 시간, 원가 및 품질 측면에서 변경을 처리한다. 불확실성에서와 마찬가지로, 프로그램은 구성요소의 방향 변경, 구성요소 취소 또는 새 구성요소 시작 활동을 수행할 수 있는 능력을 보유해야 하기 때문에 변경에 한층 효과적으로 대처할 준비를 마쳐야 한다. 프로그램과 프로젝트에서 모두, 제안된 변경으로 발생하는 장점이 잠재적인 단점보다 월등함을 정당화할 근거가 있어야 한다. 프로젝트 내 변경은 전술적 수준에서 정의된 인도물에 영향을 주는 반면, 프로그램 내 변경은 전략적 수준에서 의도된 편익의 인도에 영향을 준다. 프로그램 내에서 변경을 관리하려면 전략적 통찰력과 프로그램의 목표 및 의도된 편익에 대한 이해가 필요하다. 프로그램 내 모든 구성요소에 수행되는 변경은 다른 관련 구성요소들의 인도에 직접적인 영향을 줄 수 있고, 그 결과 관련된 특정 구성요소를 변경해야 하는 경우가 발생한다. 프로젝트 변경은 일반적으로 프로젝트 범위로 한정되며, 전술적 수준과 관련이 있다.

프로그램에서 변경관리는 이해관계자가 제안된 변경의 필요성, 변경의 영향, 변경 구현 및 의사소통 접근방식 또는 프로세스를 신중하게 분석할 수 있도록 해주는 핵심 활동이다. 프로그램관리 계획서의 일부이며 프로그램 준비 과정에서 개발되는 변경관리 계획서에 변경관리 권한이 규정된다.

- ◆ **프로그램 변경.** 프로그램 관리자는 근본적으로 다른 방식으로 프로그램 수준의 변경에 접근한다. 프로그램 관리자는 프로그램 구성요소별로 미리 정해진 일관된 성과 수준에 따라 업무를 수행한다. 구성요소로서의 프로젝트에 대해, 프로그램 관리자는 정시에, 예산과 범위 내에서, 그리고 수용 가능한 수준의 품질로 정당하게 프로젝트가 인도될 것으로 기대한다. 다른 프로그램 및 프로그램 활동에 대해, 프로그램 관리자는 프로그램 결과물 및 예상 편익에 긍정적으로 기여하거나 부정적인 결과물을 완화하는 방식으로 그것들을 수행하도록 요구해야 한다. 프로그램 구성요소에 대해서는 프로젝트와 마찬가지로 변경관리를 통해 각 구성요소의 일정, 원가 및 산출물이 변동될 가능성을 이해하고 통제한다. 또한 프로그램 관리자가 새로운 구성요소를 생성하거나 기존 구성요소를 취소할 수도 있다. 이러한 변경은 편익을 최적 상태로 인도하기 위해 수행된다.

- ◆ **프로젝트 변경.** 프로젝트에서 변경관리는 프로젝트 관리자, 팀 및 이해관계자가 계획된 원가와 일정에서 벗어나는 정도를 감시하고 통제함과 동시에 계획된 산출물의 승인된 속성과 특성을 보존하기 위해 활용된다. 범위(인도물 포함), 원가, 일정, 품질 또는 예상 결과에 영향을 미치는 변경이 필요한 경우, 프로젝트의 범위, 일정, 원가 또는 의도된 산출물(인도물)을 수정하기 위한 프로젝트 변경요청이 제기된다. 요청이 승인되면 변경사항이 프로젝트 체계에 통합되며, 변경의 모든 측면이 수용되도록 원가, 일정 및 속성이 조정된다. 이어서 프로젝트를 다시 기획하고, 업데이트된 원가, 일정 및 인도 가능한 사양이 프로젝트의 새로운 기준이 된다. 프로젝트 변경요청이 완료되고 승인된 후에는 변경관리를 수행하여 프로젝트가 새로운 기준선에 계속 연계되어 있는지 확인한다. 또한 프로젝트에서 촉발된 알려진 리스크(예상된 사건)와 완료 시점에 가까워 촉발된 비식별 리스크(예상하지 않은 사건)로 인해 발생한 차이를 관리하는 데에도 변경관리 프로세스를 이용한다.

프로그램 관리자는 프로그램 구성요소들의 일관된 인도를 감안하면서 전체 프로그램 결과물의 불확실성을 처리하고, 일부 프로그램 구성요소가 성공적으로 인도될 가능성과 전혀 예상치 못한 결과를 초래할 가능성을 예상한다. 그 결과는 프로그램의 의도된 편익에 긍정적으로 기여할 수도 있고 그렇지 않을 수도 있다. 프로그램에 내재된 불확실성을 처리하기 위한 방법으로, 프로그램 관리자는 개별 구성요소들을 다른 프로그램으로 분류하여 보다 효과적으로 관리할 수 있다. 또한, 프로그램 관리자는 진화하는 환경에서 원하는 프로그램 편익 달성에 도움이 되지 않을 것으로 확인된 개별 업무들에 대해 방향재설정, 재기획 또는 중단 조치를 내릴 수 있다. 이러한 경우에 프로그램 관리자는 프로그램 수준에서 변경관리를 수행하여 프로그램 로드맵의 방향을 재설정하고 수정함으로써 인도될 예상 편익, 새로운 전략, 사회적 또는 경제적 상태나 규제 요건, 수혜자의 인식에 프로그램이 부합될 수 있도록 해야 한다.

프로그램은 변화하는 환경에 적응하기 위해 미래 지향적이고 선제적인 방식으로 변경관리를 활용한다. 이는 프로그램 시작 단계에서 계획한 편익이 인도되는지 확인하기 위해 프로그램 진행 과정에서 자주 수행되는 반복적인 프로세스이다.

요약하면, 프로젝트는 기준선에 대해 변동성의 영향을 제약하고 통제하기 위해 변경 및 변경관리를 사용하는 반면, 프로그램은 프로그램 구성요소 및 의도된 편익과 조직의 전략 변경 및 수행 환경 변화와의 연계를 유지하기 위해 선제적으로 변경관리를 사용한다.

2.5.3 복잡성

프로그램과 프로젝트에 모두 복잡성이 수반된다. 프로그램 및 프로젝트 내 복잡성의 원인을 인간 행동, 시스템 동작 및 모호성으로 분류할 수 있다(Navigating Complexity: A Practice Guide(복잡성 탐구: 실무 지침서 참조). 이 세 가지 분류에서 프로그램 및 프로젝트의 복잡성을 초래하는 요인이 비롯된다.

- ◆ **프로그램 복잡성.** 프로그램의 복잡성은 여러 가지 요인이 조합된 결과일 수 있다.

  - **거버넌스 복잡성.** 거버넌스 복잡성은 프로그램에 대한 스폰서의 지원뿐만 아니라 관련 구성요소 담당 스폰서의 지원, 관리 구조, 참여 조직의 수, 프로그램 내 의사결정 프로세스에서 비롯된다.
  - **이해관계자 복잡성.** 이해관계자 복잡성은 이해관계자들의 요구와 영향력의 차이에서 비롯되며, 프로그램에 부담이 되거나 프로그램의 편익과 상충될 수 있다. 또한 이해관계자 복잡성은 프로그램팀 자체와 프로그램팀 내 다양성에 초점을 맞춘다. 프로그램에 관심을 보이는 이해관계자의 숫자도 이해관계자 복잡성과 연관된다.
  - **정의의 복잡성.** 프로그램은 변경을 유발하며, 정의의 복잡성은 이해관계자에 의한 미래 상태 합의에 초점을 맞춘다. 프로그램 관리자가 인지해야 할 그 밖의 측면에는 편익관리 및 이해관계자들 간의 잠재적 이해 충돌도 포함된다.
  - **편익인도 복잡성.** 편익인도 복잡성은 4 단원에서 설명하는 대로 편익관리에 초점을 맞춘다.
  - **상호 의존관계 복잡성.** 프로그램 관리자는 상호 의존관계의 복잡성을 처리해야 한다. 프로그램은 개별 프로젝트 내부 이슈보다는 구성요소 간 상호 의존관계에 초점을 맞춘다. 프로그램에서는 프로그램의 전반적인 결과물이 의도된 편익 인도를 보장하도록 하기 위해 구성요소 간 상호 의존관계를 강화한다. 구성요소 및 기타 비즈니스 주체 간 상호 의존관계는 명확하게 정의되어야 한다. 프로그램 관리자는 프로그램과 그와 관련된 프로젝트 내에서 발생한 상호의존관계에 초점을 맞춘다. 상호 의존관계는 다른 프로젝트 또는 프로그램과의 관계뿐만 아니라, 조직 외부와의 관계에 의존성이 있을 때 프로그램 외부에서도 발생할 수 있다. 상호 의존관계는 프로그램의 복잡성과 직접적으로 관련된다.

- **자원 복잡성.** 요구되는 수준의 기술과 역량을 갖춘 자원, 합당한 자금, 적절한 소모품 및 자재 가용성이 프로그램의 복잡성에 추가되며, 이러한 자원 문제는 프로그램 내부에서 해결해야 한다.
- **범위 복잡성.** 범위 복잡성은 프로그램 및 해당 구성요소의 인도물과 편익을 명확하게 정의하기 어렵기 때문에 발생한다. 프로그램 구성요소의 수명이 다한 이후에 관련 편익의 인도를 관리하는 일이 범위 복잡성을 증가시킨다.
- **변경 복잡성.** 변경 복잡성은 변경으로 인해 조직에서 잠재적으로 발생할 수 있는 다양한 수준의 영향에서 비롯된다. 프로그램이 한두 개 부서의 기본운영 프로세스 모델을 변경하는 경우는 변경 복잡성이 낮은 반면, 기능조직에서 프로젝트 전담 조직으로 조직을 전환하는 경우에는 변경 복잡성이 극도로 심화될 수 있다.
- **리스크 복잡성.** 리스크 복잡성은 프로그램 생애주기가 연장됨으로 인한 상위 수준의 불확실성과 구성요소 결과물과 그것들의 상호 의존관계의 불확실성으로 인해 발생한다.

◆ **프로젝트 복잡성.** 프로젝트는 문제 해결 또는 업무 완료에 필요한 사고방식, 조치 및 지식뿐만 아니라 프로젝트에 내재된 고유한 특성으로 인해 복잡해질 수 있다. 이러한 고유한 특성은 시간 및 원가 산정치, 원하는 프로젝트 산출물 및 결과물을 인도하는 데 필요한 사양과 관련된 불확실성을 유발한다. 프로젝트 복잡성은 조직의 복잡성 또는 동적 복잡성으로 특징지을 수 있다.

- **조직의 복잡성.** 조직의 복잡성은 주로 조직 구조의 깊이와 단위 조직의 수에서 비롯된다. 또한 조직을 구성하는 요소의 수와 유형, 이들의 조직 내 관계도 복잡성에 기여한다.
- **동적 복잡성.** 동적 복잡성은 주로 프로젝트의 동작과 시간 경과에 따른 변경에 초점을 맞춘다.

3

프로그램 전략연계

프로그램 전략연계는 조직의 목표 및 목적에 연계되는 편익을 제공하기 위해 프로그램 산출물과 결과물을 식별하는 성과 도메인이다.

이 단원은 다음과 같은 소단원들로 구성된다.

3.1 프로그램 비즈니스 케이스

3.2 프로그램헌장

3.3 프로그램 로드맵

3.4 환경 평가

3.5 프로그램 리스크관리 전략

프로그램은 조직의 전략에 부합되며 조직의 편익 실현을 촉진하도록 설계된다. 이러한 목적을 달성하기 위해 프로그램 관리자는 프로그램이 포트폴리오 및 조직의 전략, 목표 및 목적을 충족할 방법과, 조직의 장기 목표와 프로그램을 연계하는 데 필요한 기술을 확실히 이해해야 한다.

조직에서 전략을 수립할 때, 조직의 포트폴리오관리 실무의 일환으로 승인, 거부 또는 연기할 중점 추진 과제를 결정하는 데 도움이 될 공식적, 비공식적 초기 평가 및 선정 프로세스를 진행하는 것이 일반적이다.

프로그램관리 및 프로젝트관리 측면에서 조직의 성숙도가 높을수록 포트폴리오 검토위원회나 프로그램 운영위원회를 두는 등의 공식적인 프로그램 선정 프로세스를 보유할 가능성이 증가한다. 두 의사결정 기구 중 한 곳에서 특정 프로그램이 인도할 것으로 기대되는 전략 목표와 편익을 정의하는 프로그램헌장을 발행할 수 있다. 프로그램헌장은 프로그램관리팀에 프로그램 실행을 위해 조직의 자원을 사용할 권한을 부여하고, 조직의 전략 목표와 프로그램을 연결하는 내용을 기술한 문서로, 스폰서가 발행한다. 승인, 자금조달 및 권한을 받기 위해 거버넌스에 제출된 제안 프로그램의 범위와 목적이 프로그램헌장에 정의된다. 프로그램헌장을 통해 프로그램이 이러한 목표를 달성하는 데 가장 적합한 방법인지 판별하기 위한 조직의 자원 투입이 확정되고 프로그램 정의 단계가 시작된다.

프로젝트 관리자가 맡은 프로젝트 작업을 이끌고 지시하는 반면, 프로그램 관리자는 조직의 전략 목표 및 목적 달성을 지원하기 위해 프로그램의 목표 및 의도된 편익과 개별 프로젝트관리 계획 간의 연계를 유지할 책임이 있다.

그림 3-1에서 프로그램 전략연계의 다양한 구성요소를 보여준다.

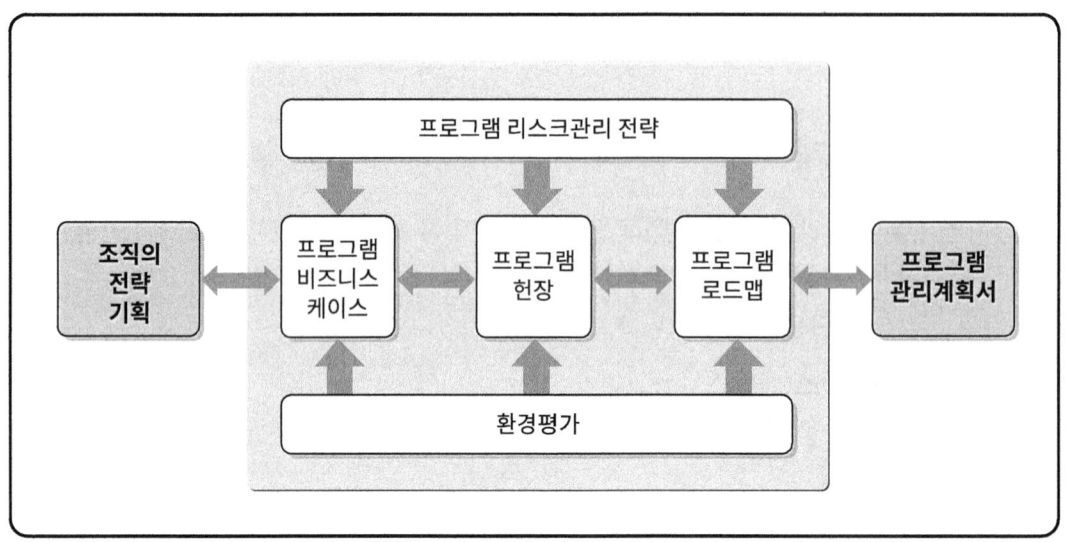

그림 3-1. 프로그램 전략연계의 요소

프로그램 전략연계는 프로그램 비즈니스 케이스 개발로 시작된다. 프로그램 비즈니스 케이스는 프로그램에 의해 인도되는 편익의 실효성을 입증하는 데 사용되는, 문서화된 경제적 타당성 연구이다. 프로그램의 예상 결과물이 조직의 전략 목표와 목적을 어떻게 지원하는지 정의함으로써 프로그램의 필요성을 정당화한다. 문서화된 경제적 타당성 연구를 통해 프로그램에 의해 인도되는 편익의 실효성이 입증됨에 따라, 비즈니스 케이스는 프로그램헌장 및 프로그램 로드맵의 투입물로 사용된다. 이러한 세 가지 문서는 프로그램 구성 활동의 일환으로 작성된다(7.1.2.1 단원 참조).

프로그램 구상 단계를 실행하는 동안, 프로그램 전략연계 프로세스가 시작되어 프로그램 생애주기가 끝날 때까지 실행된다. 이 기간에 환경 요인, 결과물 및 편익을 식별하여 정량화하고, 프로그램 리스크를 식별하여 관리하는 프로그램관리 프로세스가 프로그램 거버넌스 프레임워크 내에서 실행되고 관리된다. 연계의 불일치가 식별되면, 프로그램관리 계획서나 조직의 전략 목표 및 목적이 연계되도록 수정되어야 한다. 이러한 상황은 프로그램 결과가 주어진 일련의 연구에 대한 성공 가능성이 없다고 판단된 연구개발부문에서 발생할 수 있는데, 이때 조직이 프로그램 결과를 더 효과적으로 활용하기 위해 (프로그램 취소 또는 중단 없이) 전략을 변경하기도 한다.

3.1 프로그램 비즈니스 케이스

조직은 비전을 달성할 방법을 정의하는 전략을 수립한다. 전략 기획 주기가 완료되면, 조직의 전략 목표와 목적을 생성 또는 업데이트하여 조직의 전략 계획서에 문서화한다. 조직의 비전과 사명은 전략 기획 주기의 투입물로 사용되며, 전략 기획 전반에 반영된다. 조직의 전략 기획은 시장 역학, 고객 및 파트너 요청, 주주, 정부 규제, 조직의 강점과 약점, 리스크 노출 및 경쟁업체 계획 및 활동의 영향을 부분적으로 받는 일련의 조직 중점 추진 과제로 세분된다. 이러한 중점 추진 과제는 미리 결정된 기간에 실행될 포트폴리오들로 분류할 수 있다.

프로그램은 대개 조직 거버넌스 실무의 일부로 조직의 전략 기획을 달성하기 위한 연계 및 지원을 기반으로 공식적으로 평가, 선정 및 승인된다. 연계 및 목표 설정을 촉진하기 위해 제품, 인도물, 편익, 원가 및 시간 등의 측정 가능한 요소를 포함할 수 있는 일련의 목표 및 목적으로 조직의 전략 계획서를 더 상세히 기술한다. 조직의 전략 기획에 프로그램을 연계하는 목표는 조직이 전략 목표와 목적을 달성하고 가치를 극대화하면서 자원 활용의 균형을 유지하는 데 도움이 되는 프로그램을 계획하고 관리하는 데 있다. 이것은 비즈니스 케이스를 통해 달성된다. 프로그램 정의 과정에서 프로그램 관리자는 주요 스폰서 및 이해관계자들과 협력하여 프로그램의 비즈니스 케이스를 개발한다. 이 비즈니스 케이스는 의도된 편익 대비 프로그램의 투자를 평가하기 위해 개발된다. 비즈니스 케이스는 기본적이며 상위 수준을 가지거나 세세하며 포괄적일 수 있다. 일반적으로 의도된 프로그램의 목표 및 제약을 평가하는 데 사용할 수 있는 주요 변수에 대해 설명한다.

비즈니스 케이스에는 프로그램 결과물, 승인된 개념, 이슈, 상위 수준의 리스크 및 기회 평가, 주요 가정, 비즈니스 및 운영 영향, 비용편익 분석, 대안 솔루션, 재무 분석, 내적 및 외적 편익, 시장 요건 또는 장벽, 잠재적 수익, 사회적 요구, 환경적 영향, 법률적 영향, 시장 진입 시간, 제약사항, 그리고 프로그램이 조직의 전략 기획과 연계되는 정도에 대한 자세한 정보가 포함될 수 있다. 비즈니스 케이스는 프로그램의 추진 동인에 대한 취지와 권한 및 비즈니스 요구에 대한 기본 철학을 설명한다. 또한 프로그램이 인도할 것으로 기대되는 가치에 대한 공식적인 선언이면서 그 가치를 인도하기 위해 투입될 자원을 정당화하는 근거 자료이기도 하다.

비즈니스 케이스는 프로그램이 공식적으로 승인되기 전에 문서 인도물 중 하나로서 요구되며, 투자 결정의 정당성을 입증하는 문서로 간주할 수 있다. 또한 프로그램 전반에 걸쳐 유지되는 성공 기준도 비즈니스 케이스에 기술된다. 달성된 결과물과 계획된 결과 간 차이를 계산하여 프로그램의 성공을 측정한다.

3.2 프로그램헌장

비즈니스 케이스가 승인된 이후, 프로그램 운영위원회(5.1 단원 참조)에서 프로그램헌장을 통해 프로그램을 승인한다. 비즈니스 케이스에서 파생되는 프로그램헌장은 프로그램 관리자를 선임하여 권한을 부여함을 명시하고, 승인, 자금조달 및 권한 부여를 받기 위해 거버넌스에 제출된 제안 프로그램의 범위와 목적을 정의해 놓은 문서이다.

프로그램헌장의 핵심 요소로는 프로그램 범위, 가정사항, 제약사항, 상위 수준의 리스크 및 편익, 목표 및 목적, 성공 요인, 시간 및 핵심 이해관계자, 그리고 프로그램 전략연계를 유지하기 위해 비즈니스 케이스에 프로그램을 연결하는 기타 규정 등이 있다. (프로그램헌장의 내용에 대한 자세한 정보는 7.1.2.1 단원 참조.)

프로그램헌장은 프로그램에 의해 산출될 것으로 기대되는 조직의 비전, 사명 및 편익을 공식적으로 기술한다. 또한 비즈니스 케이스를 지원하여 조직의 전략 기획과 연계되는 프로그램별 목표 및 목적도 정의한다. 또한 프로그램헌장은 프로그램 관리자에게 개시될 다른 하위 프로그램, 프로젝트 및 관련 활동을 주도할 권한을 부여하며, 프로그램 진행 과정에서 이러한 프로그램 구성요소를 관리 및 감시하기 위한 기본 프레임워크도 제공한다. 프로그램헌장은 프로그램 성공을 측정하는 데 사용될 문서 인도물 중 하나이다. 성공의 지표, 측정 방법 및 성공에 대한 명확한 정의가 헌장에 포함되어야 한다.

3.3 프로그램 로드맵

프로그램 기획 과정에서 프로그램 관리자는 조직의 전략 목표 및 목적, 내부 및 외부 영향, 프로그램 추진 동인 및 이해관계자가 프로그램을 통해 실현될 것으로 기대하는 편익과 관련된 가용 정보를 분석한다. 예상되는 결과물, 필요한 자원, 조직 전반에 걸쳐 새로운 기능을 구현하기 위해 필요한 변경 인도 전략의 측면에서 프로그램을 정의한다.

프로그램 로드맵(그림 3-2 참조)은 프로그램에서 의도하는 방향을 연대순으로 표시한 자료로, 주요 마일스톤과 의사결정 시점 간 의존관계를 그림으로 나타낸 것으로 이는 비즈니스 전략과 프로그램 작업 간 연결 관계를 보여준다.

프로그램 로드맵의 요소는 프로젝트 일정과 비슷하지만, 로드맵에서는 기획 및 더 자세한 일정 개발을 목적으로 주요 프로그램 사건을 간략히 기술하는 점이 다르다. 프로그램 로드맵은 편익이 실현되는 속도를 반영하며, 새로운 역량의 이전 및 통합을 위한 기초 자료의 역할도 한다.

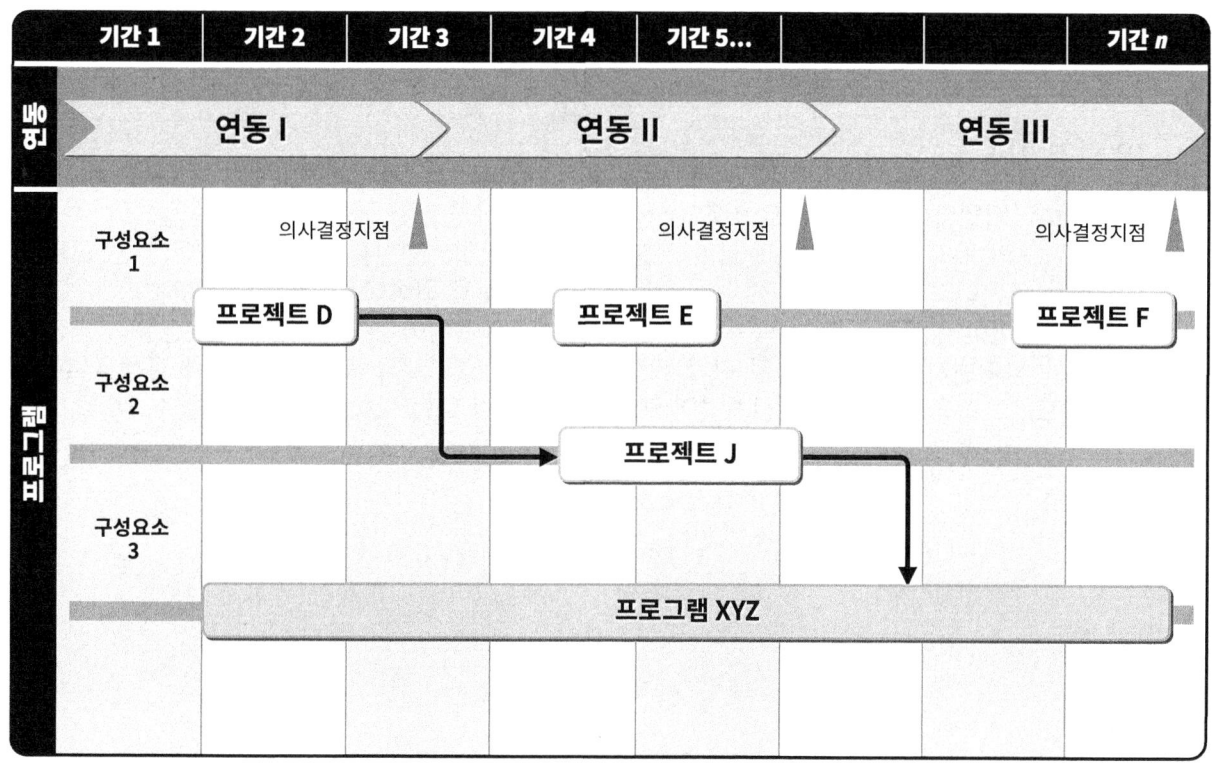

그림 3-2. 프로그램 로드맵의 예

프로그램 로드맵은 조직에서 프로그램을 관리하고 예상되는 편익 달성을 향한 프로그램의 진척을 평가하는 데 귀중한 도구일 수 있다. 프로그램의 거버넌스 효율을 높이기 위해 프로그램 로드맵을 사용하여 주요 단계 또는 마일스톤에서 편익이 인도되는 방법을 보여줄 수 있으나, 여기에 구성요소 세부사항, 기간 및 편익에 대한 기여도 정보가 포함될 수 있다. 예를 들어 대규모 건설 프로그램의 경우, 건설의 최종 편익을 향해 진행되는 여러 건설 단계를 로드맵에 제시할 수 있다. 시스템 개발 및 생산 프로그램에서는 점증적 출시 또는 일련의 모델을 통해 시스템 역량과 같은 편익이 인도되는 방법을 프로그램 로드맵으로 제시할 수 있다. 로드맵은 이해관계자의 후원을 얻고 유지하기 위하여 가장 중요한 계획과 편익 정보를 전달하는 효과적인 방법이다.

3.4 환경 평가

때로 프로그램의 성공에 중대한 영향을 미치는 내부 또는 외부 영향이 있다. 프로그램 외부 영향은 대규모 조직의 내부 요소일 수도 있고, 조직 외부에서 비롯된 요소일 수도 있다. 프로그램 관리자는 지속적인 이해관계자 연계, 조직의 전략 목표 및 목적과 프로그램의 지속적인 연계, 전체 프로그램의 성공을 보장하기 위해 이러한 영향을 파악하여 프로그램을 관리할 때 고려해야 한다.

3.4.1 기업환경요인

프로그램 외부 기업환경요인이 프로그램의 선정, 설계, 자금조달 및 관리에 영향을 줄 수 있다. 기업환경요인은 팀의 즉각적인 통제 아래 있지 않으면서 프로그램에 영향을 주거나 제약이 되는 요인 또는 방향을 제시하는 요인이다. 프로그램은 조직의 전략 목표 및 목적을 얼마나 잘 지원하는지에 따라 선정되고 우선순위가 지정되어야 한다. 하지만 전략 목표는 환경 요인에 대응하여 변경된다. 이러한 상황이 발생하면, 조직의 방향이 변경되면서 조직의 수정된 전략 기획과 프로그램이 일치하지 않는 문제가 발생할 수 있다. 이러한 경우에 프로그램의 진행 성과와 관계없이 프로그램을 변경 또는 보류하거나 취소할 수 있다.

다음은 환경 요인의 일부 예이다.

- ◆ 비즈니스 환경
- ◆ 시장
- ◆ 자금조달
- ◆ 자원
- ◆ 산업
- ◆ 건강, 안전 및 환경
- ◆ 경제
- ◆ 문화적 다양성
- ◆ 지리적 다양성
- ◆ 규제
- ◆ 법제
- ◆ 성장
- ◆ 공급 기반
- ◆ 기술
- ◆ 정치적 영향

- ◆ 감사
- ◆ 새로운 비즈니스 프로세스, 표준 및 실무; 그리고
- ◆ 발견 및 발명

이러한 요인과 이와 관련된 불확실성 또는 변경을 고려하면 조직의 지속적인 평가 및 진화, 조직의 목표와 프로그램 간 연계를 유지하는 데 도움이 된다. 프로그램의 지속적인 관리에는 프로그램과 조직의 전략 목표 간 연계를 유지하기 위해 환경 요인에 대한 지속적인 감시가 포함되어야 한다.

3.4.2 환경 분석

다음 단원에서는 프로그램의 비즈니스 케이스 및 프로그램관리 계획서의 유효성을 평가하는 데 사용할 수 있는 다양한 형태의 분석에 대해 설명한다. 프로그램 관리자는 한 가지 이상의 환경 분석 결과를 고려함으로써 프로그램에 영향을 줄 수 있는 요인들을 확인해서 리스크 관리팀에 알릴 수 있다. 3.4.2.1 ~ 3.4.2.5 단원에서 프로그램 관리자가 수행 또는 위임할 수 있는 환경 분석의 대표적인 표본을 제시한다. 이에 포함된 활동이 종합적 또는 포괄적인 활동임을 의미하지는 않는다.

3.4.2.1 비교우위 분석

전략적 중점 추진 과제 및/또는 비즈니스 케이스에 대한 환경 분석을 수행할 때, 조직 내부 또는 외부에 경합하는 업무가 존재할 수 있다는 점을 고려해야 한다. 일반적인 비즈니스 케이스에는 실제 또는 가상 대안 시나리오에 대한 분석 및 비교가 포함되어 있다. 적절한 경우, 비교우위 분석에는 프로그램의 목표와 의도된 편익을 다른 수단으로 달성할 수 있는 방법을 찾아보기 위한 가정형 분석도 포함될 수 있다.

3.4.2.2 타당성 조사

이 프로세스에서는 비즈니스 케이스, 조직의 목표 및 기타 기존 중점 추진 과제를 기반으로 조직의 재무, 자원조달, 복잡성 및 제약 프로필 내에서 프로그램의 타당성을 평가한다. 분석 결과는 의사결정권자가 프로그램 제안을 승인 또는 거부하는 데 필요한 정보체계에 취합된다.

3.4.2.3 SWOT 분석

프로그램의 SWOT(강점, 약점, 기회 및 위협) 분석 결과는 프로그램헌장 및 프로그램관리 계획서를 최적화하는데 필요한 정보를 제공한다. SWOT 분석, 특히 약점 및 위협 분석은 프로그램 리스크관리 전략 개발에 귀중한 투입물이 될 수 있다. SWOT 분석은 비즈니스 타당성 조사뿐만 아니라 비즈니스 케이스의 일부가 될 수도 있다.

3.4.2.4 가정 분석

가정은 기획 목적으로 진실, 사실 또는 확실한 것으로 간주되는 요인이다. 비즈니스 케이스 개발 과정에서 초기에 식별된 가정은 프로그램의 모든 측면에 영향을 미치며, 프로그램의 점진적 구체화 작업의 일부이다. 프로그램 관리자는 기획 프로세스의 일환으로 정기적으로 가정을 식별하여 문서화한다. 또한 프로그램 진행 과정에서 가정의 유효성을 검증하여 사건 또는 다른 프로그램 활동으로 인해 효력이 상실되지 않았는지 확인해야 한다.

3.4.2.5 선례정보 분석

과거에 완료한 프로그램과 현재 프로그램에서 완성된 단계의 선례정보를 새로운 프로그램의 교훈과 우수 실무사례로 활용할 수 있다(8.2.4.1 단원 참조). 선례정보에는 현재 프로그램과 관련될 수 있는 과거 프로그램, 프로젝트 및 진행 중인 작업의 결과물, 지표, 리스크 및 예상치가 포함된다. 성공, 실패 및 교훈을 설명하는 선례정보는 프로그램 정의 과정에서 특히 중요하다.

3.5 프로그램 리스크관리 전략

조직의 전략과 연계된 프로그램 로드맵을 성공적으로 인도하고 환경 평가에서 확인된 환경 요인을 충분히 고려할 수 있으려면 잘 정의된 프로그램 리스크 전략이 필요하다.

8 단원에서 프로그램 리스크관리 활동에 대해 자세히 설명하는 반면, 이 단원에서는 조직의 전략과 프로그램의 연계를 유지하기 위해 프로그램 리스크관리 활동(프로그램 리스크를 적극적으로 식별, 감시, 분석, 수용, 완화, 회피 또는 폐기)을 유발하는 특정 프로그램 리스크관리 전략에 대해 설명한다.

3.5.1 전략연계를 위한 리스크관리

전략연계는 프로그램 로드맵 및 지원되는 목표를 조직의 전략에 부합시키는 활동이다. 프로그램이 조직의 전략에서 벗어나는 원인이 될 수 있는 리스크를 효과적으로 관리할 리스크관리 전략을 세우는 활동이 여기에 포함된다. 이러한 리스크관리 전략에는 조직의 전략 수준에서의 의사소통 방식 결정뿐만 아니라, 프로그램 리스크 한계선 정의, 초기 프로그램 리스크 평가 수행, 상위 수준의 프로그램 리스크 대응 전략 개발이 포함된다. 전략연계를 위해서는 리스크를 수용하고 해결하려는 조직의 의지를 평가한 결과인 조직의 리스크 선호도를 포함한 조직의 전략을 프로그램 리스크 한계선에 고려해 넣어야 한다(8.1.1.7 단원 참조).

3.5.2 프로그램 리스크 한계선

리스크 한계선은 프로그램 목표에 조직 및 프로그램 이해관계자의 리스크 선호도를 반영할 때 수용 가능한 변이 정도를 측정한 수치이다.

앞에서 설명했듯이, 프로그램 리스크 전략의 핵심 요소는 프로그램 리스크 한계선을 설정하고 감시하는 것이다. 다음은 프로그램 리스크 한계선의 일부 예이다.

- ◆ 리스크 관리대장에 포함시킬 리스크에 대한 리스크 노출의 최저 수준
- ◆ 리스크 등급에 대한 정성적(높음, 중간, 낮음 등) 또는 정량적(수치값) 정의
- ◆ 프로그램 내에서 관리할 수 있는 리스크 노출의 최고 수준 (단계적 상승이 촉발되는 수준 이상).

프로그램 리스크 한계선 설정은 프로그램 리스크관리와 전략연계를 연결하는 과정의 필수 단계이므로 초기 기획 활동의 일환으로 수행해야 한다. 조직의 리스크 선호도를 근거로 프로그램의 리스크 한계선이 설정되고 프로그램 내부에서 감시되도록 할 책임은 기업 거버넌스 및 프로그램 관리팀과 협력하는 프로그램 거버넌스에 있다(6.1.6 단원 참조).

3.5.3 초기 프로그램 리스크 평가

프로그램 리스크관리가 프로그램 수명 전반에 걸쳐 수행되는 반면, 프로그램 정의 과정에서 준비되는 초기 프로그램 리스크 평가는 조직의 전략연계에 대한 리스크를 확인할 유일한 기회를 제공한다. 프로그램 로드맵을 개발하고 환경 요인을 조사할 때 리스크를 고려할 수 있다. 따라서 초기 프로그램 리스크 평가 과정에서, 발생할 경우에 아래와 같은 상황으로 이어질 수 있는 불확실한 사건 또는 상태를 포함하여 전략연계에 대한 리스크를 식별하는 것이 매우 중요하다.

- ◆ 프로그램 목표가 조직의 목표를 지원하지 않음
- ◆ 프로그램 로드맵이 조직 로드맵과 연계되지 않음
- ◆ 프로그램 로드맵이 포트폴리오 로드맵을 지원하지 않음
- ◆ 프로그램 목표가 포트폴리오 목표를 지원하지 않음
- ◆ 프로그램 자원 요구사항이 조직의 수용력 및 역량과 동기화되지 않음

초기 프로그램 리스크 평가를 수행한 후, 프로그램 리스크관리 전략을 완성하기 위해 리스크 대응 전략을 개발한다.

3.5.4 프로그램 리스크 대응 전략

프로그램 리스크 대응 전략을 통해 프로그램 수명 전반에 걸쳐 프로그램 리스크를 효과적이며 일관되게 관리할 방법에 대한 계획에 리스크 한계선의 요소들과 초기 리스크 평가가 통합된다. 식별된 각 리스크에 대해, 리스크 한계선을 이용하여 다양한 등급 기준에 따라 특정 대응 전략을 식별한다. 예를 들어, 수용 가능한 일정 차이를 5%로 보는 조직의 경우, 다음과 같다.

- ◆ 리스크 한계선 - 5% 일정 지연
- ◆ 리스크 등급 - 중대한 리스크 없음
- ◆ 대응 전략 - 수용

강력한 프로그램 리스크관리 전략에는 프로그램의 리스크 한계선을 반영하여 개발된 각 리스크 등급 수준에 대한 특정 리스크 대응 전략이 포함된다.

프로그램 리스크관리 전략이 일단 수립되면 프로그램 통합(7.2.2 단원) 및 지원 활동(8 단원)의 일환으로 프로그램 전반에 걸쳐 프로그램 리스크관리 활동의 일관성과 효율성을 주도한다. 또한 수립된 프로그램 리스크관리 전략을 통해 프로그램이 거버넌스의 일환으로 프로그램 실행 과정 전반에 걸쳐 프로그램 리스크 관련 의사소통 및 관리 업무를 일관되게 진행할 수 있다(6.1.6 단원 참조).

따라서 프로그램 전략연계는 프로그램 정의 단계에서 시작되는 환경 평가 및 프로그램 리스크관리 전략에서 도출되는 투입물을 근거로 비즈니스 케이스, 프로그램헌장 및 프로그램 로드맵을 개발하는 프로그램 성과 도메인이다. 이러한 업무 흐름을 통하여 조직의 목표 및 목적에 연계되는 프로그램관리 계획서가 개발된다.

4

프로그램 편익관리

프로그램 편익관리는 프로그램이 제공하는 편익을 정의, 창출, 극대화 및 인도하는 성과 도메인이다.

이 단원은 다음과 같은 소단원들로 구성된다.

4.1 편익 식별

4.2 편익 분석 및 기획

4.3 편익 인도

4.4 편익 이전

4.5 편익 지속

프로그램 편익관리는 프로그램 성공의 다양한 핵심 요소들로 구성된다. 프로그램의 계획된 편익과 의도된 결과를 명확히 정의하고, 그러한 편익과 결과에 대비하여 프로그램의 인도 역량을 감시하는 프로세스들이 프로그램 편익관리에 포함된다.

프로그램 편익관리의 목적은 프로그램 이해관계자(프로그램 스폰서, 프로그램 관리자, 프로젝트 관리자, 프로그램팀, 프로그램 운영위원회 등)를 프로그램 진행 기간에 수행되는 다양한 활동에 의해 인도되는 결과 및 편익에 초점을 맞추게 하는 것이다. 이를 위해 프로그램 관리자는 프로그램 편익관리를 통해 다음과 같은 활동을 지속적으로 수행해야 한다.

◆ 프로그램 편익의 가치와 영향을 식별하고 평가한다.

◆ 프로그램의 다양한 구성요소가 인도하는 산출물 간 상호 의존관계와 그 산출물이 프로그램의 편익에 전반적으로 기여하는 방식을 감시한다.

◆ 계획된 프로그램 변경이 예상되는 편익과 결과에 미칠 잠재적 영향을 분석한다.

◆ 조직의 목표 및 목적과 예상 편익을 연계한다.

◆ 프로그램에서 제공되는 편익을 실현하기 위한 담당(업무) 및 총괄책임을 배정하고, 편익이 지속될 수 있는지 확인한다.

편익이란 프로그램에 의해 인도되는 성과의 결과물로 조직과 그 밖의 이해관계자들에 의해 실현되는 이득과 자산이다. 어떤 편익은 비교적 확실하고 쉽게 정량화되며, 조직의 재무 목표(예: 매출 또는 총 수익의 20% 증대) 달성, 소비 또는 편의를 위한 실제 제품 또는 서비스 생산 등의 구체적이거나 유한 조건을 포함할 수 있다. 다른 편익은 정량화하기 어렵고 다소 불확실한 결과를 산출할 수 있다. 다소 불확실한 프로그램 결과의 예로 직원의 사기 진작이나 고객 만족도 개선이 있고, 건강 문제 또는 질환 발생률 감소와 같은 편익도 포함될 수 있다.

다양한 유형의 편익이 프로그램에 의해 정의되고 창출될 수 있다. 진입 시장 확대, 재무 성과 또는 운영 효율 개선 등의 편익은 후원조직에 의해 실현될 수 있는 반면, 조직의 고객 또는 프로그램의 의도된 수혜자에 의해 편익으로 실현될 수 있는 프로그램 결과도 있다. 규제 변경으로 인해 프로그램을 시작해야 하는 경우가 있다. 규정준수 프로그램을 통해 실현되는 편익은 식별하기 더 어려울 수 있다. 이러한 편익은 규정준수, 벌금 회피 및 부정적인 평판 회피로 제한될 수도 있다.

고객과 수혜자가 수행 조직 내부의 운영 또는 기능 담당 하부 조직일 수도 있고, 특정 이해 당사자 집단, 사업 분야, 산업, 특정 인구통계학적 집단 또는 일반 대중과 같이 수행 조직 외부의 고객과 수혜자일 수 있다.

편익은 대개 의도된 수혜자 측면에서 정의되며, 여러 이해관계자들 간에 공유될 수 있다. 프로그램의 결과로 조직의 고객이나 프로그램의 의도된 수혜자가 어떤 방식으로든 개선될 수 있는 반면, 수행 조직 역시 산출되는 제품, 서비스 또는 기능을 일관되게 인도하고 유지할 수 있는 새롭거나 개선된 기능으로 혜택을 볼 수 있다.

다른 조직, 이해관계자 및 의도된 수혜자가 프로그램의 편익을 인식하지 못할 수 있고, 직원 감축이나 직위 또는 조직 통합과 같은 부정적인 영향을 받을 수도 있다. 부정적인 영향을 최소화하는 것은 편익 실현만큼 중요하며, 관리 및 측정하여 관련 정보를 조직의 리더 그룹과 영향을 받는 이해관계자 및 조직에게 적절히 전달해야 한다. 부정적인 결과를 처리할 때, 프로그램 관리자는 법무, 마케팅 및 인적자원 부서와 같은 내부 조직과의 조율을 고려해야 한다.

프로그램 및 그 구성요소는 조직의 전략 목표 및 목적을 지원하는 편익을 제공하는 성과를 창출한다. 편익은 프로그램이 완료될 때(또는 완료 이후) 비로소 실현되거나 프로그램의 구성요소들이 의도된 수혜자에 의해 활용될 수 있는 점증적 결과를 산출하는 반복적인 방식으로 편익이 실현될 수 있다. 프로그램이 종료된 후에도 편익 실현이 계속될 수 있다.

프로그램의 속성에 따라 프로그램 로드맵은 점증되는 편익을 보여주는 그래픽 자료이며, 투자수익률이 향후 프로그램 편익 및 결과를 위한 자금 조달에 도움이 되는 시기를 시각적으로 보여준다. 점증적 편익이 산출됨에 따라 조직 내부, 외부 관계없이 모든 의도된 수혜자가 초래되는 변경에 대비하고, 프로그램 완료 시점과 이후까지 점증적 편익을 유지할 수 있어야 한다.

어떤 프로그램은 모든 구성요소가 완료된 후에만 편익을 인도한다. 이러한 경우에 구성요소의 인도물과 결과 모두 전체 편익의 완전한 실현에 기여한다. 프로그램이 끝날 때 의도된 편익을 인도하는 프로그램의 예로는 주요 건설 사업, 도로, 댐 또는 다리 등의 공공 사업 프로그램, 항공우주 프로그램, 항공기 제작 또는 조선, 의료기 및 의약품 프로그램 등이 있다.

프로그램 편익관리를 통해 프로그램에서 조직의 투자 결과로 인도되는 편익을 프로그램 종료 후에도 유지할 수 있도록 보장한다. 프로그램 인도 단계(7.1.3 단원 참조) 전반에 걸쳐, 의도된 프로그램 편익 인도를 촉진하는 방향으로 프로그램 구성요소들을 계획 및 개발하고, 통합 및 관리한다. 프로그램 편익 인도 단계에서, 편익 인도 활동과 함께 편익 분석 및 기획 활동을 반복적으로 수행할 수 있다. 특히 프로그램 편익을 달성하기 위해 시정조치가 필요할 때 더욱 그렇다.

프로그램 편익은 감시하고 관리해야 한다. 편익은 프로그램 인도물의 필수적인 부분으로 간주되어야 한다. 조직의 리스크 선호도와 프로그램의 전략적 가치를 토대로 편익에 대한 리스크 구조를 확립해야 한다. 각 프로그램 편익에 대한 리스크 확률을 지정해야 한다. 조직의 편익을 실현하기 위해 필요한 구성요소 개수 또는 변경을 수용하고 유지하는 조직의 능력을 포함하여 몇 가지 요인이 리스크 확률을 높일 수 있다.

프로그램 편익관리에는 프로그램 기간 전반에 걸쳐 나머지 성과 도메인과의 지속적인 상호작용이 필요하다. 상호작용은 본질적으로 순환적이며, 보통 프로그램 초기 단계에서는 하향식으로 시작되고 후기 단계에서는 상향식으로 시작된다. 예를 들어, 프로그램 이해관계자 참여와 함께 프로그램 전략연계는 비전, 사명, 전략 목표 및 목적, 그리고 프로그램 편익을 정의하는 비즈니스 케이스를 비롯하여 매우 중요한 투입물/변수를 프로그램에 제공한다. 프로그램이 의도된 편익과 결과를 산출하는지 확인하기 위해 프로그램 거버넌스를 통해 프로그램 성과 데이터를 평가한다.

그림 4-1에서 프로그램 생애주기(7 단원 참조)와 프로그램 편익관리 성과 도메인 사이의 관계를 보여준다.

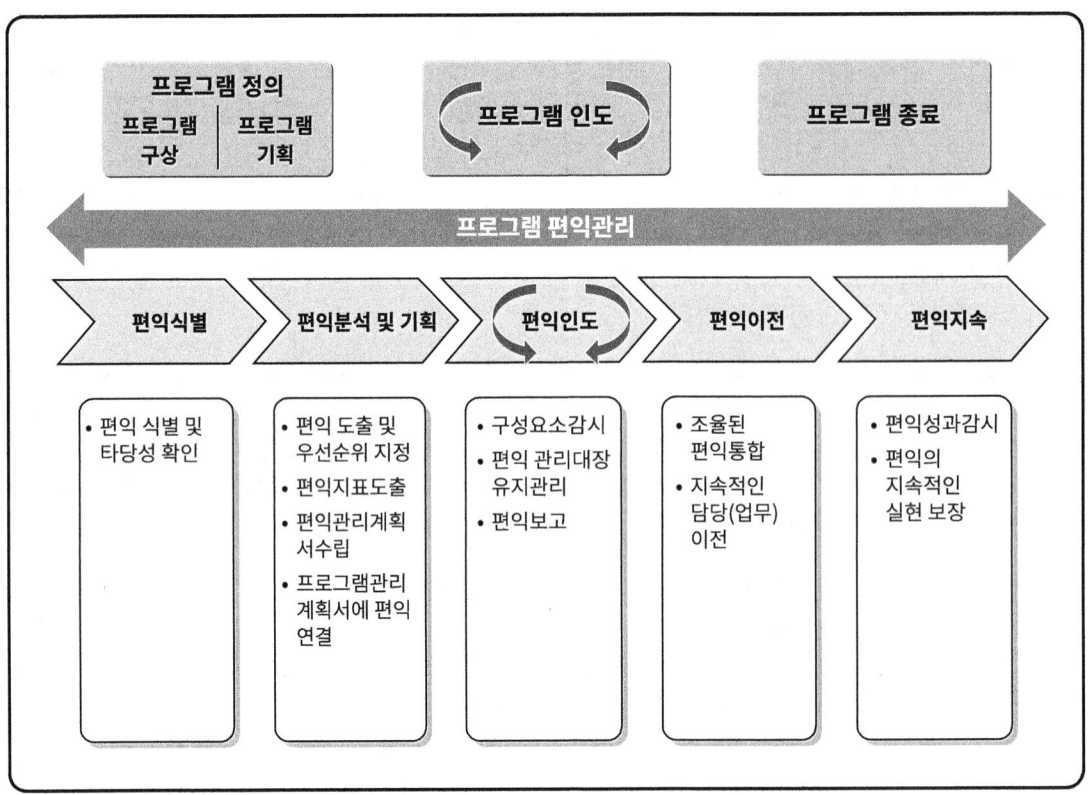

그림 4-1. 프로그램 생애주기 및 프로그램 편익관리

4.1 편익 식별

편익 식별 단계의 목적은 프로그램의 이해관계자들이 실현되기를 기대하는 편익을 식별하고 그 타당성을 확인하기 위해 조직 및 비즈니스 전략, 내부적 및 외부적 영향, 그리고 프로그램의 동인에 대한 가용 정보를 분석하는 것이다. 3.1 단원에서 설명한 대로, 조직의 전략 기획 과정에서 조직 중점 추진 과제를 식별하여 문서화한다. 이러한 중점 추진 과제는 조직의 목표와 활동을 설명한다. 일반적으로 프로그램 운영위원회 형태인 전략적 의사결정 기구는 프로그램이 해결하려고 하는 전략 목표와 실현될 것으로 기대되는 편익을 정의하는 프로그램헌장을 발행할 수 있다. 프로그램헌장은 유효한 비즈니스 케이스에 의해 뒷받침된다. 편익 식별 과정의 활동에는 프로그램의 목적 및 매우 중요한 성공 요인을 정의하고, 비즈니스 편익을 식별하여 정량화하는 작업이 포함된다.

비즈니스 케이스는 프로그램의 편익, 예상 인도물 그리고 그것을 인도하기 위해 투입될 자원의 정당성에 대해 공식적인 선언을 지원한다. 비즈니스 케이스에는 사업 필요성에 대한 권한, 취지 및 철학, 프로그램 스폰서를 명시하고, 동시에 프로그램의 구조, 지침이 될 원칙과 조직에 대한 추진 방향을 제시한다. 프로그램의 비즈니스 케이스는 조직의 전략 및 목표와 연계되며, 프로그램 편익을 달성하는 데 필요한 투자와 지원 수준을 식별하는 데 도움이 된다. 프로그램 비즈니스 케이스에 대한 자세한 정보는 3.1, 6.1.3 및 7.1.2.1 단원을 참조한다.

4.1.1 편익 관리대장

편익 관리대장은 프로그램의 예상 편익들을 수집하여 나열하고, 프로그램 기간 전반에 걸쳐 편익 인도 성과를 측정하고 관련 의사소통을 진행하는 데 사용된다. 편익 식별 단계에서, 프로그램 비즈니스 케이스, 조직의 전략 기획 및 기타 관련 프로그램 목표를 바탕으로 편익 관리대장이 개발된다. 핵심 이해관계자들은 이 관리대장을 검토하여 각 편익에 대한 적절한 성과 척도를 개발한다. 이 단계에서 핵심성과지표(KPI)가 식별되고, 다음 단계에서 연관된 정량적 및 정성적 척도를 정의하고 구체화하는 과정을 거쳐 프로그램 편익 관리대장이 업데이트된다. 편익 관리대장은 다양한 형식으로 작성될 수 있지만 기본적으로 다음 사항(최소한)을 포함한다.

- ◆ 계획된 편익 목록
- ◆ 계획된 편익과 프로그램 구성요소 간 연결관계(프로그램 로드맵에 반영되는 정보)
- ◆ 각 편익을 측정하는 방법에 대한 설명
- ◆ 성취도 평가에 사용될 핵심성과지표(KPI) 및 한계선
- ◆ 편익 달성에 대한 리스크 평가 및 확률
- ◆ 각 편익의 상태 또는 진척 지표
- ◆ 편익 달성 예정 날짜 및 마일스톤
- ◆ 각 편익을 인도할 책임이 있는 담당자, 그룹 또는 조직
- ◆ 편익 계획 대비 진척 측정 프로세스 확립
- ◆ 프로그램 진척 상황을 기록하고 이해관계자에게 보고하는 데 필요한 추적 및 의사소통 프로세스

4.2 편익분석 및 기획

편익분석 및 기획 단계의 목적은 프로그램 편익관리를 기획하고, 프로그램 구성요소와 편익의 측정을 감시 및 통제하는 데 사용할 편익 지표와 프레임워크를 개발하는 데 있다. 편익분석 및 기획 단계의 활동에는 다음 사항이 포함된다.

- ◆ 프로그램의 남은 과정을 통해 작업 지침을 제시할 편익관리 계획서 작성
- ◆ 프로그램 구성요소와 이들의 상호 의존관계 정의 및 우선순위 지정
- ◆ 프로그램 편익의 인도를 효과적으로 감시하는 데 필요한 핵심성과지표(KPI) 및 관련 정량적 척도 정의
- ◆ 프로그램의 성과 기준선 정의, 주요 이해관계자에게 프로그램 성과지표 제공
- ◆ 가용 정보가 증가함에 따라 편익에 대한 긍정적 및 부정적 리스크 업데이트

프로그램 실행 과정에서 계획된 편익의 완벽한 실현 여부를 측정할 수 있도록 하기 위해 편익의 점증적 인도 성과를 정량화하는 일은 특히 중요하다. 의미 있는 척도는 프로그램 관리자와 이해관계자가 편익이 통제 한계선을 초과하는지 그리고 시기적절하게 인도되는지 여부를 판별하는 데 도움이 된다. 점증적 편익의 정량화에는 편익 인도 시기(예: 실현이 시작되어야 하는 날짜), 무형 편익의 정성화(예: 조직의 사기 진작 또는 인식 개선), 발생하는 편익의 정량화(예: 단축된 시간, 증가된 수익, 달성된 목표, 성취된 문화적, 정치적 또는 법률적 개선, 증가된 시장 점유율, 하락한 경쟁업체 경쟁력 또는 달성된 점증적 생산성 향상) 및 원가가 포함된다(그림 4-2 참조). 이 예에서, 프로그램 종료 후 프로그램 자금에 포함된 편익을 유지하기 위한 운영 비용으로서 프로그램 원가가 계속 발생될 수 있다. 또는 프로그램 종료 시 프로그램 원가도 종결될 수 있다. 프로그램이 계속될 때, 편익을 인수하는 조직에 새로운 편익의 이월 비용을 충당하기 위한 추가 자금을 지불할 수도, 그렇지 않을 수도 있다. 일부 경우에는 조직에서 자체적으로 비용을 충당해야 할 수도 있다. 또한, 예에서 정량화할 수 있는 편익이 아직 프로그램 비용을 초과하지 않았으며, 비즈니스 케이스에 명시된 대로 시간이 경과함에 따라 프로그램 편익이 프로그램 비용을 초과할 것으로 예상된다.

프로그램의 편익이 더욱 구체적으로 정의됨에 따라, 프로그램 편익에 대한 리스크를 더욱 명확히 규정하고 새로운 편익 리스크를 정량화해야 한다. 편익 실현에 대한 리스크의 예로는 이해관계자의 수용, 이전의 복잡성, 조직에 수용되는 변경의 정도 및 예상치 못한 결과의 실현, 그리고 특정 산업에서 발생할 수 있는 그 밖의 상황 등이 있다. 편익 인도를 최적화하기 위해 기회의 형태로 된 긍정적 리스크도 식별하여 구체화 및 정량화해야 한다. 프로그램 구성요소에 의해 매우 중요한 자원이 배정 또는 사용되는 방법의 최적화, 신기술 활용으로 특정 편익 인도에 필요한 업무나 자원의 감축 등도 기회에 포함될 수 있다.

프로그램 거버넌스 기능은 프로그램팀에서 구성요소 또는 프로그램 전체에 대한 변경이 필요할 때 제안될 수 있도록 편익 달성이 명시된 변수 내에서 실현되는지 여부를 판별하는 데 도움을 준다. 이러한 분석 과정에 프로그램 목표, 재정 지출(운영 및 자본), 측정 기준(핵심성과지표(KPI) 포함), 측정 및 검토 요점에 편익을 연결해야 한다. 또한 편익관리 계획서는 편익 인도 단계에서 편익이 계획대로 실현되는지 확인하고 성공적인 편익 인도를 촉진하기 위해 프로그램 이해관계자와 프로그램 운영위원회에 피드백을 제공할 용도로도 사용된다.

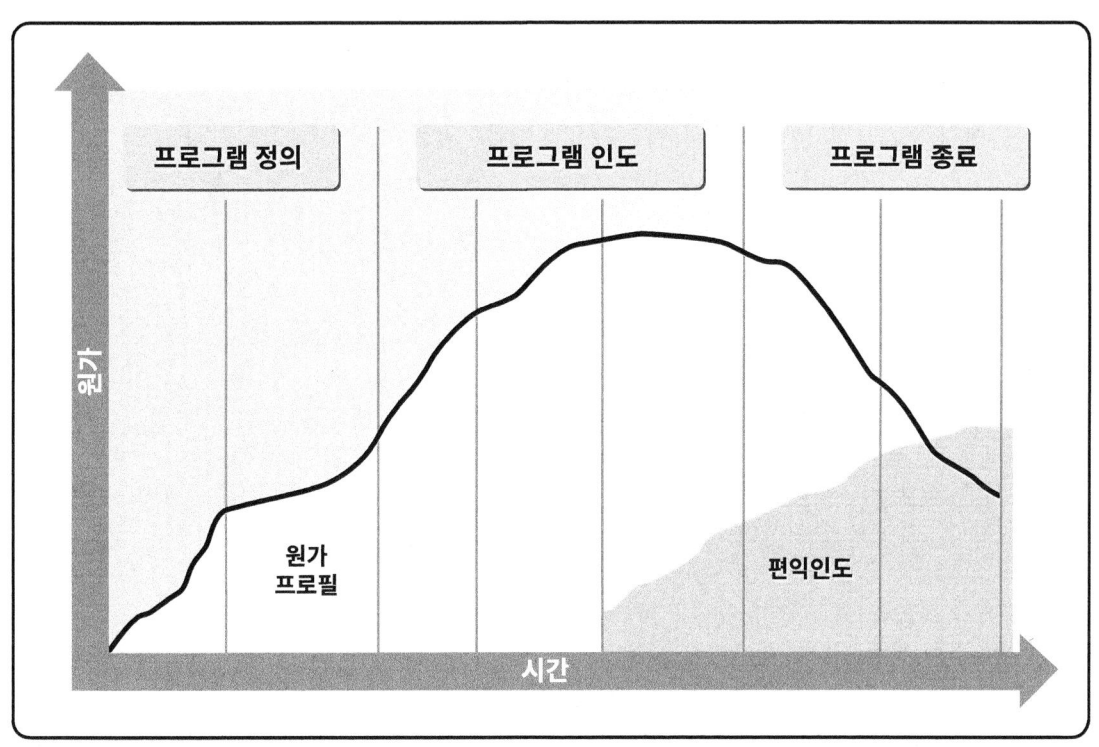

그림 4-2. 일반적인 프로그램 생애주기 전반에 걸친 원가 및 편익 프로필 예시

4.2.1 편익관리 계획서

편익관리 계획서는 프로젝트 또는 프로그램에 의해 제공되는 편익을 창출 및 극대화하고 유지하기 위해 수행하는 프로세스에 대한 정의를 기술한 문서이다. 편익관리 계획서는 프로그램의 계획된 편익을 달성하는 데 필요한 활동들을 공식적으로 문서화한다. 조직에 편익이 인도될 것으로 예상되는 시기와 방식을 식별하고, 시간이 지남에 따라 편익의 완벽한 실현을 보장하기 위해 갖춰 놓고 있어야 하는 수단들을 명시한다. 편익관리 계획서는 프로그램 실행 과정에서 편익 인도의 지침이 되는 기준선 문서이다. 또한 편익관리 계획서는 편익 실현으로 인해 변경에 필요한 관련 활동, 프로세스 및 시스템, 기존 프로세스 및 시스템에 필요한 변경사항, 운영 상태로 이전할 방식과 시점도 식별한다.

편익관리 계획서 작성 과정에서 아래와 같은 활동을 수행해야 한다.

- ◆ 각 편익 및 연관 가정사항을 정의하고 각 편익을 달성할 방법을 결정한다.
- ◆ 계획된 프로그램 결과에 구성요소 산출물을 연결한다.
- ◆ 편익을 측정하기 위한 지표(핵심성과지표(KPI) 포함) 및 절차를 정의한다.
- ◆ 편익을 관리하는 데 필요한 역할과 담당(업무)을 정의한다.
- ◆ 산출되는 편익과 기능을 편익 달성을 위해 운영 상태로 이전할 방법을 정의한다.
- ◆ 산출되는 기능을 편익 유지를 담당할 개인, 그룹 또는 조직으로 이전할 방법을 정의한다.
- ◆ 전반적인 편익관리 업무를 관리하기 위한 프로세스를 제시한다.

4.2.2 편익관리 및 프로그램 로드맵

프로그램 편익관리에서는 구성요소가 프로그램 편익을 달성하기 위해 의도된 기능과 결과를 어떻게 인도할 것인지를 나타내는 프로그램 아키텍처를 확립한다. 프로그램 로드맵에는 구성요소 간 관계와 내포되는 규칙을 식별하여 프로그램 구성요소들의 구조를 정의한다. 프로그램 로드맵은 점증적 편익 인도를 포함하여 프로그램의 진화하는 측면을 설명한다. 프로그램 로드맵에 대한 자세한 정보는 3.3 단원을 참조한다.

4.2.3 편익 관리대장 업데이트

편익 관리대장은 편익 식별 과정에서 착수되고 편익분석 및 기획 중에 업데이트된다. 이때 프로그램 로드맵을 기준으로 프로그램 구성요소에 프로그램 편익을 연결한다. 그런 다음, 해당 이해관계자들이 편익 관리대장을 검토하여 프로그램 성과를 감시하는 데 사용될 각 편익의 핵심성과지표(KPI)와 기타 척도를 정의하고 승인한다.

4.3 편익 인도

편익 인도 단계의 목적은 편익관리 계획서에 정의된 대로 프로그램이 예상 편익을 인도하는지 확인하는 것이다. 프로그램이 실행됨에 따라 편익에 영향을 미치는 리스크가 발생할 수 있고, 업데이트가 필요하거나 폐기될 수 있다. 또한, 새로운 리스크와 업데이트된 리스크는 관련 편익과 함께 편익 관리대장에 포함시켜야 한다. 편익 인도 단계의 활동에는 아래와 같은 것들이 포함된다.

- ◆ 프로그램과 조직의 전략 목표 사이 연계를 유지하기 위해 조직의 환경(내부 및 외부 요인 포함), 프로그램 목표 및 편익 실현을 감시한다.

- ◆ 구성요소를 착수, 실행, 이전 및 종료하고, 구성요소 간 상호 의존관계를 관리한다.

- ◆ 편익에 영향을 미치는 새로운 기회와 위협을 평가한다. 여기에는 편익에 영향을 주는 새로운 기회와 리스크를 편익 관리대장에 업데이트하고, 편익에 영향을 주는 발생되거나 폐기된 리스크를 업데이트하는 활동도 포함된다.

- ◆ 편익 인도를 감시하기 위해 프로그램 재무, 규정준수, 품질, 안전 및 이해관계자 만족도와 관련된 핵심성과지표(KPI)를 평가한다.

- ◆ 프로그램 의사소통관리 계획서에 명시된 대로 편익 관리대장에 프로그램 진척 상황을 기록하고 주요 이해관계자에게 보고한다.

편익 인도 단계에서 프로그램관리오피스, 프로그램 운영위원회, 프로그램 스폰서 및 기타 프로그램 이해관계자에게 보고되는 일련의 보고서 또는 지표가 정의되어 있는지 확인한다. 편익 지표의 지속적인 감시와 보고를 통해 이해관계자들이 프로그램의 전반적 건전성을 평가하고, 성공적인 편익 인도를 보장하기 위해 적절한 조치를 취할 수 있다.

편익관리는 반복적인 프로세스이다. 특히 편익 분석, 기획 및 편익 인도는 순환관계를 갖는다. 조건이 변경됨에 따라 편익 분석 및 기획을 지속적으로 재검토할 수 있다. 조직의 환경을 감시하면서 수집한 정보에 대응하여 시정조치를 취해야 할 때도 있다. 예상되는 프로그램 결과와 조직의 전략 목표 연계를 유지하기 위해 구성요소를 수정해야 할 경우도 있다. 또한 프로그램 리스크 및 핵심성과지표(KPI)를 평가한 결과로써 시정조치가 필요할 때도 있다. 프로그램 재무, 규정준수, 품질, 안전 및/또는 이해관계자 만족도와 관련된 성과로 인해 구성요소의 수정이 필요할 수 있다. 이러한 시정조치를 통해 편익 인도 단계에서 프로그램 구성요소를 추가, 변경 또는 폐지해야 할 수도 있다.

4.3.1 편익 및 프로그램 구성요소

프로그램에서 각 구성요소는 적절한 시기에 착수되고 통합되어 그 산출물이 전체 프로그램에 취합되어야 한다. 이러한 구성요소의 착수 및 종료는 프로그램 로드맵과 일정에서 중요한 마일스톤이다. 마일스톤은 점증적 편익의 달성과 인도를 나타내는 신호이다. 프로그램 진행 속도의 변경을 반영하도록 편익관리 계획서가 수정되면 프로그램 로드맵(3.3 단원 참조)도 업데이트된다.

4.3.2 편익 및 프로그램 거버넌스

편익이 가치를 갖도록 하기 위해서는, 충분한 정도 및 적시에 실현되어야 한다. 프로그램 구성요소 또는 프로그램 자체에 의해 인도되는 실제 편익은 편익관리 계획서에 정의된, 기대되는 편익에 대하여 정기적으로 평가되어야 한다. 이때 고려해야 할 주요 측면은 프로그램 구성요소와 전체 프로그램의 실행 가능성이 계속 유지되고 있는지 여부이다. 프로그램의 편익 제안을 변경해야 하는 경우(예: 전체 생애주기 원가가 제안된 편익을 초과하는 경우) 또는 편익 인도가 너무 지연되는 경우(예: 더 이상 기회가 없는 경우) 프로그램의 로드맵을 평가해야 한다. 구성요소들 사이 다른 시너지 효과와 효율뿐만 아니라 프로그램 진행 속도를 최적화할 수 있는 기회도 식별할 수 있다. 프로그램 구성요소 및 진행 속도 변경을 반영하기 위해 편익관리 계획서의 수정이 필요할 수 있다. 편익관리 계획서가 수정되면 프로그램 로드맵도 업데이트되어야 한다.

프로그램 거버넌스 성과 도메인과 편익관리 성과 도메인이 통합되어 프로그램과 조직 전략 간 지속적인 연계를 유지하고, 프로그램 편익을 인도함으로써 의도된 가치를 계속 달성할 수 있도록 한다.

효과적인 거버넌스는 조직에서 약속한 결과를 달성하고 인도할 수 있게 하여 의도된 편익 실현을 보장한다. 실현되는 편익 검토 과정에서 핵심성과지표(KPI)를 포함한 광범위한 요인 전반에 걸쳐 계획편익 대비 실제편익을 분석해야 한다. 편익 인도 단계에서 특히 다음과 같은 측면을 분석하고 평가해야 한다.

- ◆ **전략적 연계.** 전사적 계획과 프로그램 계획의 지속적인 연계에 초점을 맞추고, 프로그램 가치 제안의 정의, 유지 및 확인에 초점을 맞추고, 프로그램관리와 전사적 운영관리 연계에 초점을 맞춘다. 내부적으로 주력하는 프로그램의 경우, 편익 실현 프로세스는 변경이 도입될 때 새로운 편익이 조직의 운영 흐름에 어떠한 영향을 미치는지 그리고 부정적인 영향과 변경 도입으로 인한 잠재적인 혼란을 어떻게 최소화할 수 있는지를 판단한다.

- ◆ **가치 인도.** 프로그램이 의도된 편익을 인도하는지 확인하는 데 초점을 맞춘다. 계획된 특정 편익을 실현하고 그 편익이 실질적인 가치를 창출할 기회가 존재할 수 있다. 프로그램 관리자, 프로그램 운영위원회 및 주요 이해관계자는 프로그램 또는 구성요소의 실제 사건(예: 지연, 비용 초과 또는 범위 축소)으로 기회가 충족되었는지 또는 조정되었는지 여부를 결정할 수 있다. 투자에는 구성요소 일정의 변동이 추가적인 재정적 영향을 초래하는 시간 가치도 있다.

4.4 편익 이전

편익 이전 단계의 목적은 프로그램 편익을 운영 영역으로 이전하는 것과 이전한 이후에 지속성을 유지하는 데 있다. 가치는 조직, 공동체 또는 다른 프로그램 수혜자가 이러한 편익을 활용할 수 있을 때 인도된다.

편익 이전 단계의 활동에는 아래 사항들이 포함된다.

- ◆ 프로그램 및 그 구성요소들의 통합, 이전 및 종료로 프로그램의 전략 목표를 달성하기 위해 수립된 편익 실현 기준이 충족되거나 초과 달성되는지 확인한다.
- ◆ 영향을 받는 운영 영역으로 전환될 때 편익의 지속적인 실현을 촉진할 수 있는 이전 계획을 개발한다.

편익 이전을 통해 이전 범위를 정의하고, 인수 조직 또는 직무부서의 이해관계자를 식별하여 기획 과정에 참여시키며, 프로그램 편익을 측정하고 유지 계획을 개발하고 이전을 실행하는 일련의 작업을 빠짐없이 수행한다.

프로그램 내의 편익 이전 기획 활동은 완전한 이전 과정의 일부일 뿐이다. 제품, 서비스 또는 기능이 인수되어 해당 도메인에 통합되도록 거기에 포함된 모든 준비 프로세스와 활동을 수행할 책임은 인수 조직 또는 직무부서에 있다. 개별 프로그램 구성요소가 종료되거나 프로그램 내의 다른 작업 활동이 종료됨에 따라 여러 가지 이전 작업이 발생할 수 있다.

편익은 프로그램의 공식 작업이 끝나기 전에 실현될 수 있고, 공식 작업이 완료된 후에도 오래 지속될 것이다. 조직에 점증적 편익을 제공하기 위한 개별 프로그램 구성요소의 경우, 구성요소를 종료한 이후에도 편익 이전이 수행될 수 있다. 또한 확인되는 점증적 편익은 없으며 총괄적으로 조직에 편익을 인도하기 위한 프로그램인 경우에도 전체 프로그램 종료 이후에 편익 이전이 일어날 수 있다.

편익을 정량화하여 시간이 경과함에 따라 편익 실현을 측정할 수 있도록 한다. 편익은 종종 프로그램의 실제 업무가 종료된 한참 뒤에도 실현되지 않아 프로그램 종료 후에도 잘 감시되어야 할 필요가 있을 수 있다. 프로그램 종료 시점에, 발생되는 편익을 비즈니스 케이스에서 의도한 편익과 비교함으로써 프로그램이 실제로 의도된 편익을 인도할 것인지 확인해야 한다.

편익 이전 활동을 통해 개별 프로그램 구성요소 결과 또는 산출물이 인수기준을 충족시키고, 만족스럽게 종료되거나 다른 프로그램 요소에 통합되며, 프로그램의 모든 편익 달성에 기여하는지 확인한다. 다음은 편익 이전 활동의 일부 예이다.

- ◆ 핵심성과지표(KPI)를 포함하여 적용 가능한 인수기준 대비 프로그램 및 프로그램 구성요소의 성과 평가
- ◆ 인도된 구성요소 또는 산출물에 적용 가능한 인수기준 검토 및 평가
- ◆ 운영 및 프로그램 프로세스 문서 검토
- ◆ 교육 및 유지보수 자료 검토(해당되는 경우)
- ◆ 적용 가능한 계약상 협약 검토
- ◆ 발생되는 변경의 성공적인 통합 여부를 판단하기 위한 평가
- ◆ 발생되는 변경의 수용을 촉진하기 위한 활동(워크샵, 회의, 교육 등)
- ◆ 인수 조직으로 이전되는 편익에 영향을 주는 리스크 이전
- ◆ 인수하는 개인, 그룹 또는 조직의 준비 상태 평가 및 승인
- ◆ 모든 관련 자원의 최종 처리

이전 프로세스에서 인수자는 개별 구성요소 사건 및 프로그램 유형에 따라 달라진다. 기업이 개발하는 제품 계열의 인수자는 제품 지원 조직일 수 있다. 고객에게 제공되는 서비스의 경우, 인수자는 서비스 관리 조직일 수 있다. 외부 고객용으로 개발되는 제품의 경우, 고객 조직으로 이전될 수 있다. 한 프로그램에서 다른 프로그램으로 이전되는 경우도 있다.

운영으로의 이전 없이 프로그램이 종료될 수도 있다. 이러한 상황은 헌장이 완전히 이행되고 운영 부문에서 편익 실현을 계속할 필요가 없거나, 공인된 프로그램이 조직에 더 이상 가치가 없는 경우에 발생할 수 있다. 이전은 단일 조직 내부 기능 간 공식적인 활동일 수도 있고, 조직 외부 주체와의 계약에 기반한 활동일 수도 있다. 인수하는 주체는 이전되는 기능이나 결과, 편익의 성공적인 유지를 위해 필요한 사항을 명확히 이해해야 한다. 일반적으로 이전 과정에서 모든 관련 문서, 교육 및 자료, 지원 시스템, 시설 및 직원이 제공되며, 이전 회의 및 컨퍼런스가 진행될 수도 있다.

이전된 편익에 영향을 미치는 잔존 리스크가 미결 상태로 남아 있는 경우, 프로그램 관리자는 리스크를 해당되는 조직으로 이전해야 한다. 편익을 인수하는 조직이 편익에 대한 지속적인 리스크 감시를 담당하는 팀이 아닐 수도 있다. 리스크는 프로그램관리오피스(PMO)와 같은 거버넌스 조직에서 감시할 수 있다.

4.5 편익 지속

편익 지속 단계의 목적은 프로그램이 인도하는 개선과 성과의 지속적인 발생을 보장하기 위해 인수 조직에서 프로그램이 끝난 후에도 유지보수 활동을 지속하는 데 있다. 프로그램이 종료됨에 따라 프로그램에서 제공하는 편익 유지에 대한 책임이 다른 조직이나 다른 프로그램으로 이전될 수 있다. 편익은 운영, 유지보수, 새로운 구성요소 또는 기타 업무 활동을 통해 지속될 수 있다. 인도되는 편익의 지속적인 실현을 보장하는 데 필요한 리스크, 프로세스, 조치, 지표 및 도구를 식별하기 위해 프로그램을 종료하기 전에 편익지속 계획을 개발해야 한다.

프로그램 실행 중에 프로그램 관리자와 구성요소 프로젝트 관리자는 프로그램 편익의 지속적인 유지 계획을 세워야 한다. 편익 지속을 보장하는 실제 작업은 일반적으로 프로그램 종료 후 수행되며, 개별 구성요소의 범위를 벗어난다. 프로그램 종료 이후 편익 유지를 보장하는 작업은 인수하는 개인, 조직 또는 수혜자 집단이 수행하지만, 프로그램 수행 중에 이전 이후의 활동을 기획할 책임은 프로그램 관리자에게 있다.

편익 지속에 대한 책임은 전통적인 프로젝트 생애주기에 속하지 않지만, 그 책임은 프로그램 생애주기에는 남아 있을 수 있다. 이러한 지속적인 제품, 서비스 또는 기능 지원 활동은 프로그램 범위에 속할 수 있지만, 기본적으로 운영 업무적인 속성이 있으며 일반적으로 프로그램 또는 프로젝트로 실행되지는 않는다.

다음은 편익 지속을 위해 수행하는 활동의 일부 예이다.

◆ 프로그램 인수자(개인, 그룹, 조직, 산업 및 부문)의 지속적인 성과 감시에 필요한 운영, 재무 및 행동 변경을 기획한다.

◆ 프로그램이 종료되고 프로그램 자원이 조직으로 복귀될 때, 프로그램 진행 과정에서 제공되는 기능을 계속 보장하기 위해 필요한 변경 업무를 실행한다.

◆ 신뢰성 및 가용성 관점에서 제품, 서비스, 기능 또는 결과의 성과를 감시하고 핵심성과지표(KPI)를 포함하여 실제성과와 계획성과를 비교한다.

◆ 배포된 제품, 서비스, 기능 또는 결과를 소유하고 운영하는 고객이 기대하는 편익을 제공할 수 있도록 각각의 지속적인 적합성을 감시한다. 여기에 다른 제품, 서비스, 기능 또는 결과와 지속적인 연계 가능성 및 기능의 지속적인 완성도가 포함될 수 있다.

- ◆ 기술적 진보 및 이전 형상에 대한 지원을 지속할 공급업체의 의향에 비추어 제품, 서비스, 기능 또는 결과에 대한 지속적인 물류 지원 가용성을 감시한다.
- ◆ 제품, 서비스, 기능 또는 지원 결과, 성과 또는 기능의 개선에 대한 고객 요구에 대응한다.
- ◆ 기능, 진보된 기술 정보 또는 실시간 고객 지원에서 제품, 서비스, 기능 또는 결과에 대한 주문형 지원을 제공한다.
- ◆ 다른 제품 지원 기능을 포기하지 않고 프로그램관리 기능과 별도로 제품, 서비스, 기능 또는 결과에 대한 운영 지원을 계획하고 확립한다.
- ◆ 잦은 제품 지원 질의에 대처하여 제품, 서비스, 기능 또는 개선과 관련된 기술 정보를 업데이트한다.
- ◆ 프로그램관리에서 조직 내 운영 기능으로 제품 또는 기능 지원 이전을 기획한다.
- ◆ 현재 고객 대상 적절한 안내를 통해 제품 또는 기능의 폐지 및 단계적 폐지 또는 지원 중단을 기획한다.
- ◆ 배포된 제품, 서비스 또는 기능의 지원 관련 운영 이슈, 개선 또는 법률적 변경, 정치적, 경제적 및 사회경제적 변화, 문화 전환에 대한 대중의 수용/반응, 또는 배포된 제품, 서비스, 기능 또는 결과의 지원 관련 물류 이슈에 대응하기 위해 비즈니스 케이스를 개발하고, 새로운 프로젝트 또는 프로그램의 잠재적 착수 활동을 시작한다.
- ◆ 프로그램의 편익에 영향을 주는 모든 미해결 리스크를 감시한다.

프로그램 생애주기 및 편익에 대한 자세한 내용은 그림 1-1을 참조한다.

5

프로그램 이해관계자 참여

프로그램 이해관계자참여 성과 도메인은 이해관계자 요구를 식별하여 분석하고, 이해관계자 지원을 촉진하도록 기대사항과 의사소통을 관리하는 성과 도메인이다.

이 단원은 다음과 같은 소단원들로 구성된다.

5.1 프로그램 이해관계자 식별

5.2 프로그램 이해관계자 분석

5.3 프로그램 이해관계자 참여 기획

5.4 프로그램 이해관계자 참여

5.5 프로그램 이해관계자 의사소통

이해관계자란 프로젝트, 프로그램 또는 포트폴리오의 의사결정, 활동 또는 결과에 영향을 주거나 그로 인해 영향을 받을 수 있거나 스스로 영향을 받는다고 여기는 개인, 집단 또는 조직을 가리킨다.

이해관계자는 프로그램의 내부 또는 외부에 존재하며, 프로그램 결과에 긍정적 또는 부정적 영향을 줄 수 있다. 프로그램 및 프로젝트 관리자는 프로그램 및 프로젝트의 변화하는 환경을 이해하고 해결하기 위해 이해관계자의 영향력과 영향을 미치는 정도를 파악하고 있어야 한다.

또한 이해관계자를 식별하고, 분석 및 분류하고 감시해야 한다. 프로그램 자원과 달리, 일부 이해관계자는 직접 관리할 수 없지만 그들의 기대사항은 관리할 수 있다. 많은 경우에 외부 이해관계자들이 프로그램 관리자와 프로그램팀은 물론이고 프로그램 스폰서보다 더 많은 영향을 미친다. 프로그램 편익 실현에 미치는 잠재적 영향 또는 이해관계 간 상충되는 특성을 고려하여, 이해관계자들의 이해관계 간 균형을 유지하는 것이 중요하다. 계층적 소속감이 없는 관계일 때 사람들은 직접적인 관리에 저항하는 경향이 있다. 이러한 이유로 대부분의 프로그램관리 관련 서적에서는 *이해관계자관리*보다 *이해관계자 참여* 개념에 중점을 둔다.

이해관계자 참여는 종종 이해관계자와 프로그램 리더 및 팀 사이 직접적, 간접적 의사소통으로 표현된다. 프로그램팀 참여는 프로그램팀과 프로젝트팀에서 서로 다른 역할을 맡은 담당자들에 의해 수행될 수 있다. 하지만 이해관계자 참여에는 단순한 의사소통 이상의 활동들이 포함된다. 예를 들어 이해관계자는 목표 설정, 품질분석검토 또는 기타 프로그램 활동에 가담하는 방식으로 참여할 수 있다. 주요한 목적은 프로그램의 목표, 편익 및 결과에 대한 이해관계자 지원을 확보하고 유지하는 데 있다.

모호함과 불확실성은 프로그램의 공통된 특징이다. 그런 환경의 복잡성 때문에 프로그램 관리자는 다양한 이해관계자 기반을 이해하고 관리하기 위해 노력해야 한다. 그림 5-1에서 이러한 기대사항을 관리하는 데 필요한 조치를 구성할 수 있는 다양한 이해관계자 환경을 보여준다. 이해관계자 연결은 성공적인 기대사항 관리를 보장하여 조직에 비즈니스 편익을 인도하는 데 핵심적인 단계이다. 이해관계자 참여는 의사소통 측면을 넘어 목표 협상, 원하는 편익에 대한 합의, 자원에 대한 책임, 그리고 프로그램 전반에 걸쳐 지속적인 지원을 모두 고려한다.

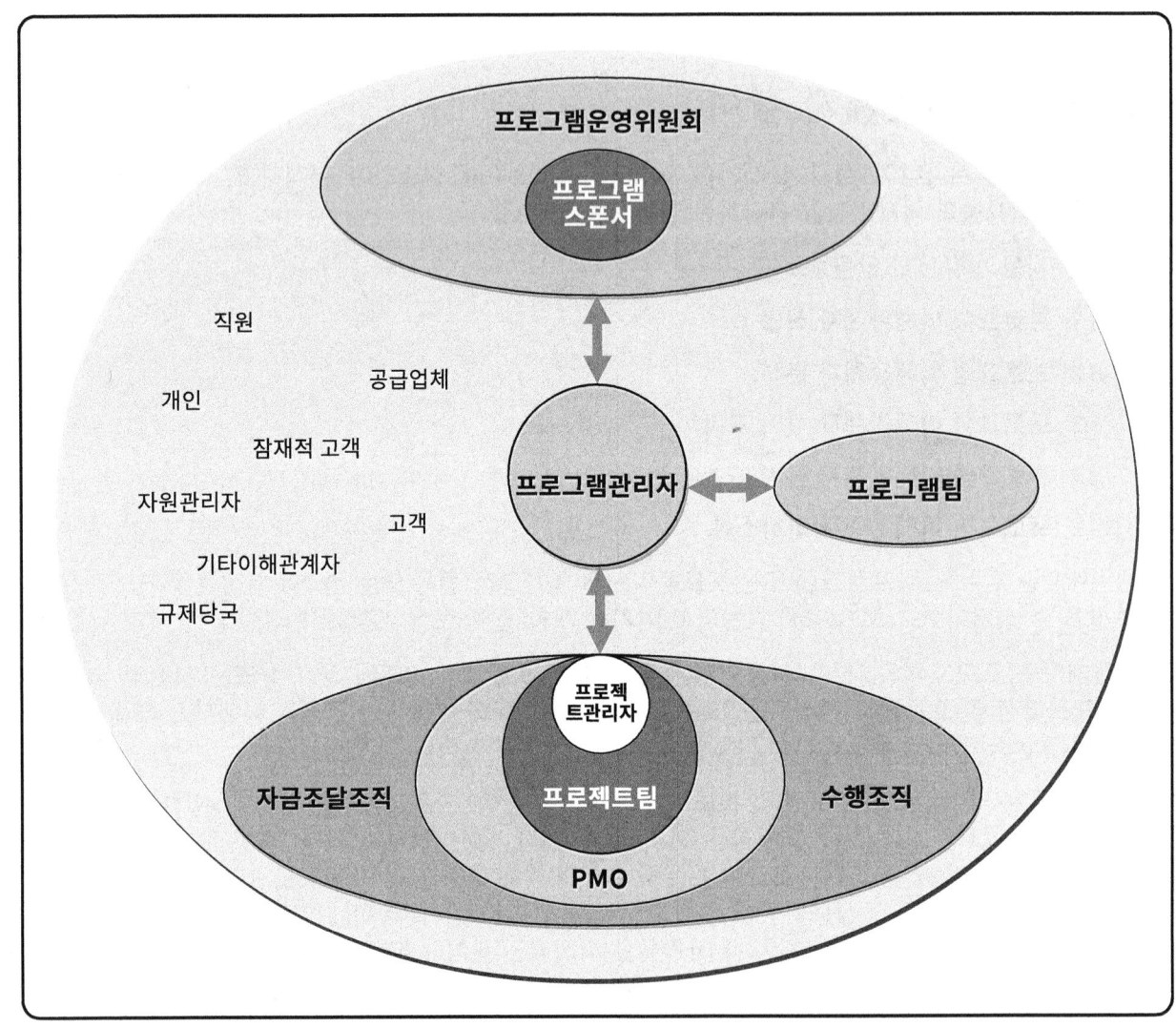

그림 5-1. 프로그램의 이해관계자 환경

프로그램의 이해관계 수준과 영향력 수준은 이해관계자에 따라 크게 다를 수 있다. 이해관계자가 프로그램에 대해 모를 수도 있고, 알고 있더라도 프로그램을 지원하지 않을 수 있다. 모든 관점을 빠짐없이 고려하고 처리하기 위해 프로그램 관리자는 확인된 이해관계자들과의 상호작용에 충분한 시간과 에너지를 쏟아야 한다.

프로그램 관리자는 아래와 같은 방법으로 이해관계자와 상호작용한다.

◆ 프로그램에 대한 태도 및 관심, 변경에 대한 준비 정도를 평가하여 이해관계자를 참여시킨다.

◆ 프로그램 활동에 이해관계자를 참여시키고, 변경에 대한 준비 정도, 조직의 선별된 변경관리 전략 속도 및 규모에 따라 이해관계자 요건, 이해사항, 요구사항 및 기대사항과 원하는 것을 목표로 하는 의사소통을 활용한다.

◆ 프로그램 환경에서 프로그램과의 관계를 이해하면서 이해관계자 피드백을 감시한다.

◆ 프로그램 환경 또는 프로그램 구성요소의 관련 조직 구조 내에서 필요에 따라 교육 중점 추진 과제를 지원한다.

이러한 양방향 의사소통을 통해 프로그램 관리자가 프로그램헌장에 따라 조직에 편익을 인도할 수 있다.

프로그램 편익을 변경으로 보는 이해관계자도 있기 때문에 프로그램 수준의 이해관계자 참여가 어려울 수도 있다. 사람들은 본인이 직접 요청하지 않았거나 변경 유발에 관여하지 않은 경우 또는 필요성을 이해하지 못하거나 본인에게 미치는 변경의 결과를 우려하는 경우, 변경에 저항하는 경향이 있다. 따라서 프로그램 관리자와 프로그램 팀원은 프로그램 기간 전반에 걸쳐 각 이해관계자의 태도와 의도를 파악해야 한다. 프로그램 관리자는 조직에서 변화를 이끄는 주역이 되어야 하고, 프로그램의 진행 과정을 변경하거나 의도적으로 이탈을 시도할 수 있는 각 이해관계자의 동기를 파악함으로써 프로그램이 의도한 편익이나 결과가 모두 실현될 수 있도록 이끌어야 한다. 이와 같이 복잡한 환경에서 프로그램은 진화하며, 의도한 편익을 실현하기 위해 그에 맞춰 조정되고, 프로그램의 전략과 계획이 변경될 수 있다. 지원을 받기 위해 프로그램 관리자는 또한 프로그램 편익을 효과적으로 실현할 수 있도록 프로그램 거버넌스를 통해 조직의 여건을 조성하기 위해 프로그램 스폰서 또는 후원 그룹과도 관계를 유지한다.

프로그램 관리자는 조직의 현재 상태와 조직이 추구하는 미래 상태 사이의 격차를 해소해야 한다. 이를 위해 프로그램 관리자는 현재 상태뿐만 아니라 프로그램 및 그 편익이 조직을 어떤 방식으로 미래 상태로 전환할지 이해해야 한다. 따라서 프로그램 관리자는 조직의 변경관리에 익숙해야 한다.

성공적인 프로그램 관리자는 강력한 리더십 기술을 발휘하여 프로그램팀이 프로그램에서 발생될 변경을 처리할 수 있도록 명확한 이해관계자참여 목표를 설정한다. 이러한 목표에는 변경에 대한 준비 정도를 평가하기 위한 이해관계자 참여 유도, 변경 기획, 프로그램 자원 제공, 변경 지원, 변경구현 방식 촉진 및 협상, 프로그램 진척 상황에 대한 이해관계자 피드백 수집 및 평가 등이 포함된다.

5.1 프로그램 이해관계자 식별

프로그램 이해관계자 식별의 목표는 이해관계자 관리대장에 모든 주요 이해관계자(또는 이해관계자 집단)를 체계적으로 식별하는 것이다. 이 관리대장은 이해관계자를 나열하여 프로그램과의 관계, 프로그램 결과에 미치는 영향력, 프로그램 지원 정도, 그 밖에 프로그램 관리자가 이해관계자의 인식과 프로그램 결과에 영향을 줄 수 있다고 생각하는 특성 또는 속성으로 분류한다.

표 5-1에서 프로그램 내 이해관계자 분류의 예를 보여준다.

표 5-1. 이해관계자 관리대장

이름	조직 내 지위	프로그램역할	지원수준	영향력	의사소통	기타특성
이해관계자 1	임원	공급업체	중립형	낮음	월별이메일 발송	관심형
이해관계자 2	고객	수신자	지원형	보통	주별컨퍼런스 수행	요구형
이해관계자 3	선임부사장	스폰서	주도형	높음	분기별현황보고	참여한 상태

이해관계자 관리대장은 프로그램 팀원이 보고 수행, 프로그램 인도물 배포, 공식 및 비공식 의사소통 진행을 위해 간편히 참조할 수 있는 방식으로 작성되고 유지되어야 한다. 이해관계자 관리대장에 정치적 및 법적으로 민감한 정보가 포함될 수 있으며, 프로그램 관리자에 의해 접근 및 검토제한이 설정될 수 있다. 결과적으로 이해관계자 관리대장에 적절한 보안 조치를 취하는 것이 바람직하다. 프로그램 관리자는 프로그램이 진행되는 국가에서 적용하는 개인정보보호 규정을 준수해야 한다. 이해관계자 관리대장은 가변적인 문서이다. 프로그램이 진화함에 따라 새로운 이해관계자가 등장하거나 현재 집단의 이해관계가 바뀔 수 있다. 프로그램 관리자는 환경을 감시하면서 필요에 따라 관리대장을 준비하고 업데이트해야 한다.

다음은 포함될 수 있는 주요 프로그램 이해관계자의 일부 예이다.

- **프로그램 스폰서.** 프로그램에 필요한 자원과 지원을 제공하고 성공으로 이끌 책임이 있는 개인 또는 집단. 프로그램 스폰서는 대개 프로그램의 지휘자이다.
- **프로그램 운영위원회.** 주어진 권한 내에서 프로그램을 지원할 목적으로 거버넌스 실무를 통해 지침, 인증 및 승인을 제공함으로써 프로그램과 관련된 다양한 이해관계를 대표하는 참가자 집단. 이 위원회를 프로그램 거버넌스 보드라고도 한다.
- **포트폴리오 관리자.** 수행 조직에서 전략적 비즈니스 목표를 달성하기 위해 포트폴리오 구성요소 수립, 균형 조정, 감시 및 통제 담당자로 선임하는 사람 또는 그룹.
- **프로그램 관리자.** 수행 조직에서 프로그램 목표를 달성할 책임이 있는 하나 또는 여러 팀을 이끌도록 지정된 책임자.
- **프로젝트 관리자.** 수행 조직에서 프로젝트 목표를 달성할 책임을 지고 팀을 이끌도록 선임된 책임자.
- **프로그램 팀원.** 프로그램 활동을 수행하는 개인.
- **프로젝트 팀원.** 구성 프로젝트 활동을 수행하는 개인.
- **자금조달 조직.** 프로그램 수행에 필요한 자금을 제공하는 조직 또는 외부 조직의 일부.
- **수행 조직.** 프로젝트 또는 프로그램의 작업을 수행하는 데 가장 직접적으로 관여하는 직원이 속한 조직.
- **프로그램관리오피스.** 프로그램 관련 거버넌스 프로세스를 표준화하여 자원, 방법론, 도구 및 기법 등의 공유를 촉진하는 관리 구조.
- **고객.** 프로그램에서 인도하는 새로운 기능을 사용하고 예상되는 편익을 도출할 개인 또는 조직. 고객은 프로그램 최종 결과의 주요 이해관계자이며, 프로그램의 성공 여부를 판단하는 데 영향을 미친다.
- **잠재적 고객.** 프로그램이 명시된 편익을 얼마나 효율적으로 인도할지 꾸준히 관찰하고 있을 과거 및 미래의 고객.
- **공급업체.** 정책과 절차의 변경으로 종종 영향을 받는 제품 및 서비스 공급업체.
- **규제 당국.** 해당 지역 및 국가 정부의 규제 및 법적 범위를 설정하고 관리하는 업무를 주관하는 공공 기관 또는 정부 기관. 일반적으로 이러한 조직은 의무 기준 또는 요건을 제정한다.

- **영향을 받는 개인 또는 조직.** 프로그램 활동에서 비롯된 편익 또는 불이익을 받게 될 것으로 인식하는 대상자.
- **기타 집단.** 소비자, 환경 또는 기타 이해사항(정치적 이해관계 포함)을 대표하는 그룹. 인적자원, 법률, 총무 및 인프라 등의 조직 지원 기능도 주요 이해관계자로 간주된다.

브레인스토밍 기법을 사용한 이해관계자 식별에서는 프로그램 생애주기 전반에 걸쳐 이해관계자를 빠짐없이 지명하는 것을 목표로 한다. 완성된 이해관계자 관리대장은 효과적인 참여를 이끄는 필수 도구이다.

5.2 프로그램 이해관계자 분석

이해관계자 관리대장에 주요 이해관계자가 모두 나열되면, 프로그램 관리자가 분석을 시작하기 위해 이해관계자를 분류한다. 범주화를 통해 이해관계자들의 요구, 기대사항 또는 영향에서의 차이를 판별한다. 프로그램의 전반적인 영향뿐 아니라 프로그램과 관련된 조직 문화, 정치 및 관심사항을 더 정확히 이해하기 위해 이해관계자로부터 핵심 정보를 구해야 한다. 이러한 정보는 선례정보, 개별 인터뷰, 핵심전문가 그룹 또는 설문지 및 설문조사를 통해 얻을 수 있다. 설문지와 설문조사를 통해 프로그램팀은 인터뷰나 핵심전문가 그룹을 통해 수집 가능한 것보다 많은 수의 이해관계자로부터 피드백을 받을 수 있다. 사용한 기법에 관계없이 주요 정보는 이해관계자 피드백을 이끌어 내기 위한 개방형 질문을 통해 얻을 수 있다. 수집된 정보를 바탕으로 프로그램에 영향력(긍정적 또는 부정적)이 가장 큰 사람들과 조직을 대상으로 한 참여 업무에 집중할 수 있도록 이해관계자 우선순위 목록을 작성해야 한다. 프로그램 관리자는 프로그램을 부정적으로 보는 이해관계자의 영향을 완화하는 활동과 프로그램이 긍정적으로 기여한다고 보는 이해관계자의 적극적인 지원을 장려하는 활동 사이에서 균형을 유지해야 한다.

복잡한 프로그램의 경우, 프로그램 관리자는 모든 이해관계자의 현재 지원과 원하는 지원 및 영향 간 상호작용을 시각 정보로 보여주는 이해관계자맵을 개발할 수 있다. 이해관계자맵은 프로그램 공동체에 변경이 미치는 영향을 평가하는 도구로 사용된다. 이를 통해 프로그램팀은 유용한 정보를 기반으로 이해관계자의 이해, 영향, 관여, 상호 의존관계 및 지원 수준을 고려하여 이해관계자참여 방법과 시기를 결정할 수 있다. 이해관계자 분석에 사용되는 대체 분류 모델로 권력/이해 관계 배치도가 있다. 이 표에서는 프로젝트 결과에 관한 권한("권력") 수준과 관심("이해") 수준에 따라 이해관계자를 분류한다. 그림 5-2에서 A-H에 일반적인 이해관계자가 배치되어 있는 권력/이해관계 배치도의 예를 보여준다.

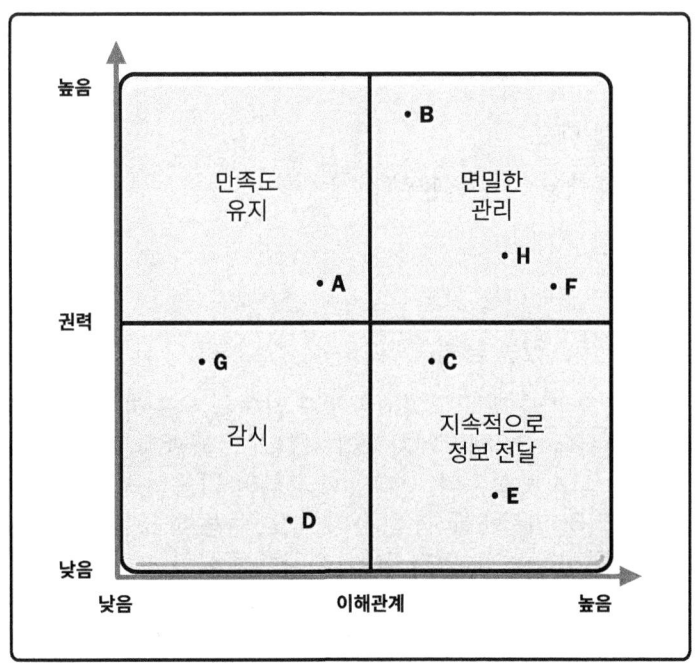

그림 5-2. 이해관계자의 권력/이해관계 배치도 예

프로그램 관리자는 이해관계자의 기대사항을 식별하고 핵심 지표 및 예상 편익을 명확하게 설명하여 지속적인 프로그램 활동과 진화하는 이해관계자 요구를 처리할 수 있는 프레임워크를 생성한다. 이해관계자맵을 이해관계자들과의 상호작용 필요성을 확인하는 데 도움이 되는 도구로 활용할 수 있다. 프로그램의 성공에 기여하는 협업 기회와 이해관계자 간 잠재적 협력 정보를 제시한다. 필요에 따라 프로그램 관리자는 이해관계자맵을 사용하여 프로그램 생애주기의 다양한 시점에 어떤 이해관계자가 참여해야 하는지 팀에 상기시킬 수 있다. 프로그램 작업이 진행됨에 따라 전체 이해관계자 관리대장과 이해관계자참여 활동의 우선순위를 정기적으로 검토하고 업데이트해야 한다.

5.3 프로그램 이해관계자 참여 기획

이해관계자참여 기획 활동을 통해 모든 프로그램 이해관계자가 프로그램 기간 전반에 걸쳐 어떻게 참여할지 계획한다. 이해관계자 관리대장과 이해관계자맵은 프로그램이 운영되는 환경을 이해하기 위해 조직의 전략기획, 프로그램헌장 및 프로그램 비즈니스 케이스를 고려하여 분석된다.

이해관계자 분석 및 참여 기획의 일환으로 각 이해관계자에 대해 다음과 같은 측면을 고려한다.

- ◆ 조직 문화 및 변경 수용
- ◆ 프로그램 및 스폰서에 대한 태도
- ◆ 이해관계자의 특정 참여에 적용 가능한 관련 단계
- ◆ 프로그램 편익 인도에 대한 기대
- ◆ 프로그램 편익을 지지 또는 반대하는 정도
- ◆ 프로그램 결과에 영향을 줄 수 있는 능력

이 과정에서 현재 상황을 바탕으로 효과적인 이해관계자 참여를 유도하는 세부 전략이 포함된 이해관계자 참여 계획서가 작성된다. 이 계획서에는 이해관계자참여 지침과 이해관계자가 프로그램의 다양한 구성요소에 어떻게 참여하는지에 대한 통찰력이 포함된다. 이해관계자참여 활동의 성과를 측정하는 데 사용된 지표도 이 계획서에 정의된다. 회의 및 기타 의사소통 경로 참여 척도, 능동적 또는 수동적 지지 또는 저항의 정도도 포함될 수 있고, 의도된 목표를 달성하는 데 있어 참여 효과를 측정하는 데에도 활용될 수 있다. 프로그램의 구성요소 프로젝트, 하위 프로그램 및 기타 프로그램 활동에 대해 이해관계자 참여 지침을 제공해야 한다. 이해관계자 참여 계획서는 확인된 이해관계자의 변경에 따른 프로그램 문서 개발 및 지속적인 연계 활동에 사용되는 중요한 정보를 제공한다(8.1.2.2 단원 참조).

5.4 프로그램 이해관계자 참여

프로그램이 진행되고 편익을 인도함에 따라 이해관계자 명단과 그들의 태도 및 의견이 바뀌기 때문에 이해관계자 참여는 지속적인 프로그램 활동이다. 프로그램 기간 전반에 걸쳐 프로그램 관리자의 주된 역할 중 하나가 모든 이해관계자가 적절하고 적합하게 참여하는지 확인하는 것이다. 이 프로세스를 이해관계자 식별, 이해사항 연결 및 이해관계자참여 기획 활동이 직접 지원한다. 이해관계자 관리대장, 이해관계자맵 및 이해관계자 참여 계획서는 자주 참조하고 평가해야 하며, 필요시 업데이트해야 한다.

이해관계자들과의 상호작용 및 참여를 통해 프로그램팀에서 프로그램 편익 및 조직의 전략 목표와의 연관성에 관한 의사소통을 진행할 수 있다. 필요한 경우, 프로그램 관리자는 강력한 의사소통, 협상 및 갈등해결 기술을 활용하여 이해관계자가 프로그램 및 명시된 편익에 반대하는 것을 완화할 수 있다. 다양한 이해관계자가 참여하는 대규모 프로그램에서 기대사항이 충돌할 경우에도 이해관계자 또는 이해관계자 집단 사이 협상을 촉진할 수 있다.

이해관계자들이 프로그램 편익 인도에 대하여 상위수준의 공통 기대사항을 수립할 수 있도록 도와주기 위해, 프로그램 관리자는 이해관계자에게 프로그램헌장 및 프로그램 비즈니스 케이스에 포함된 관련 정보를 제공한다. 여기에는 리스크, 의존관계 및 편익에 대한 세부사항을 요약하는 임원진 보고서도 포함될 수 있다.

이해관계자 참여의 주요 지표는 프로그램의 목표 및 편익 실현, 이해관계자의 참여 및 프로그램팀과의 의사소통 빈도 또는 정도에 긍정적인 기여를 하고 있다. 프로그램 관리자는 회의 초대, 참가자, 회의록 및 조치 항목을 포함하여 이해관계자들과의 모든 상호작용이 빠짐없이 기록되도록 노력한다. 프로그램 관리자는 이해관계자 지표를 정기적으로 검토하여 이해관계자의 저조한 참여로 유발되는 잠재적 리스크를 식별한다. 불참의 원인을 확인하고 해결하기 위해 참여 동향을 분석하고 원인분석을 수행한다. 이해관계자참여 내역은 이해관계자의 인식과 기대사항에 영향을 줄 수 있는 중요한 배경 정보를 제공한다. 예를 들어 이해관계자가 적극적으로 참여하지 않은 경우, 이해관계자가 프로그램의 방향에 확신을 가지고 있거나 부정확한 기대사항을 가졌거나 프로그램에 관심을 잃었을 가능성이 있다. 철저한 분석을 통해 이해관계자 행동과 관련하여 예상치 못한 이슈나 그릇된 프로그램관리 의사결정을 유도할 수 있는 잘못된 가정을 피할 수 있다.

프로그램팀은 이해관계자와 협력하면서 이해관계자의 이슈와 관심사를 수집하여 기록하고, 종결되도록 관리한다. 이슈 기록부를 사용하여 이슈를 문서화하고, 우선순위를 지정하여 추적하면 전체 프로그램팀이 이해관계자로부터 받는 피드백을 이해하는 데 도움이 된다. 이해관계자 명단이 적으면, 단순한 스프레드시트를 적절한 추적 도구로 활용할 수 있다. 다수의 이해관계자에게 영향을 미치는 이슈와 복잡한 리스크가 있는 프로그램의 경우, 더욱 정교한 추적 및 우선순위 지정 방식이 필요할 수 있다.

이해관계자 이슈와 관심사는 프로그램의 범위, 편익, 리스크, 원가, 일정, 우선순위 및 결과와 같은 프로그램의 다양한 측면에 영향을 줄 수 있다. 영향 분석을 통해 이해관계자 이슈의 긴급성과 확률을 파악하여 프로그램 리스크로 발전할 수 있는 이슈를 판별한다.

5.5 프로그램 이해관계자 의사소통

효과적인 의사소통은 문화적 및 조직적 배경, 전문성 수준, 관점 및 이해사항이 서로 다를 수 있는 다양한 이해관계자들을 연결하는 다리이다. 이러한 모든 요소가 프로그램의 편익 인도에 영향을 줄 수 있다. 의사소통은 프로그램 이해관계자 참여의 중심에 있다. 의사소통은 프로그램 활동을 진행하고 궁극적으로 조직에 편익을 인도하는 데 있어 핵심이다. 이 매우 중요한 구성요소는 프로그램 업무를 구현하기 위해 필요한 프로그램 팀원 간 정보 공유, 협상 및 협업을 가능하게 하는 수단이다.

프로그램 관리자는 권력과 영향력이 큰 핵심 이해관계자에게 특히 주의를 기울이면서 프로그램 생애주기 전반에 걸쳐 이해관계자들의 적극적인 참여를 유도해야 한다. 이해관계자 관리대장에 명시된 대로 각 이해관계자에 대한 전략을 세울 수 있다(표 5-1 참조). 언어, 형식, 내용 및 상세 정도를 포함한 전달할 정보와 같은 의사소통 요구사항을 전략에서 밝힌다. 또한 프로그램 변경 및 에스컬레이션 프로세스를 논의하기 위한 피드백 루프도 처리할 수 있다. 도출되는 의사소통 방식은 프로그램 전략에 대한 이해관계자의 지원과 프로그램 편익 인도를 목표로 한다.

어떤 이해관계자는 프로그램에 대해 궁금증을 갖고 종종 질문을 던지기도 한다. 이러한 질문과 답변은 여러 이해관계자가 정보 교환으로 혜택을 볼 수 있는 방식으로 문서화하여 게시해야 한다. 많은 경우, 특정 이해관계자 대상마다 다르게 문서를 서식화하여 제시해야 한다. 의사결정권을 가진 이해관계자가 프로그램을 추진하는 데 필요한 시기에 올바른 결정을 내릴 수 있도록 적절한 정보를 제공하는 것은 매우 중요하다. 프로그램 관리자는 변경을 지속적으로 감시하고, 필요하면 이해관계자참여 활동 및 인도물을 업데이트해야 한다.

많은 프로그램관리 활동은 일부 이해관계자와의 의사소통이 필수적이다. 이러한 활동에 대해서는 8 단원에서 자세히 설명한다. 프로그램 관리자는 지속적인 감시를 통해 이해관계자 의사소통 요구가 충족되는 환경을 조성해야 한다.

6

프로그램 거버넌스

프로그램 거버넌스는 프로그램 의사결정을 가능하게 하고 의사결정을 수행하고 프로그램을 지원하기 위한 실무를 구축하고, 프로그램을 지속적으로 감독하는 성과 도메인이다.

이 단원은 다음과 같은 소단원들로 구성된다.

6.1 프로그램 거버넌스 실무
6.2 프로그램 거버넌스 역할
6.3 프로그램 거버넌스 설계 및 구현

프로그램 거버넌스는 조직의 전략적 운영 목표를 달성하기 위해 프로그램을 감시 및 관리하고 지원하는 프레임워크, 기능 및 프로세스들로 구성된다. 프로그램 거버넌스의 주안점은 후원조직에서 프로그램과 전략을 정의, 승인, 감시 및 지원하는 시스템과 방법을 확립하여 프로그램 편익을 인도하는 데 있다. 잘 설계된 프로그램 거버넌스 프레임워크는 효과적인 의사결정을 위한 실무를 제시하고 프로그램이 적절하게 관리되도록 보장한다. 프로그램 거버넌스는 해당 권한을 보유한 프로그램에 관한 권고사항을 인증 또는 승인하는 책임을 맡은 심사 및 의사결정 그룹에서 진행하는 일련의 조치를 통해 수행된다. 프로그램 관리자는 일상 업무의 프로그램 활동을 관리하면서 거버넌스 프레임워크 안에서 프로그램의 실행을 유지할 관리 책임을 진다. 프로그램팀이 거버넌스 절차와 기본적인 거버넌스 원칙을 이해하고 준수하는지 확인하는 일도 프로그램 관리자가 담당한다.

프로그램 거버넌스는 프로그램팀에서 프로그램을 지원하기 위해서 수행되는, 구성요소를 감시하고 관리하는 프레임워크, 기능 및 프로세스들도 참조한다. 프로그램의 종합적인 성과를 책임지고 있는 프로그램 관리자와 프로그램팀의 조치를 통해 구성요소의 거버넌스가 달성되는 경우가 많다. 이러한 책무도 구성요소 거버넌스라고 할 수 있다.

프로그램 거버넌스는 조직의 전략 및 운영상 목표를 달성하기 위하여 인적자원과 정책, 프로세스를 통해 통제와 방향을 제시하고 조정하는 체계적인 방식인 조직 거버넌스에 의해 영향을 받는다. 일반적으로 포트폴리오 거버넌스는 거버넌스 계층구조에서 프로그램 투자가 승인되는 계층이다.

그림 6-1에서 프로그램의 거버넌스 관계를 보여준다. 포트폴리오 구조 안에서, 포트폴리오 거버넌스를 통해 다양한 포트폴리오 거버넌스 지원 기능 및 프로세스가 프로그램과 연결된다. 포트폴리오 구조 밖에 있는 독립 실행형 프로그램의 경우, 통치 기구가 거버넌스 정책, 감독, 통제, 통합 및 의사결정 기능과 프로세스를 비롯하여 프로그램에 대한 거버넌스 지원 기능 및 프로세스를 제시한다. 거버넌스 활동의 유형과 빈도는 포트폴리오 거버넌스 및 통치 기구에서 결정한다. 포트폴리오는 포트폴리오 구조 안의 프로그램에 대한 거버넌스 정책, 감독, 통제, 통합 및 의사결정 기능과 프로세스를 제공한다.

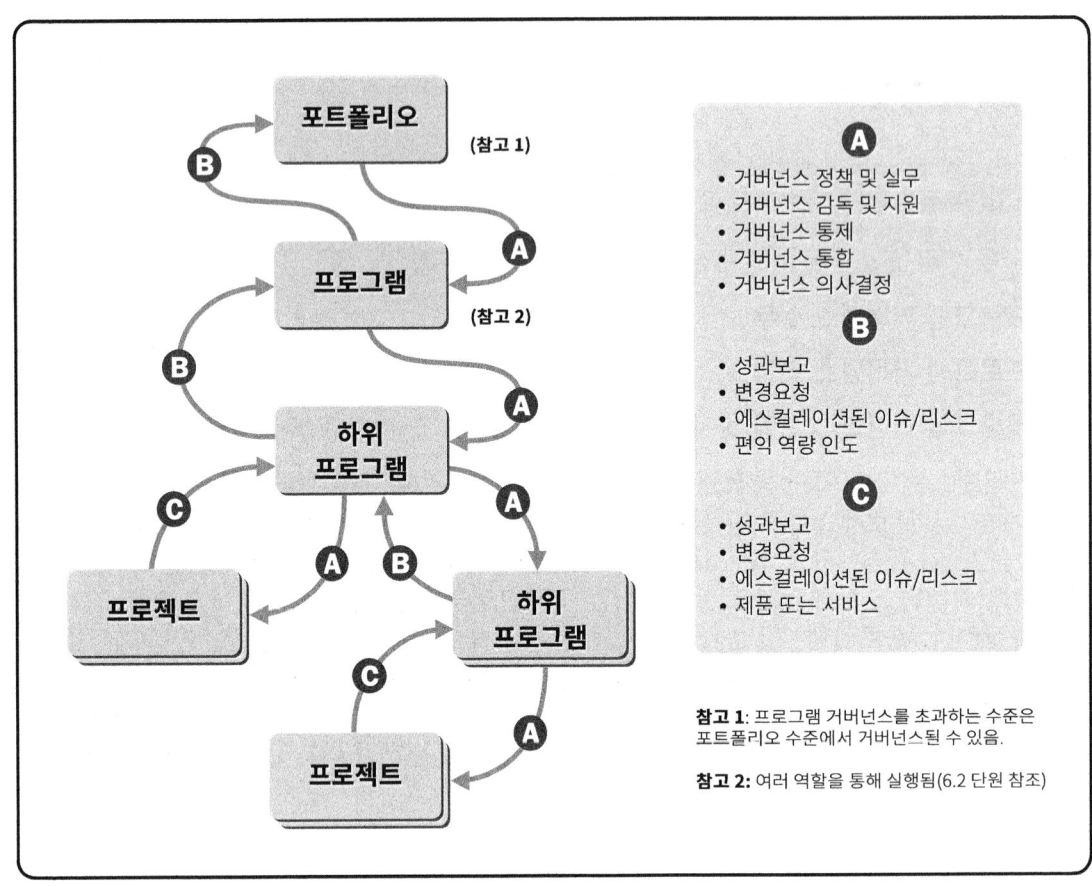

그림 6-1. 거버넌스 계층구조

효과적인 프로그램 거버넌스는 다음과 같은 방식으로 프로그램의 성공을 지원한다.

- ◆ 프로그램의 목표가 후원조직의 전략적 비전, 운영 역량 및 자원 참여약속과 연계되도록 보장한다. 이러한 연계를 지원하기 위해 필요한 보고 및 통제 프로세스 준수는 프로그램 거버넌스 도메인에 의해 집행된다.
- ◆ 프로그램의 승인, 인증 및 착수를 진행하고 후원조직으로부터 자금을 확보한다.
- ◆ 후원조직이 프로그램을 감독할 방법과 이와 반대로 목표 달성을 위해 프로그램에 허용될 자율성에 관하여 충분히 합의된 명확한 협약을 체결한다.
- ◆ 프로그램 전반에 걸쳐 관리 담당 핵심 이해관계자들과 각 프로그램 사이 상호작용 관련 기대사항을 명확히 설정함으로써 프로그램 이해관계자의 참여를 촉진한다.
- ◆ 프로그램 실행 과정에서 발생하는 기회와 이슈뿐만 아니라 조직에 대한 프로그램 리스크 및 불확실성 정보를 소통하고 해결할 수 있는 환경을 조성한다.
- ◆ 프로그램의 준수여부를 평가하고 보장하기 위한 기업 거버넌스 정책과 프로세스 및 포트폴리오와 연계된 프레임워크를 제공한다. 프로그램마다 특정 거버넌스 프로세스 또는 절차를 수립해야 할 수도 있으나, 조직의 거버넌스 원칙과 연계되도록 해야 한다.
- ◆ 보증 프로세스를 설계하고 승인하며, 필요한 경우 예상되는 편익을 인도하는 과정에서 프로그램 진척 상황 검토 및 건전성 점검을 실시한다. 단계 심사 검토, 그 밖의 의사결정 시점의 검토 및 정기적인 건전성 점검을 포함하여 다양한 검토 유형이 사용된다.
- ◆ 조직이 조직의 전략 계획의 실행 가능성과 계획 달성에 필요한 지원 수준을 평가할 수 있도록 한다.
- ◆ 프로젝트, 하위 프로그램 및 기타 프로그램 활동을 포함하여 프로그램 구성요소를 선별 및 인증하고, 실행할 수 있도록 한다.
- ◆ 프로그램 단계 사이 이전, 프로그램의 중단 또는 종료에 관한 의사결정을 수행한다.

매우 복잡하거나 불확실한 환경에서 프로그램이 진행되는 과정에서 도출되는 결과와 정보에 신속하게 대응해야 할 필요가 있을 때, 효과적인 프로그램 거버넌스가 특히 중요하다. 프로그램 거버넌스를 통해 조직의 비전을 명확히 정의하고, 조직의 전략과 프로그램 사이 연계를 촉진하며, 현재의 조직 역량과 프로그램 요구사항 사이 균형 조정을 정기적으로 수행할 수 있다. 거버넌스 참가자는 프로그램의 일환으로 수행되는 활동에 대한 변경을 감시하고, 필요에 따라 승인하거나 제한할 수 있다. 거버넌스 의사결정 포럼에서는 의도된 편익을 인도할 수 있도록 상황에 맞춰 프로그램의 접근방식을 조정하기 쉽도록 지원하는 데 중점을 둔다. 프로그램 거버넌스 활동을 수행하는 역할과 참가자는 6.2 단원에 설명되어 있다.

프로그램 거버넌스는 새롭게 도출되는 결과에 대응하여 역동적으로 변화하는 프로그램 전략 또는 계획에 대한 승인과 지원을 찾기 위한 중요한 수단을 제공한다. 포트폴리오에 포함된 프로그램은 포트폴리오의 프레임워크 안에서 관리될 가능성이 높다. 포트폴리오 거버넌스는 포트폴리오 구조에 포함된 프로그램, 프로젝트 및 운영에 대한 감독, 통제, 통합 및 의사결정 실무에 필요한 프레임워크, 기능 및 프로세스들을 제공한다. 프로그램 및 프로젝트 포트폴리오가 없는 조직에서는 프로그램 승인 방안과 절차를 개발하기 위한 프로세스를 조직의 거버넌스 프레임워크 안에서 수행해야 한다.

6.1 프로그램 거버넌스 실무

6.1.1 프로그램 거버넌스 계획서

효과적인 거버넌스의 설계 및 구현을 촉진하기 위해, 많은 조직에서 각 프로그램의 거버넌스 프레임워크, 기능 및 프로세스에 대한 설명을 문서로 작성한다. 이러한 설명은 독립적인 문서이거나 프로그램관리 계획서의 부속 조항일 수도 있는 프로그램 거버넌스 계획서에 요약되어 있다. 조직에서 프로그램별로 프로그램 거버넌스 계획서를 작성하는 것이 일반적이지만 일부 조직은 하나의 프로그램 거버넌스 계획서로 여러 프로그램을 관리하기도 한다.

프로그램 거버넌스 계획서의 목적은 지정된 프로그램을 감시 및 관리하고 지원하는 데 사용되는 시스템과 방법을 기술하고, 정의된 시스템과 방법을 적시에 효과적으로 활용할 수 있도록 구체적인 역할별 담당업무를 기술하는 데 있다. 프로그램 기간 전반에 걸쳐 이 계획서를 참조하면서 프로그램이 지정된 거버넌스 기대사항 및 협약을 준수하는지 확인한다. 프로그램 거버넌스 계획서는 프로그램 진행 과정에서 도출되는 결과를 토대로 적절하게 수정될 수 있다. 프로그램 거버넌스 및 프로그램관리를 담당하는 이해관계자들에게 수정사항이 효과적으로 전달되도록 보장하는 것이 일반적으로 인정되는 우수한 실무이다.

6.1.1.1 역할과 담당업무 정의

프로그램 거버넌스 계획서는 거버넌스 참가자 그룹의 구조와 구성을 기술하고, 핵심 이해관계자들의 역할과 담당업무를 정의한다. 이 계획서는 핵심 의사결정 범주 및 담당업무 범위와 관련하여 누가 책임과 권한을 가질 것인가를 정의한다.

6.1.1.2 계획된 거버넌스 회의

프로그램 거버넌스 계획서는 예상 의사결정 시점 검토(단계 심사 검토 포함), 프로그램 건전성 점검 및 필요한 감사와 같이, 예상되는 프로그램 관련 거버넌스 회의, 활동 및 핵심 마일스톤에 대한 일정을 포함해야 한다. 일정관리 기준(예: 프로그램 접근방식이나 프로그램 자원 요구에 영향을 줄 수 있는 프로그램 결과 검토)을 정의하여 추가적인 거버넌스 회의 또는 활동 일정을 수립하는 지침도 제공한다. 따라서 프로그램 거버넌스 계획서는 거버넌스 상호작용 및 검토를 위한 프로그램 요구사항을 정의함으로써 프로그램관리 계획서에 영향을 준다.

6.1.1.3 기타 내용

6.1.1.1 및 6.1.1.2 단원의 설명 및 정의 외에, 다음과 같은 항목도 프로그램 거버넌스 계획서에 기술될 수 있다.

- **의존관계, 가정 및 제약 사항.** 자원, 예산 및 운영상의 제한사항을 포함한 거버넌스의 주요 의존관계, 가정 및 제약 사항 목록.
- **편익, 성과지표 및 측정치.** 프로그램 평가 및 편익에 대한 구성요소의 기여도 평가에 사용되는 방법 및 지표 목록과, 구성요소에 대한 정보를 수집, 통합 및 보고하는 방법(예: 균형 성과표 또는 현황판)에 대한 설명.
- **지원 서비스.** 거버넌스 관련 지원이 필요한 영역 식별. 프로그램 진행 중에 활용되는 피드백 및 지원 접근방식에 대한 설명이 포함된다.
- **이해관계자 참여.** 프로그램의 생애주기 및 거버넌스 활동 중에 참여 및 의사소통이 필요한 이해관계자 명단(자세한 내용은 5단원 참조).
- **거버넌스 실무.** 6.1.2 단원부터 6.1.12 단원에서 설명한 의도된 실무 설계 및 구현 정보도 프로그램 거버넌스 계획서에 포함된다.

6.1.2 프로그램 거버넌스, 비전 및 목표

조직의 비전과 목표는 대다수 프로그램의 정의를 이끌어 내는 전략적 지침의 근거를 제공한다. 프로그램 거버넌스는 조직의 권한 범위에 속한 모든 프로그램의 비전과 목표가 조직의 비전과 목표를 효과적으로 지원하는 방향으로 정의되도록 보장한다.

6.1.3 프로그램 승인, 인증 및 정의

대부분의 조직에서 프로그램 거버넌스는 프로그램 및 조직 목표를 달성하는 방법에 대한 각 프로그램의 접근방식과 계획을 승인하고, 해당 방식을 진행하면서 구성요소 및 기타 프로그램 작업을 지원하기 위한 자원 사용을 승인하는 일에 대한 책임을 개괄적으로 정한다. 이러한 승인은 프로그램 정의 단계에서 진행되며, 다음 두 가지 프로그램 산출물에 의해 촉진된다.

- ◆ **프로그램 비즈니스 케이스.** 프로그램이 인도할 것으로 예상되는 편익에 대한 공식적인 예측 자료이면서 그 편익을 인도하기 위해 투입될 자원에 대한 정당성을 제시하는 자료이다. 프로그램 비즈니스 케이스에 대한 자세한 정보는 3.1 단원을 참조한다.
- ◆ **프로그램헌장.** 프로그램관리팀에게 프로그램을 진행하기 위해 조직의 자원을 활용할 권한을 부여하고, 비즈니스 케이스 및 조직의 전략적 우선순위에 프로그램을 연결한다. 프로그램헌장에 대한 자세한 정보는 3.2 단원을 참조한다.

프로그램 거버넌스는 승인된 비즈니스 케이스를 지원하기 위해 필요한 규모로 프로그램 자금조달을 촉진한다. 때로, 프로그램 자금조달은 여러 프로그램의 감독을 담당하는 포럼에서 통제하는 예산편성 프로세스를 통해 제공된다. 이러한 경우에, 프로그램 자금조달은 프로그램 요구 및 조직의 우선순위와 일치하는 방식으로 제공되며, 이러한 내용은 조직의 포트폴리오관리 프로세스를 통해 정의될 수 있다.

외부 자금원을 통해 프로그램 자금조달이 필요한 경우, 프로그램 거버넌스가 일반적으로 자금 확보에 필요한 계약을 체결하는 일을 담당한다. 자금조달에는 법률, 규정 또는 기타 제한으로 인한 제약 조건이 적용될 수 있다.

6.1.4 프로그램 성공 기준

거버넌스(조직, 포트폴리오 또는 프로그램 수준이 가능함)는 성공적인 프로그램에 대한 최소한의 승인 기준과 그 기준을 측정, 소통 및 인증하는 방법을 확립한다. 이 기준은 주요 프로그램 이해관계자의 기대사항과 요구에 부합하는 성공의 정의를 제시하며, 달성 가능한 최대 편익을 인도할 수 있는 방향으로 프로그램 연계를 강화한다.

6.1.5 프로그램 감시, 보고 및 통제

프로그램 거버넌스 참가자들은 프로그램의 성공 기회를 최대한 높일 수 있도록 프로그램 관리자와 협력하여, 조직의 목표를 달성하는 프로그램의 진척 상황을 감시하는 고유한 직책이다.

프로그램 진척 상황을 감시하고 프로그램의 상태 및 조직의 통제 적합성을 평가할 수 있는 조직 역량을 강화하기 위해 많은 조직에서 모든 프로그램에 적용할 수 있는 표준화된 보고 및 통제 프로세스를 정의해두고 있다. 프로그램 거버넌스는 이러한 프로세스가 프로그램을 준수하도록 관리할 책임이 있다. 보고 및 통제 문서에는 다음 사항들이 포함될 수 있다.

- ◆ 프로그램, 구성요소 및 관련 활동들의 운영 상태 및 진척 상황
- ◆ 예상되거나 발생된 프로그램 자원 요구사항
- ◆ 알려진 프로그램 리스크, 대응 계획 및 에스컬레이션 기준
- ◆ 전략 및 운영상의 가정사항
- ◆ 실현되고 지속될 것으로 예상되는 편익
- ◆ 의사결정 기준, 추적 및 의사소통 정보
- ◆ 프로그램 변경통제
- ◆ 기업 및 법률 정책 준수
- ◆ 프로그램 정보관리
- ◆ 이슈 및 이슈 대응 계획
- ◆ 프로그램 자금조달 및 재무 성과

6.1.6 프로그램 리스크 및 이슈 거버넌스

효과적인 리스크 및 이슈 관리 실무를 통해 주요 리스크 및 이슈의 적절한 에스컬레이션과 적시 해결이 보장된다. 에스컬레이션 프로세스는 일반적으로 두 가지 수준인 (a) 프로그램 안에서 구성요소팀과 프로그램관리팀, 프로그램 운영위원회 사이, (b) 프로그램 밖에서 프로그램관리팀과 프로그램 운영위원회, 기타 이해관계자 사이 에스컬레이션으로 진행된다. 모든 수준에서 리스크 및 이슈 에스컬레이션 관련 기대사항을 문서화하고 의사소통하여 조직이 효과적인 리스크 및 이슈 관리를 위해 적절한 시기에 통치하는 이해관계자들의 참여 요구사항을 명확히 정의할 수 있도록 한다.

조직의 리스크 선호도를 바탕으로 조직의 거버넌스 및 프로그램관리팀과 협력하여 프로그램 거버넌스가 프로그램 범위를 벗어나지 않기 위한 프로그램 리스크 한계선을 설정할 수 있다.

6.1.7 프로그램 품질 거버넌스

품질 거버넌스는 프로그램의 성공에 필수적이다. 품질 관리 기획은 대개 구성요소 수준에서 진행되고, 따라서 구성요소 수준에서 통치된다. 품질관리 방식과 품질 측정 표준을 검토하고 승인하는 일은 거버넌스 참가자들이 담당한다. 경우에 따라서 거버넌스 참가자가 다음과 같은 지표를 포함하여 다양한 관련 지표를 정의할 수 있다.

- ◆ 프로그램의 모든 구성요소에 적용될 최소한의 품질 기준 및 표준
- ◆ 구성요소별 품질 기획, 품질통제 및 품질보증에 대한 최소한의 요구사항
- ◆ 필요한 모든 프로그램 수준의 품질보증 또는 품질통제 활동
- ◆ 필요한 프로그램 수준의 품질보증 및 품질통제 활동에 대한 역할 및 담당업무

품질통제 활동은 주어진 구성요소의 복잡성과 불확실성에 따라 구성요소 수준에서 달라질 수 있다. 프로그램 품질관리 활동에 대한 자세한 내용은 8 단원에서 확인할 수 있다.

6.1.8 프로그램변경 거버넌스

프로그램 거버넌스는 프로그램 변경 승인에 중요한 역할을 수행한다. 프로그램 운영위원회는 프로그램 관리자가 독자적으로 승인할 수 있는 변경 유형과 승인 전에 심층 논의가 필요할 만큼 중요한 변경 사항을 정의할 책임이 있다. 감시, 보고 및 통제 실무의 결과로서 프로그램의 계획된 접근방식이나 활동 대비 제안된 변경사항을 평가할 수 있는 위치에 거버넌스 참가자가 배정되어야 한다.

프로그램 관리자가 잠재적 변경과 관련된 리스크가 수용 가능하거나 바람직한지 여부, 제안된 변경사항이 운영 및 조직 차원에서 지원 가능한지 여부, 변경사항이 프로그램 운영위원회의 승인을 받기에 충분한지 여부를 평가한다. 그런 다음, 프로그램 관리자는 프로그램 운영위원회를 통해 프로그램 거버넌스 참가자들의 승인이 필요한 변경사항을 권고한다. 프로그램 거버넌스에 의해 승인될 수 있는 변경 범위는 프로그램 비즈니스 케이스와 조직의 전략 범위 이내로 제한된다. 제안된 변경사항, 합당한 근거 및 결과에 대한 기록은 프로그램팀에 의해 유지된다. 8.2.1 단원에서 프로그램 변경 거버넌스 활동에 대해 자세히 설명한다.

6.1.9 프로그램 거버넌스 검토

프로그램 거버넌스는 프로그램 생애주기의 주요한 의사결정 시점에서 프로그램의 검토를 인증한다. 이러한 검토는 대개 프로그램에서 중요한 부분의 착수 또는 완료 시점에 수행되며, 검토 결과를 바탕으로 거버넌스가 프로그램의 한 중요한 부분에서 다른 부분으로 이전되는 것을 승인하거나 거부할 수 있다. 이러한 검토는 또한 주요한 의사결정 시점에 프로그램에 필요한 변경사항의 검토와 승인을 촉진하기도 한다.

주요한 의사결정 시점은 프로그램 단계가 끝날 때 발생한다. 단계 심사 검토는 단계가 끝나는 시점에서 다음 단계로 계속 진행할지, 수정을 계속할지 또는 프로그램이나 프로그램 구성요소를 종료할지 결정하기 위한 검토이다. 이를 통해 거버넌스가 프로그램의 중요한 다른 부분으로 이전되는 것을 승인하거나 거부할 수 있다.

프로그램 거버넌스는 의사결정 시점의 검토 결과와 그것들의 구체적 목표를 인증하며, 여기에는 다음과 같은 사항의 평가가 포함될 수 있다.

- ◆ 프로그램 및 그 구성요소들과 프로그램 및 조직의 의도된 목표 사이 전략적 연계
- ◆ 프로그램 편익의 실제(계획 대비) 실현 여부를 평가하기 위한 목적으로 프로그램 구성요소의 활동 결과 평가, 그리고 확인되는 결과에 대응하여 프로그램 계획서를 수정해야 할 잠재적 필요성
- ◆ 리스크 수준을 수용 가능한 수준으로 유지하고 프로그램 거버넌스가 리스크에 대응하여 조치를 지원할 수 있는 기회를 보장하기 위한 목적으로, 프로그램이 직면하는 리스크
- ◆ 프로그램 자원 요구 및 이를 이행하기 위한 조직적 역량 및 약속
- ◆ 현재 프로그램 성과에 대한 이해관계자 만족도
- ◆ 외부(환경) 개발이 프로그램 전략 및 계획에 미칠 잠재적 영향
- ◆ 조직의 품질 또는 프로세스 표준을 프로그램이 준수하는지 여부
- ◆ 포트폴리오관리 활동의 일환으로 조직의 전략적 우선순위 또는 운영상 투자에 중대한 정보
- ◆ 프로그램 진척 상황을 개선하기 위해 해결해야 하는 이슈
- ◆ 프로그램의 성과와 성공 가능성을 높이기 위해서 프로그램 요소를 변경해야 할 가능성
- ◆ 선행 단계를 종료하고 후속 단계로 진입하기 위한 기준의 충족 여부

조직의 의사결정 요구를 지원하기 위해 그 밖의 검토를 수행할 수 있다. 예로는 포트폴리오관리 또는 예산책정 프로세스를 지원하기 위해 진행된 프로그램 검토 등이 있다.

검토 수행을 통해, 프로그램 운영위원회는 정의된 대로 프로그램 지속에 대한 지원을 확정하거나 검토 결과에 맞춰 프로그램 전략에 대한 변경 권고를 시작하여 프로그램의 의도된 편익을 실현하고 인도할 수 있는 역량을 향상시킬 수 있는 기회를 갖는다.

때로는 의사결정 시점 검토의 결과로 프로그램이 중단되기도 한다(예를 들어, 프로그램이 예상되는 편익을 인도할 가망이 없다는 이유, 필요한 투자 수준으로 프로그램을 지원받을 수 없다는 이유 또는 포트폴리오 검토에서 결정된 대로 더 이상 진행하지 않아야 한다는 이유 등으로 중단이 결정되는 경우).

프로그램 검토의 빈도와 그러한 검토별 구체적 요구사항에 프로그램팀이 프로그램을 감독하고 관리하도록 부여된 자율권이 반영될 수 있다. 프로그램 거버넌스 검토에 대한 조직의 기대사항은 프로그램 거버넌스 계획서에 상세히 기술되어야 한다.

6.1.10 정기적인 프로그램 건전성 점검

일반적으로 의사결정 시점의 검토 사이에 열리는 정기적인 건전성 점검을 통해 편익 실현 및 지속을 향한 프로그램의 진행 중 성과 및 진척 상황을 평가한다. 이러한 검토의 중요성과 활용도는 예정된 의사결정 시점의 검토 간격이 길어질 때 증대된다. 프로그램 거버넌스 계획서에는 건전성 점검 중에 사용할 일정, 내용, 참가자 및 평가자료(또는 지표)에 대한 거버넌스 요구사항이 구체화된다.

6.1.11 프로그램 구성요소 착수 및 이전

구성요소 착수에 필요한 아래의 범위 내에서, 프로그램의 개별 구성요소를 착수하기 전에 일반적으로 프로그램 운영위원회의 승인이 필요하다. *(a)* 구성요소 감시 및 관리를 담당하는 추가적인 거버넌스 구조 도입, *(b)* 조직 자원들의 완료를 향한 참여약속의 확인 이러한 구성요소를 착수하기 위한 권한을 요청할 때 흔히 프로그램 관리자가 제안자 역할을 한다. 새로운 프로그램 구성요소의 착수 승인에는 일반적으로 다음과 같은 활동이 포함된다.

- ◆ 비즈니스 케이스 개발, 수정 또는 재확인
- ◆ 구성요소 수행에 필요한 자원의 가용성 보장
- ◆ 구성요소의 관리 및 진행에 대한 개별적인 총괄책임 정의 또는 재확인
- ◆ 핵심 이해관계자와 중대한 구성요소 관련 정보의 의사소통 보장
- ◆ 구성요소별, 프로그램 수준의 품질통제 계획수립(필요한 경우)
- ◆ 목표 대비 구성요소의 진척 상황을 추적하기 위한 거버넌스 구조 승인

구성요소 내에서 활동을 관리하는 데 사용되는 접근방식은 일반적으로 구성요소의 특성에 따라 결정된다. 예를 들어, 구성요소 프로젝트는 프로젝트관리지식체계 지침서(PMBOK® Guide)에 정의된 대로 프로젝트관리 원칙 및 실무사례에 따라 관리해야 하는 반면, 다른 프로그램은 이 표준서에 정의되고 설명된 원칙에 따라 관리해야 한다.

새 구성요소가 착수되면, 영향을 받는 구성요소에 대한 변경사항이 반영되도록 해당 구성요소가 적용된 모든 프로그램 수준 문서와 기록을 업데이트해야 한다.

개별 프로그램 구성요소를 이전 및 종료하는 데 일반적으로 승인이 필요하다. 프로그램 구성요소의 이전 또는 종료에 대한 권고사항 검토에는 일반적으로 다음과 같은 활동이 포함된다.

- ◆ 구성요소에 대한 비즈니스 케이스가 충족되었는지, 또는 구성요소의 목표에 대한 추가적인 추구를 중단해야 하는지 여부 확인
- ◆ 구성요소의 종료 사실에 대해 주요 이해관계자와 프로그램 수준의 적절한 의사소통을 보장
- ◆ 구성요소가 프로그램 수준의 품질통제 계획서(필요한 경우)를 준수하는지 확인
- ◆ 이전 과정에서 구성요소 성과의 결과로서 조직 또는 프로그램 수준의 교훈 평가
- ◆ 프로젝트나 프로그램의 이전 또는 종료 작업에 적용되는 다른 모든 실무가 충족되었는지 확인

6.1.12 프로그램 종료

프로그램 운영위원회는 프로그램 종료에 대한 권고사항을 검토하고 의사결정을 내린다. 프로그램을 보증하는 조건이 충족되었는지, 프로그램 종료에 대한 권고사항이 현재 조직의 비전, 사명 및 전략과 일치하는지 여부를 평가한다. 또는 프로그램 편익 또는 요구가 감축되는 결과를 초래하는 조직의 전략 변경이나 환경 변화로 인해 프로그램이 중단될 수 있다. 중단 사유와 관계없이 종료 절차가 수행되어야 한다. 프로그램 종료를 수행하기 위해 흔히 사용되는 실무와 프로세스에 대해서는 7.1.4 단원에서 자세히 설명한다.

프로그램을 종료할 때, 프로그램 거버넌스에서 운영 거버넌스로의 효과적인 이전의 중요성은 실현된 편익에 직접적으로 영향을 준다(4.4 단원 참조). 최종 프로그램 보고서는 종료 과정에서 거버넌스 참가자들에 의해 승인된다.

6.2 프로그램 거버넌스 역할

프로그램 거버넌스 책임자와 프로그램 관리자 사이 적절한 협력 관계를 구축하는 것은 조직에서 원하는 편익을 인도하여 프로그램을 성공적으로 완수하는 데 매우 중요하다. 프로그램 관리자는 프로그램 운영위원회(프로그램 거버넌스 보드, 감독위원회 또는 이사회라고도 함) 구성원들의 지원을 받아 프로그램을 효과적으로 운영하고 프로그램의 요구가 다른 프로그램, 프로젝트 또는 지속적인 운영 활동의 요구와 충돌할 때 불가피하게 발생하는 이슈를 해결할 수 있는 조직 여건을 조성한다.

프로그램 운영위원회와 프로그램 관리자 사이 협업 관계를 형성하는 것도 조직의 성공에 매우 중요하다. 프로그램헌장에 따라, 프로그램 관리자는 프로그램 운영위원회에서 승인하는 대로 조직의 목표를 달성하기 위해 프로그램을 효과적으로 관리할 책무와 총괄책임을 진다.

프로그램 거버넌스 구조는 각 조직의 요건과 프로그램의 요구에 가장 적합한 방식으로 정의된다. 종합적인 프로그램 거버넌스 모델은 프로그램과 프로그램이 추구하는 조직의 상황을 신중하게 고려한다. 그러나 조직 내에서 프로그램 거버넌스와 프로그램관리 기능 사이 관계는 종종 해당 부서 소속이면서 중요한 이해관계자로 인식되는 개인에게 핵심 역할을 배정하여 관리된다. 프로그램 거버넌스 성과 도메인을 설계할 때 고려되는 요소에 대한 자세한 내용은 6.3 단원에서 설명한다.

프로그램 거버넌스 역할을 수행하는 설계, 참가자 및 역할은 조직의 프로그램에 따라 다르지만 일반적으로 다음과 같은 역할이 사용된다.

- ◆ **프로그램 스폰서.** 프로그램에 필요한 자원과 지원을 제공하고 성공으로 이끌 책임이 있는 개인 또는 집단.
- ◆ **프로그램 운영위원회.** 주어진 권한 내에서 프로그램을 지원할 목적으로 거버넌스 실무를 통해 지침, 인증 및 승인을 제공하는 방식으로 프로그램과 관련된 다양한 이해관계를 대표하는 참가자 집단. 구성원은 일반적으로 프로그램의 구성요소 및 운영을 지원하는 조직 그룹의 임원들이다.
- ◆ **프로그램관리오피스(PMO).** 프로그램 관련 거버넌스 프로세스를 표준화하여 자원, 방법론, 도구 및 기법 등의 공유를 촉진하는 관리 구조.
- ◆ **프로그램 관리자.** 기관, 조직 또는 회사 내에서 프로그램의 리더십, 수행 및 성과에 대한 책임을 지고 있는 개인. 거버넌스 측면에서, 이 역할은 프로그램 운영위원회 및 프로그램 스폰서와 협력하면서 의도된 편익을 확실히 인도할 수 있도록 프로그램을 관리한다.
- ◆ **프로젝트 관리자.** 수행 조직에서 프로젝트 목표를 달성할 책임을 지고 팀을 이끌도록 선임된 책임자. 거버넌스 측면에서 이 역할은 프로그램 관리자 및 프로그램 스폰서와 협력하면서 프로젝트의 제품, 서비스 또는 결과 인도를 관리한다.
- ◆ **기타 이해관계자.** 해당 프로그램이 구성요소로 포함된 포트폴리오의 관리자, 그 프로그램에서 산출되는 역량을 인도받는 운영 관리자 등이 기타 이해관계자들에 포함된다.

다음의 각 역할에 배정되는 담당업무는 참고 목적으로만 제공된다. 프로그램 거버넌스 성과 도메인의 활동을 수행함으로써 이러한 업무가 완수되며, 역할별 업무 배정은 대개 여러 가지 설계 요소(6.3 단원 참조)에 달려 있다.

6.2.1 프로그램 스폰서

프로그램 스폰서는 프로그램에 조직의 자원 적용을 담당하고 프로그램의 성공을 책임지는 개인이다. 프로그램 스폰서 역할은 프로그램 운영위원회에서 조직 및 투자 결정을 지시하는 선임자 역할을 담당하고 조직 내 관련 프로그램의 성공에 개인적으로 혜택받는 임원이 주로 수행한다. 많은 조직에서, 프로그램 스폰서는 프로그램 운영위원회의 위원장으로 활동하며 프로그램 관리자 선임과 진척 상황 감독을 수행한다.

프로그램 스폰서의 일반적인 담당업무는 다음과 같다.

- 프로그램의 자금을 조달하고 프로그램 목표 및 목적이 전략적 비전과 연계되도록 한다.
- 편익 인도가 실현되도록 한다.
- 프로그램 성공에 방해가 되는 장벽과 장애물을 제거한다.

프로그램 운영위원회의 구성원 또는 위원장으로서 스폰서는 담당업무에 필수적이다. 조직에서 적합한 프로그램 스폰서를 선정하고, 스폰서가 담당 역할을 효과적으로 수행할 수 있도록 하는 것은 매우 중요하다. 성공적인 완수를 위해 충분한 시간과 자원이 제공되어야 하며, 때로 다른 관리 및 경영 업무에서 벗어나야 한다.

스폰서의 능력, 경험 및 가용성이 프로그램의 효과에 영향을 미치며, 경우에 따라 성공과 실패를 가늠하는 기준이 되기도 한다. 프로그램 스폰서는 프로그램에서 인도하는 기능을 운영이 수용할 수 있도록 조직을 통해 변화를 추진하며, 활용 가능한 긍정적인 편익은 확보하고 부정적인 편익은 처리해야 하는 경우가 매우 많다. 따라서 스폰서는 의사소통 및 이해관계자 프로세스에 필수적이다. 일반적으로 효과적인 스폰서는 다음과 같은 역량을 발휘한다.

- 이해관계자에게 영향을 끼치는 능력
- 상호 편익을 주는 해결책을 찾기 위해 서로 다른 이해관계자 집단을 다루는 능력
- 리더십
- 의사결정 권한
- 효과적인 의사소통 기술

6.2.2 프로그램 운영위원회

대부분의 조직에서 적절한 거버넌스 실무를 정의하고 구현하는 프로그램 운영위원회를 조직하여 적절한 프로그램 거버넌스를 보장하고 있다. 프로그램 운영위원회는 일반적으로 프로그램 목표, 전략 및 운영 계획 수립에 결정적인, 조직에 대한 통찰력 및 의사결정 권한을 가진, 개별적으로 또는 집합적으로 인정받는 개인들로 선임된다. 프로그램 운영위원회는 대개 전략적 통찰력, 기술 지식, 기능상의 책임, 운영상 총괄책임, 조직의 포트폴리오관리 책임 및 중요한 이해관계자 집단을 대표하는, 능력 면에서 선별된 임원 수준의 이해관계자들로 구성된다. 종종 프로그램의 구성요소를 지원할 책임이 있는 조직의 임원 및 리더와 같이, 프로그램의 중요한 요소를 지원할 책임을 지는 주무부서의 선임 리더들도 프로그램 운영위원회에 포함된다. 이러한 방식으로 선임된 프로그램 운영위원회는 프로그램 거버넌스 성과 도메인에 설명된 활동들이 잘 배치되어 프로그램 수행 중에 도출될 수 있는 이슈나 문제를 효율적으로 처리할 가능성을 높여준다. 프로그램 운영위원회는 프로그램이 적절한 조직의 지식과 전문성을 갖춘 환경에서 진행되고, 응집력 있는 정책과 프로세스를 통해 효과적으로 지원되며, 의사결정 권한을 가진 프로그램에 대한 접근 권한이 부여되도록 보장한다.

일반적인 담당업무는 다음과 같다.

- ◆ 감독, 통제, 통합 및 의사결정 기능이 수반되도록 프로그램에 대한 거버넌스 지원을 제공한다.
- ◆ 편익 인도 달성과 관련된 프로그램의 불확실성과 복잡성을 감독하고 감시할 수 있는 적절한 거버넌스 자원을 제공한다.
- ◆ 프로그램 목표 및 계획된 편익이 조직의 전략 및 운영 목표와 연계되도록 보장한다.
- ◆ 프로그램 확인, 우선순위 결정 및 자금 조달을 위한 기획 세션을 진행한다.
- ◆ 프로그램 권고사항 및 변경사항을 인증하거나 승인한다.
- ◆ 에스컬레이션된 프로그램 이슈 및 리스크를 해결하고 시정조치를 취한다.
- ◆ 프로그램 편익이 계획, 측정 및 달성되는 데 필요한 감독과 감시를 수행한다.
- ◆ 의사결정을 내리고, 집행 및 시행하고, 의사소통하는 일에 리더십을 발휘한다.
- ◆ 이해관계자와 의사소통해야 할 주요 메시지를 정의하고, 그 메시지의 일관성과 투명성을 유지시킨다.
- ◆ 기대 편익 및 편익 인도를 검토한다.
- ◆ 프로그램 종료 또는 중단을 승인한다.

소규모 조직에서는 선임 임원 한 사람이 프로그램 감독위원회의 책임을 맡을 수도 있다.

조직 내에서 프로그램 감독의 모든 중요한 요소를 유지하고 이에 대한 총괄책임을 지는 단일 위원회를 조직하는 것이 효과적, 적응형 거버넌스 감독을 제공하는 가장 효율적인 수단으로 간주된다. 하지만 특정 상황에서, 어떤 프로그램은 여러 운영위원회에 보고해야 할 필요도 있다. 민간 및 정부 기관이 공동 후원하고 감독하는 프로그램, 민간이지만 경쟁 관계의 조직 간 공동 작업으로 관리되는 프로그램 또는 관련 분야 전문가들이 하나의 프로그램 운영위원회에 효율적으로 모일 수 없는 매우 복잡한 환경의 프로그램을 예로 들 수 있다. 이러한 상황에서는 프로그램 거버넌스 시스템 및 방법과 프로그램 의사결정 권한을 프로그램 거버넌스 계획서에 확실히 명시하는 것이 매우 중요하다.

6.2.3 프로그램관리오피스

프로그램관리오피스(PMO)는 거버넌스 실무를 촉진한다. 프로그램 관련 거버넌스 프로세스를 표준화하여 자원, 방법론, 도구 및 기법 등의 공유를 촉진하는 관리 구조이다. 프로그램 감독, 지원 및 의사결정 역량을 프로그램에 제공하기 위해 프로그램 거버넌스 실무 적용에 대한 심층 훈련을 받은 직원들을 활용하여 전문지식을 제공한다. PMO의 역할은 프로그램관리 실무 준수를 감시하는 것으로도 확장될 수 있다.

PMO의 설계 및 편성은 환경에 맞춰 조정된다. 예를 들어, 예외적으로 규모가 크고 난해하거나 복잡한 프로그램을 진행하는 조직에서는 복수의 PMO를 구축하기도 한다. 이때 각 PMO는 조직의 하나 또는 여러 중요한 프로그램 수행에만 전념할 수 있다.

또는 복수의 프로그램을 진행하는 조직은 대개 PMO를 서로 다른 프로그램 포트폴리오를 지원하는 프로그램 거버넌스 실무의 공식적인 최고 기관으로 편성함으로써, 프로그램의 관리 및 거버넌스에서 높은 수준의 일관성과 전문성을 보장하려고 노력한다. 어떤 프로그램이든 PMO를 편성할 수도 있고, 기존 기능 부서를 활용할 수도 있다. 프로그램 상황에 따라 변경관리 및 편익관리 전문가와 같은 특정 기술 보유자를 PMO에 배정할 수 있다.

때때로, 프로그램 관리 및 거버넌스 실무에 정통한 개별 관리자 또는 조직의 프로그램 감독 책임을 맡은 개별 프로그램 관리자에게 직접 PMO의 기능을 위임하기도 한다. PMO에 대한 자세한 내용은 1.9 단원을 참조한다.

6.2.4 프로그램 관리자

프로그램 관리자는 프로그램 거버넌스 기능과 프로그램의 상호작용을 관리하고 감독하는 책임을 맡은 개인이다.

그 프로그램 관리자는 프로그램 운영위원회를 대신하여 의사결정을 내릴 권한을 부여 받는다. 이렇게 합의된 권한 밖의 의사결정에 대해 프로그램 관리자는 프로그램 운영위원회의 승인을 받아야 한다. 프로그램 관리자의 경험, 프로그램 및 구성요소의 규모와 복잡성, 대규모 조직 환경에서 프로그램을 관리하는 데 필요한 조율의 정도를 포함하여 여러 가지 요인이 프로그램팀에 부여된 권한에 영향을 줄 수 있다.

프로그램 관리자는 프로그램의 목표 및 목적이 조직의 전반적인 전략 목표와 연계를 유지하는지 보장한다. 일반적인 거버넌스 관련 담당업무는 다음과 같다.

- ◆ 조직 구조, 정책 및 절차를 포함하여 거버넌스 프레임워크를 평가하고, 경우에 따라 프로그램 거버넌스 프레임워크를 구축한다.
- ◆ 거버넌스 정책 및 프로세스를 프로그램이 준수하는지 감독한다.
- ◆ 운영위원회 및 스폰서와의 프로그램 상호작용을 관리한다.
- ◆ 프로그램의 구성요소 사이 상호 의존관계를 관리한다.
- ◆ 프로그램 리스크, 성과 및 의사소통을 감시하고 관리한다.
- ◆ 프로그램 리스크와 이슈를 관리하고, 프로그램 관리자의 통제를 벗어나는 중대한 리스크와 이슈를 운영위원회에 에스컬레이션한다.
- ◆ 전반적인 프로그램 자금조달 및 건전성을 감시하고 보고한다.
- ◆ 프로그램 결과를 평가하고, 전반적인 프로그램 전략을 변경하기 위해 필요한 승인을 운영위원회에 요청한다.
- ◆ 프로그램 통합 로드맵과 주요한 내부 및 외부적 의존관계를 구축 및 감시하고, 의사소통한다.
- ◆ 전반적인 프로그램 편익 실현을 관리 및 감시하고 추적한다.

구성요소 승인과 착수를 통해 프로그램 목표가 추구되고 편익이 인도된다. 상위 프로그램의 지시에 따른 구성요소 승인은 프로그램 운영위원회의 상위 프로그램 자체를 승인하는 것과 개념적으로 동일하다. 따라서 프로그램은 거버넌스 보드와 비슷한 기능을 갖는다. 프로그램 관리자와 프로그램팀이 구성요소 거버넌스라고도 하는 거버넌스 직무를 담당할 수 있다. 이 역할에서 프로그램 관리자는 프로그램 구성요소를 감시하고 관리하기 위한 프레임워크, 기능부서 및 프로세스를 정의하는 책임을 맡는다. 프로그램 관리자에게 부여되는 구성요소 감독 자율성 수준과 상위 프로그램에서 제공하는 장치는 조직마다 다르며, (때로) 단일 조직 안에서 관리되는 프로그램들 사이에서도 다르다. 조직에 따라 상위 프로그램에 대해 설명된 것과 동일한 프로그램 거버넌스 구조로 구성요소를 통치하는 방식을 선택하기도 하고, 이와 달리 상위 프로그램이 프로그램 구성요소의 거버넌스에 대한 독자적 책임을 맡는 방식을 이용하기도 한다. 이러한 상황에서 프로그램 관리자가 그 상위 프로그램 내의 구성요소를 관리하기 위한 통치 프레임워크를 구축할 책임을 맡을 수 있다.

프로그램 관리자의 역할에 대한 자세한 정보는 1.7 단원을 참조한다.

6.2.5 프로젝트 관리자

프로그램 측면에서 프로젝트 관리자 역할은 일반적으로 프로그램의 구성요소로서 진행되는 프로젝트의 감독 또는 관리를 담당하는 개인을 가리킨다. 이러한 측면에서 프로젝트 관리자의 담당업무는 프로젝트관리지식체계 지침서(PMBOK® Guide)에 정의되어 있다. 여기에는 프로그램 구성요소 프로젝트의 효과적인 기획, 수행 및 추적, 프로젝트헌장 및 프로그램관리 계획서에 정의된 프로젝트 결과물 인도 등의 활동이 포함된다. 이러한 역량에서, 프로젝트 관리자는 프로그램 관리자(프로그램 운영위원회와 유사한 역할 수행)에 의한 구성요소 거버넌스 감독과 프로그램팀에 예속된다. 담당 역할이 프로그램 거버넌스의 핵심 요소가 아닐 때도 있지만 프로젝트 관리자의 일반적인 거버넌스 관련 책무는 다음과 같다.

- ◆ 프로그램 관리자, 운영위원회 및 스폰서와의 프로젝트 상호작용을 관리한다.
- ◆ 프로젝트가 거버넌스 정책 및 프로세스를 준수하는지 감독한다.
- ◆ 성과 및 의사소통을 감시하고 관리한다.
- ◆ 프로젝트 리스크와 이슈를 관리하고, 프로젝트 관리자의 통제를 벗어나는 중대한 리스크와 이슈를 프로그램 관리자, 스폰서, 프로젝트 운영위원회에 에스컬레이션한다.
- ◆ 프로젝트의 내부적, 외부적 의존관계를 관리한다.
- ◆ 주요 이해관계자들의 참여를 촉구한다.

6.2.6 기타 이해관계자

여러 다른 이해관계자들이 프로그램 거버넌스 관련 역할을 가질 수 있다. 포트폴리오 관리자는 원하는 편익을 실현하기 위한 조직의 계획에 따라 프로그램을 선정하고 우선순위를 지정하며 직원을 투입하는 역할을 가질 수 있다.

프로그램이 진행됨에 따라, 기능부서 책임자, 제품 책임자와 같은 비즈니스 대표는 프로그램의 방향을 잠재적으로 변경될 최종 고객의 요구사항과 연계되도록 보장한다.

프로그램이 조직에 역량을 인도할 때, 조직에서 인도받은 역량을 운영에 통합할 준비가 되었을 경우에만 기대되는 또는 잠재적 편익을 실현할 수 있다. 운영 관리자는 희망하는 조직의 편익을 달성하기 위해 다른 프로그램 구성요소가 인도하는 역량을 인수하여 통합하는 일을 일반적으로 책임진다. 통합 초기에는 종종 혼란이 발생하기도 하지만 장기적으로는 이전 환경과 다른 안정된 상태로 변화되어 간다. 따라서 인도된 역량을 효과적으로 통합하는 것이 조직과 프로그램의 성공에 중요하다. 운영 관리자는 이러한 변경을 관리하는 역할로 선임된 개인들로부터 지원을 받는다. 그러한 개인으로는 스폰서, 인수하는 사업 영역의 대표자, 프로그램 관리자 및 프로젝트 관리자, 그리고 많은 경우에 비즈니스 변화관리 전문가 등이 있다. 6.1 단원에 설명된 거버넌스 실무를 통지하고 수행할 때는 이 역할에 거버넌스 의미가 내포된다. 일반적으로, 이 역할 담당자는 해당하는 비즈니스 영역의 팀으로부터 지원을 받는다.

그 밖에 리스크 전문가와 구매담당, 공급업체와 계약을 체결하고 관리할 계약 전문가를 포함한 그 도메인의 특정 부문 전문가들도 거버넌스 관련 역할에 포함된다.

6.3 프로그램 거버넌스 설계 및 구현

프로그램 거버넌스는 거버넌스 참가자 식별 및 거버넌스 실무 구축으로 시작된다. 또한 거버넌스 관련 역할이 담당업무를 완수한 후, 해당 권한이 해제되는 방법에 관한 구체적인 기대사항도 정의할 필요가 있다. 거버넌스 실무는 조직이 서비스를 제공하는 부문 또는 산업에 따라 다를 수 있다. 국가 또는 지방 정부, 항공우주 및 방위, 은행 및 금융, 제약 개발 등의 다양한 분야에서. 프로그램 거버넌스는 운영되는 고유한 정치, 규제, 법률, 기술 및 경쟁 환경에 따른 요구가 현저하게 달라질 수 있다. 하지만 어느 경우든 스폰서 조직은 프로그램의 조직적 전략 지원을 감시할 수 있는 거버넌스 실무를 구현하려고 노력한다.

효과적인 거버넌스를 통해 전략적 연계를 최적화하고 프로그램의 목표 편익이 예상대로 인도되도록 보장한다. 거버넌스 참가자는 또한 모든 이해관계자가 적절히 참여하고 있고, 적절한 지원 도구와 프로세스가 정의되어 효과적으로 활용되고 있는지도 확인한다. 거버넌스 실무는 합리적인 근거와 적절한 타당성 아래 의사결정이 내려지도록 보장하고 담당업무와 총괄책임을 명확히 정의하고 적용할 수 있는 토대를 제공한다. 이러한 모든 활동은 주관 및 파트너 조직의 정책과 표준 안에서 수행되고 규정 준수를 위해 측정된다.

프로그램 거버넌스 설계는 프로그램의 성공에 중대한 영향을 미칠 수 있다. 극단적인 경우, 부적절한 거버넌스는 연계, 진척 및 성공과 관련하여 잘못된 인식을 유도할 수 있기 때문에, 없는 것보다 많은 문제를 야기할 수 있다. 프로그램 거버넌스 규칙과 프레임워크를 설계할 때 고려해야 할 요소가 많이 있다. 프로그램 거버넌스를 최적화하고 조정할 때 고려해야 할 공통적인 요소는 다음과 같다.

- ◆ **법률 환경.** 변화하는 법률의 영향을 크게 받는 프로그램에는 입법기관과 직접 상호작용하도록 설계된 거버넌스가 유리할 수 있다. 다른 경우에, 이 상호작용은 프로그램을 대신하여 기업 거버넌스의 요소들에 의해 수행된다.

- ◆ **의사결정 계층구조.** 역량, 담당업무 및 권한이 있는 수준에서 의사결정 책임을 수행하는 것이 중요하다. 이 접근방식에는 몇 가지 복잡성이 있다. 예를 들어, 직원들이 담당 활동에 대한 최종 책임을 지지 않거나 책임감을 느끼지 않도록 하는 조직에서는 실무 통제 필요성이 커진다. 이와는 달리, 명성이 높고 경험이 풍부하며 성공적인 프로그램 관리자와 팀에는 일반적으로 프로그램 관리자에게 허용되는 것보다 많은 자율성과 의사결정권이 부여될 수 있다.

- ◆ **최적화된 거버넌스.** 일반적으로 해당 도메인의 실무 실행 가능성을 유지하면서 프로그램 거버넌스의 규모를 최적화하고 가능한 간소화하는 것이 적합하다. 이를 통해 조직의 역할 명확성, 조직의 효과적인 목표 지원, 궁극적으로 보다 신속하고 효과적인 의사결정과 인증 및 승인이 가능해진다. 프로그램 거버넌스가 프로그램관리 활동과 중복되어서는 안 된다.

- ◆ **포트폴리오 및 조직 거버넌스와 연계.** 프로그램 거버넌스는 이를 지원하는 포트폴리오 거버넌스의 영향을 받는다. 프로그램 거버넌스가 조직의 거버넌스에 연계되어야 하는 정도는 프로그램 거버넌스가 기업 그룹 및 거버넌스와 상호작용하는 횟수, 유형 및 상대적 중요성에 따라 결정된다. 일반적으로 조직 거버넌스와의 연계 필요성은 프로그램 거버넌스와 프로그램 자체가 구성되는, 프로그램 정의 단계에서 가장 중요하다.

- ◆ **프로그램 인도.** 정기적으로 편익을 조직에 인도하는 프로그램에는 마지막에 모든 편익 또는 대부분의 편익을 인도하는 프로그램과는 다른 거버넌스가 필요할 수 있다. 정기적인 편익 인도를 위해서는 조직의 운영에 지속적인 변경이 요구될 수 있고, 생애주기 전반에 걸쳐 이러한 변경의 관리할 거버넌스가 매우 중요하다.

- ◆ **계약관리.** 법적 협약관리에 다른 주안점의 거버넌스가 필요한 경우와 같이, 인수 조직에 의해 관리되고 직원이 투입되는 프로그램은 외부 계약업체가 인도하는 프로그램과 다른 수준의 거버넌스가 필요할 수 있다.

- ◆ **실패 리스크.** 프로그램 실패로 인식되는 리스크가 커질수록 거버넌스팀은 진척 상황과 성공 여부를 더욱 철저히 감시해야 한다. 그 결과 건전성 점검 빈도가 높아지고 프로그램팀의 의사결정 권한이 줄어들 수 있다.

- **전략적 중요성.** 조직의 성공에 매우 중요한 고부가 가치 프로그램과 전략에 완전히 연계되어야 하는 편익 인도를 위해서는 거버넌스팀에 다른 유형 또는 더 많은 선임급 참가자들이 필요할 수 있다.
- **프로그램관리오피스(PMO).** 많은 프로젝트 또는 프로그램 기반 조직에서 중앙 집중형 PMO가 해당 조직의 모든 프로그램 거버넌스를 지원한다. 특정 프로그램 전담 PMO를 별도로 구성하는 조직도 있다.
- **프로그램 자금조달 구조.** 인도 조직 외부(예: 세계은행(World Bank))로부터 자금을 조달하는 경우, 필요한 거버넌스 및 기량의 설계에 영향을 줄 수 있는 요인들이 있다.

이러한 요인 외에 생애주기의 단계도 프로그램 거버넌스에 영향을 미칠 수 있는데, 그 이유는 프로그램이 진행되면서 다른 거버넌스 실무의 상대적 중요성이 달라지기 때문이다. 해당하는 거버넌스 설계는 적시에 필수적인 실무와 연계되어야 한다.

6.3 단원에 설명된 요인들의 결과로, 프로그램 거버넌스의 최적화에 관한 많은 고려사항들이 있다. 프로그램 거버넌스가 설계되고 구현된 후, 효과를 평가하고 지속적으로 개선 및 최적화하는 장치를 실행하는 것이 중요하다.

조직, 포트폴리오 및 프로젝트 거버넌스 맥락에서 프로그램 거버넌스에 대한 자세한 설명은 Governance of Portfolios, Programs, and Projects: A Practice Guide(포트폴리오, 프로그램 및 프로젝트의 거버넌스: 실무 지침서) [7]를 참조한다.

7

프로그램 생애주기 관리

프로그램 생애주기 관리는 효과적인 프로그램 정의, 프로그램 인도 및 프로그램 종료를 촉진하기 위해 필요한 프로그램 활동들을 관리하는 성과 도메인이다.

이 단원은 다음과 같은 소단원들로 구성된다.

7.1 프로그램 생애주기

7.2 프로그램 활동 및 통합 관리

편익 실현을 보장하기 위해서 프로그램은 조직의 전략적 목표 및 목적과 개별 구성요소 사이 필요한 연계를 유지한다. 특정 목표와 목적을 달성하는 데 필요한 프로젝트, 하위 프로그램 및 추가적인 프로그램 관련 활동들이 구성요소에 포함될 수 있다. 프로그램은 본질적으로 일정한 수준의 불확실성, 변경 및 복잡성, 그리고 다양한 구성요소 간 상호 의존관계를 내포하고 있기 때문에 여러 단계에 걸쳐 적용될 수 있는 공통의 일관된 프로세스들을 정의해 놓으면 유용하다. 때로 겹쳐질 수도 있는 이러한 개별 단계들이 모여서 프로그램 생애주기가 구성된다. 프로그램 생애주기 관리는 프로그램 기간 전체에 걸쳐있으며, 이 기간 동안 다른 프로그램 도메인 및 다양한 지원 프로그램 활동에 기여하고 통합된다.

7.1 프로그램 생애주기

프로그램이 정의되고, 편익이 인도되고, 프로그램이 종료된다는 점에서 프로그램은 프로젝트와 유사하게 기능한다. 하지만 프로젝트와 달리, 프로그램에는 개별 프로젝트 수준에서 요구되는 것 이상으로 많은 구성요소 조정 및 배열 활동이 포함된다. 프로그램 생애주기 내에서 실행되는 활동은 특정 유형의 프로그램에 따라 다르겠지만, 일반적으로 자금조달이 승인되기 전 또는 프로그램 관리자가 배정될 때 시작된다. 종종 프로그램을 정의하고 승인하기 전에 상당한 업무량이 투입된다. 프로그램 전략연계 및 프로그램 거버넌스에 대한 자세한 내용은 3 단원과 6 단원을 참조한다.

프로그램 인도 과정에서, 구성요소가 승인되고, 계획되고, 실행되며, 편익이 인도된다. 원하는 편익이나 프로그램 목표가 실현되었을 때 또는 운영위원회에서 프로그램이 중단되어야 한다는 결정을 내렸을 때, 프로그램 운영위원회에서 프로그램의 종료를 승인한다. 프로그램이 더 이상 연계되지 않는 조직의 전략 변경이나 계획된 편익을 더 이상 달성할 수 없다는 평가 결과는 조기 중단 사유가 될 수 있다.

7.1.1 프로그램 생애주기 단계 개요

프로그램은 종종 몇 년, 어떤 경우에는 수십 년에 걸친 오랜 기간 동안 진행될 수 있다. 기간에 관계없이 모든 프로그램은 비슷한 궤적을 따른다.

조직에 편익을 성공적으로 인도하기 위해서 다음 세 가지 주요 단계를 거쳐 프로그램이 구현된다.

- **프로그램 정의 단계.** 이 단계는 프로그램을 승인하고, 예상되는 결과를 달성하기 위해 필요한 프로그램 로드맵을 개발하는 과정에서 수행되는 프로그램 활동들로 구성된다. 프로그램 정의 활동의 일환으로 프로그램 비즈니스 케이스와 프로그램헌장이 작성된다. 승인되면, 프로그램관리 계획서가 작성된다.

- **프로그램 인도 단계.** 프로그램 인도 단계는 프로그램관리 계획서에 따라 각 구성요소의 의도된 결과를 산출하기 위해 수행되는 프로그램 활동들로 구성된다. 이 단계 전반에 걸쳐 개별 구성요소가 착수, 계획, 실행, 이전 및 종료되며, 동시에 편익이 인도, 이전 및 유지된다.

- **프로그램 종료 단계.** 이 단계에는 프로그램 편익을 유지 담당조직으로 이전하고, 통제된 방식으로 공식적으로 프로그램을 종료하는 데 필요한 프로그램 활동들이 포함된다. 프로그램 종료 과정에서 프로그램이 이전 및 종료 또는 조기 중단되거나 작업이 다른 프로그램으로 이전된다.

그림 7-1에서 프로그램 생애주기를 구성하는 단계들을 보여준다. 각 단계에 대해서는 7.1.2 단원부터 7.1.4 단원에서 자세히 설명한다.

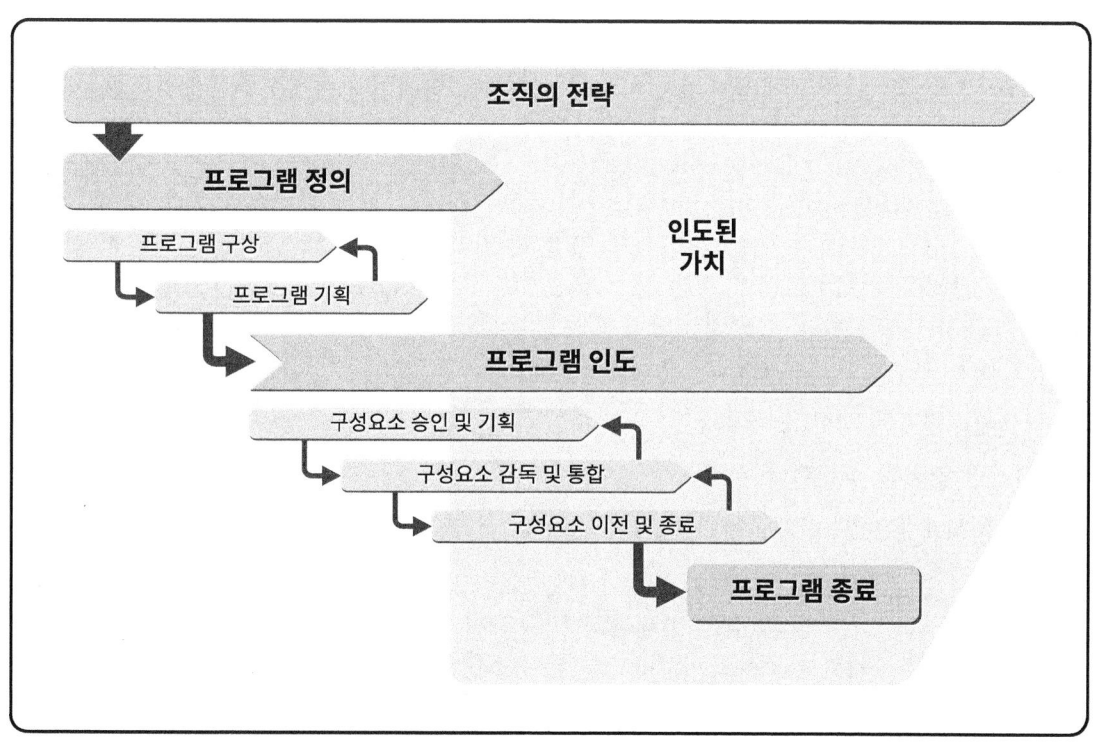

그림 7-1. 프로그램 생애주기 단계

7.1.2 프로그램 정의 단계

프로그램 정의 단계는 프로그램을 승인하고, 예상되는 결과를 달성하기 위해 필요한 프로그램 로드맵을 개발하는 과정에서 수행되는 프로그램 활동들을 포함한다. 일반적으로 전략적 목표를 달성하거나 조직의 포트폴리오 내에서 원하는 상태를 달성하려는 조직의 계획에 대한 결과로 수행되는 활동들을 포함한다. 프로그램 정의 단계를 시작하기 전에 포트폴리오관리 기구에서 다양한 활동을 수행할 수 있다. 포트폴리오관리 활동을 통해 개념(제품, 서비스 또는 조직의 성과), 범위 프레임워크, 초기 요구사항, 일정표, 인도물 및 수용 가능한 원가 지침을 개발한다.

프로그램 정의 단계의 주 목적은 프로그램에서 처리할 목표와 목적을 점진적으로 구체화하고, 예상되는 프로그램 결과와 편익을 정의하며, 프로그램 승인을 받는 데 있다. 일반적으로 프로그램 정의 단계는 서로 구분되면서 겹치기도 하는 두 가지 하위 단계인 프로그램 구상 단계와 프로그램 기획 단계로 나뉜다. 프로그램 구상 과정에서는 프로그램 관리자가 선정되어 배정된다.

7.1.2.1 프로그램 구상

프로그램 구상 단계에서는 전략적 중점 추진 과제를 지원하기 위해 프로그램이 처리할 전체적인 기대 편익을 명시하는 프로그램 비즈니스 케이스 개발 활동을 수행한다. 이 하위 단계를 진행하는 동안 후원조직에서 프로그램을 감독하고 관장할 프로그램 스폰서도 선임한다. 스폰서가 담당하는 주요 업무에는 프로그램의 자금을 확보하고, 프로그램 수행 및 관리 책임을 맡을 프로그램 관리자를 선정하는 것이 포함된다. 프로그램 관리자 배정과 프로그램 관리자의 역할, 담당업무 및 조직의 경계 영역에 대한 정의는 가능한 빨리 수행해야 한다. 그 이유는 관리자가 프로그램의 구상 활동을 효과적으로 이끌고 필요한 산출물의 개발을 촉진하기 때문이다. 프로그램이 원하는 조직 편익을 인도하는 방식을 보여주기 위해 스폰서와 후원조직, 프로그램 관리자가 긴밀히 협력하면서 다음과 같은 활동을 수행한다.

- ◆ 범위와 자원, 원가에 대한 조사 및 산정을 착수한다.
- ◆ 초기 리스크 평가를 수행한다.
- ◆ 프로그램헌장과 로드맵을 개발한다.

조직의 프로그램 인도 역량을 평가하기 위해 범위, 자원 및 원가에 대한 연구도 수행한다. 이 시점에서 대상 프로그램을 조직의 다른 중점 추진 과제들과 비교하여 고려 중인 프로그램의 우선순위를 결정한다. 포트폴리오관리 기능부서에서 비즈니스 케이스를 작성하지 않은 경우, 이 정보가 비즈니스 케이스 작성 과정의 중요한 투입물로 사용된다. 프로그램이 구상되기 전에 비즈니스 케이스가 작성된 경우, 이 정보를 근거로 개정하고 업데이트한다. 또한 위협과 기회를 분석하기 위한 초기 리스크 평가도 수행한다. 이 분석은 프로그램이 조직의 편익을 성공적으로 인도할 확률을 판단하고 리스크 대응 전략과 계획을 식별하는 데 도움이 된다. 프로그램 리스크에 대한 자세한 내용은 8 단원을 참조한다.

프로그램헌장은 프로그램 운영위원회에서 프로그램 승인 여부를 결정하기 위해 검토하는 주요 문서이다. 프로그램헌장이 승인되면 프로그램의 시작이 공식적으로 승인되고, 프로그램 관리자에게 프로그램 활동에 조직의 자원을 투입할 수 있는 권한이 부여되며, 조직의 진행 중인 작업과 전략적 우선순위에 프로그램이 연결된다. 프로그램이 승인되지 않은 경우, 해당 정보를 교훈 저장소에 기록하고 수집해 두어야 한다.

프로그램헌장의 내용은 일반적으로 다음과 같은 질문과 대답으로 구성된다.

- ◆ **타당성.** 프로그램이 중요한 이유는 무엇이며, 무엇을 달성할 것인가?
- ◆ **비전.** 최종 상태는 무엇이며, 조직에게 인도될 편익은 무엇인가?
- ◆ **전략적 연계.** 주요한 전략적 동인은 무엇이며, 조직의 전략적 목표 및 그 밖에 진행 중인 전략적 중점 추진 과제와 프로그램 사이에 어떤 관계가 있는가? (프로그램 전략연계에 대한 자세한 정보는 3 단원 참조)
- ◆ **편익.** 프로그램 비전과 편익을 달성하기 위해 필요한 주요 결과물은 무엇인가?
- ◆ **범위.** 프로그램에 무엇이 포함되고, 상위 수준에서 범위를 벗어난 것으로 간주되는 것은 무엇인가?
- ◆ **편익 전략.** 계획된 편익의 실현을 보장하기 위한 접근방식은 무엇인가? (프로그램 편익관리에 대한 자세한 정보는 4 단원 참조)
- ◆ **가정 및 제약사항.** 고려한 가정 및 제약 사항, 의존관계 및 외부 요인은 무엇이며, 이러한 사항이 프로그램의 목표에 어떤 방식으로 영향을 미쳤거나 이를 제한했는가?
- ◆ **구성요소.** 프로그램과 의도된 편익을 인도하기 위해 프로젝트 및 기타 프로그램 구성요소들을 어떤 방식으로 구성하는가?
- ◆ **리스크와 이슈.** 프로그램 로드맵 작성 과정에서 식별된 초기 리스크와 이슈는 무엇인가?
- ◆ **일정표.** 모든 주요 마일스톤 날짜를 포함하여 프로그램의 전체 기간은 얼마인가?
- ◆ **필요한 자원.** 프로그램 원가 산정치는 얼마이고, 자원 요구사항(예: 직원, 교육훈련, 출장 등)은 무엇인가?
- ◆ **이해관계자 고려사항.** 주요 이해관계자, 핵심 이해관계자들은 누구이며, 이들의 참여를 유도할 초기 전략은 무엇인가? 이 정보는 의사소통관리 계획서 개발에 활용된다. (프로그램 이해관계자 참여에 대한 자세한 정보는 5 단원 참조)
- ◆ **프로그램 거버넌스.** 프로그램을 관리, 통제 및 지원하기 위해 권장되는 거버넌스 구조는 무엇인가? 보고에 관한 요구사항을 포함하여 프로그램 구성요소를 지도 및 감독하는 데 권장되는 거버넌스 구조는 무엇인가? 프로그램 관리자는 어떠한 권한을 가지고 있는가? 이 정보는 프로그램 거버넌스 계획서에 업데이트된다. (프로그램 거버넌스에 대한 자세한 내용은 6 단원 참조)

사업 결과가 측정되고 계획된 결과물에 대한 정의가 구체화됨에 따라 프로그램 정의 단계 전반에 걸쳐 프로그램 구상의 산출물이 계속 업데이트될 수 있다.

7.1.2.2 프로그램 기획

프로그램 운영위원회에서 프로그램헌장을 공식 승인하면 프로그램 기획이 시작된다. 이 단계에서, 거버넌스 구조가 확립되고, 초기 프로그램 조직이 정의되며, 프로그램관리 계획서를 개발하기 위한 팀이 소집된다. 프로그램관리 계획서는 프로그램의 다양한 하위 계획서를 통합하며, 프로그램의 개별 구성요소들을 통합하고 관리하기 위한 관리 통제 항목들과 전반적인 계획을 기술한 문서이다. 이러한 통제 항목은 구성요소 프로젝트로부터 수집 및 통합된 정보를 사용하여 프로그램관리 계획서 대비 성과를 측정한다. 그것의 주 목적은 예상 편익을 인도하기 위하여 프로그램과 조직의 전략적 우선순위 간 지속적 연계를 유지하기 위한 것이다. 프로그램관리 계획서는 조직의 전략 계획, 비즈니스 케이스, 프로그램헌장, 로드맵 및 프로그램 구상 과정의 기타 산출물을 근거로 개발된다.

이 계획서는 프로그램 기획 과정에서 작성되는 주요한 산출물이며, 다음과 같은 하위 문서가 포함된 하나 또는 여러 계획서에 통합될 수 있다.

- ◆ 편익관리 계획서(4.2.1 단원 참조)
- ◆ 이해관계자 참여 계획서(5.3 단원 참조)
- ◆ 거버넌스 계획서(6.1.1 단원 참조)
- ◆ 변경관리 계획서(8.1.2.1 단원 참조)
- ◆ 의사소통관리 계획서(8.1.2.2 단원 참조)
- ◆ 재무관리 계획서(8.1.2.5 단원 참조)
- ◆ 정보관리 계획서(8.1.2.6 단원 참조)
- ◆ 조달관리 계획서(8.1.2.7 단원 참조)
- ◆ 품질관리 계획서(8.1.2.8 단원 참조)
- ◆ 자원관리 계획서(8.1.2.9 단원 참조)
- ◆ 리스크관리 계획서(8.1.2.10 단원 참조)
- ◆ 일정관리 계획서(8.1.2.11 단원 참조)
- ◆ 범위관리 계획서(8.1.2.12 단원 참조)
- ◆ 프로그램 로드맵(3.3 단원 참조)

프로그램관리 계획서가 승인되면 프로그램 인도 단계를 시작할 수 있다. 그러나, 계획서가 프로그램 생애주기 초기에 작성되며 사업 목표, 인도물, 편익, 시간, 원가 등과 같이 중대한 요인의 변경으로 인한 우선순위 충돌, 가정 및 제약 사항이 발생할 수 있기 때문에 이 계획서 개발은 반복적인 활동임을 명심해야 한다. 이러한 요인을 해결하기 위해, 프로그램관리 계획서 및 하위 계획서 업데이트 및 개정 작업은 프로그램 거버넌스 성과 도메인을 통해 승인 또는 거부되는 절차를 밟는다.

프로그램 인도 단계는 프로그램관리 계획서가 검토를 거쳐 공식적으로 승인된 후에 시작된다. 일반적으로 프로그램은 프로그램 운영위원회에 의해 승인된다.

7.1.3 프로그램 인도 단계

프로그램 인도 단계에는 프로그램관리 계획서에 따라 각 구성요소의 의도된 결과를 산출하기 위해 수행되는 프로그램 활동들이 포함된다. 의도한 프로그램 편익의 인도를 촉진하기 위하여 각 구성요소에 의해 산출되는 역량이 전체 프로그램에 통합되기 때문에, 이 단계는 순차형이 아닌 반복형으로 간주된다. 프로그램관리팀은 성공적인 완료가 가능하도록 구성요소를 배치하기 위해 감독과 지원을 제공한다. 프로그램 편익의 관리 및 인도를 촉진하기 위하여 프로그램 범위 안에서 구성요소 작업 및 활동들을 통합한다. 이 단계의 작업에는 프로그램과 프로그램 구성요소 실행이 포함된다. 프로그램 편익을 인도하기 위한 프로그램과의 방향 연계를 유지하기 위하여, 구성요소관리 계획서(원가관리, 범위관리, 일정관리, 리스크관리, 자원관리 등 포함)를 구성요소 수준에서 개발하고(구성요소 수준 작업), 프로그램 수준에서 통합한다(통합 작업). 프로그램을 성공 가능한 위치에 배치하기 위하여, 프로그램을 통해 목표 달성, 변경관리, 리스크 및 이슈 완화를 목적으로 진행되는 구성요소들과의 상호작용을 관리한다.

종종 상당한 수준의 불확실성이 프로그램에 내재되어 있다. 프로그램관리 계획서와 프로그램 로드맵에 프로그램의 의도된 방향과 편익을 기술할 수는 있지만 프로그램 정의 단계에서 프로그램의 전체 구성요소를 완벽히 파악할 수는 없다. 이러한 불확실성을 수용하기 위해 프로그램 관리자는 이 단계 전반에 걸쳐 계속 구성요소를 감독해야 하며, 필요하면 적절히 통합되도록 계획을 다시 수립하거나 상황에 맞춘 변경을 통해 프로그램 방향 변경이 수용되도록 조정해야 한다. 프로그램 관리자는 또한 독립적인 방식으로 구성요소를 관리해서는 달성 불가능한 결과를 달성하기 위해 일관되고 조율된 방식으로 전체 구성요소를 관리해야 한다. 각 프로그램 구성요소는 다음과 같은 프로그램 인도 하위 단계를 거쳐 진행된다.

- ◆ 구성요소 승인 및 기획
- ◆ 구성요소 감독 및 통합
- ◆ 구성요소 이전 및 종료

프로그램 거버넌스를 통해 이 단계의 특정 기준을 충족했다고 판단되거나 프로그램 중단 결정이 내려지는 경우, 프로그램 인도가 종료된다.

7.1.3.1 구성요소 승인 및 기획

구성요소가 승인되면 각 구성요소에 대해 개발된 개별 비즈니스 케이스와 조직의 특정 기준에 따라 구성요소가 착수된다. 이러한 기준은 일반적으로 프로그램 거버넌스 계획서에 포함된다. 프로그램 거버넌스 성과 도메인은 구성요소 승인을 이끄는 프로세스들에 대한 지침을 제공한다. 승인 전에 구성요소가 프로그램의 결과물을 적절히 지원하며 조직의 전략 및 진행 중인 작업과 연계되는지 확인하기 위해 여러 활동들이 필요하다. 프로젝트의 의도한 편익 실현을 보장하기 위하여 수행하는 요구사항 분석, 타당성 조사 또는 계획서 작성이 이러한 활동에 포함될 수 있다. 프로그램 거버넌스에 대한 자세한 내용은 6 단원을 참조한다.

구성요소 기획은 중요한 재기획 필요성 또는 새로운 구성요소 착수 요청(요청하는 구성요소에 의해 제출된)에 대응하여 프로그램 인도 단계 전반에 걸쳐 수행된다. 구성요소 기획 과정에서 성공적인 실행이 가능한 위치로 각 구성요소가 배치되도록 구성요소를 프로그램에 통합하는 데 필요한 활동들이 수행된다. 이러한 활동에는 구성요소가 완수해야 할 작업의 범위를 공식화하고 프로그램의 목표와 편익을 달성할 인도물을 식별하는 작업이 포함된다.

각 구성요소는 관련된 관리 계획서를 가지고있다. 여기에는 고려 중인 작업 유형에 따라 프로젝트관리 계획서, 이전 계획서, 운영 계획서, 유지보수 계획서 또는 기타 유형의 계획서가 포함될 수 있다. 각 구성요소 계획서에 있는 해당 정보가 관련된 프로그램관리 계획서에 통합된다. 여기에는 전반적인 프로그램 진척 상황을 관리하고 감독하는 데 도움이 되어 프로그램에 활용되는 정보가 포함된다.

7.1.3.2 구성요소 감독 및 통합

프로그램 맥락에서, 개별 구성요소로서 편익을 산출하는 구성요소가 있는 반면, 다른 구성요소와 통합된 후에 관련된 편익이 실현되는 구성요소도 있다. 각 구성요소팀은 관련된 계획 및 프로그램 통합 작업을 실행한다. 이 활동을 통해, 구성요소들의 상태 및 기타 정보가 프로그램 관리자 및 관련된 구성요소에 제공되므로 진척 결과가 전체 프로그램 활동에 통합되고 조율될 수 있다. 프로그램 관리자가 여러 구성요소들의 통합 결과를 취합하기 위해 새로운 구성요소를 착수하는 경우가 발생하기도 한다. 이러한 단계 없이도 개별 구성요소가 인도물을 산출할 수는 있지만 조율된 인도 없이는 편익을 실현하지 못할 수도 있다.

7.1.3.3 구성요소 이전 및 종료

프로그램 구성요소가 인도물을 산출하고 의도된 제품, 서비스 또는 결과의 인도를 성공적으로 조율한 후, 일반적으로 운영 또는 진행 중인 작업으로 구성요소를 이전하거나 종료하는 일정을 수립한다. 구성요소 이전은 지속적인 편익 달성을 위해 프로그램 구성요소부터 운영지원 기능에 이르기까지 제품 지원, 서비스관리, 변경관리, 사용자 참여 또는 고객 지원 등의 지속 활동을 수행해야 할 필요성을 해소해준다. 이러한 활동의 수행에 대한 기준과 조직의 기대사항은 거버넌스 계획서에 기술된다.

프로그램 인도 단계가 끝나기 전에 모든 구성요소 영역을 검토하여 편익이 인도되었으며 나머지 프로젝트와 유지 활동들이 이전되었는지 확인한다. 공식적인 프로그램 종료를 승인하기 전에 프로그램 스폰서 및 프로그램 운영위원회와 함께 최종 상태를 검토한다.

7.1.4 프로그램 종료 단계

프로그램 종료 단계는 프로그램 편익을 유지 담당조직으로 이전하고, 통제된 방식으로 공식적으로 프로그램을 종료하기 위해 필요한 프로그램 활동들을 포함한다. 프로그램 이전 과정에서 프로그램 운영위원회와 협의하여 *(a)* 프로그램이 원하는 모든 편익을 달성했고 구성요소 이전 범위에서 모든 이전 작업이 수행되었는지 여부, *(b)* 프로그램을 인가받게 한 이유가 된 지속적 편익을 감독할 다른 프로그램이나 지속적 활동이 있는지 여부를 결정한다. 두 번째의 경우, 자원, 담당업무, 지식 및 교훈을 다른 유지 담당주체로 이전하기 위해 필요한 작업이 수반될 수도 있다. 이전 작업이 완료되면, 프로그램 관리자가 후원조직으로부터 공식적인 프로그램 종료 승인을 받는다. 7.2.2.5 단원에 자세히 설명된 특정 활동들이 프로그램 종료 단계에서 수행된다.

7.2 프로그램 활동 및 통합 관리

1 단원에 정의된 대로 프로그램관리는 계획된 프로그램 목표를 달성하기 위하여 프로젝트 및 다른 프로그램 등의 다양한 구성요소들을 연계하는 것을 의미한다. 이 프로세스에서 적용되는 실무를 통해 개별 구성요소들의 원가, 일정 및 업무를 최적화하거나 통합함으로써 구성요소 수준이 아닌 프로그램 수준에서 통제를 실행하고 편익을 극대화한다.

프로그램 활동 및 통합관리에서는 프로그램 생애주기 전반에 걸쳐 여러 구성요소를 효과적으로 배포할 수 있도록 자원과 지식, 기량을 집합적으로 활용하는 데 주의를 기울인다. 이 프로세스에는 다음에 관한 의사결정을 내리는 활동도 포함된다.

- ◆ 경합하는 요구사항 및 우선순위
- ◆ 리스크
- ◆ 자원 할당
- ◆ 프로그램 범위의 불확실성과 복잡성으로 인한 변경
- ◆ 구성요소들 간의 상호 의존관계
- ◆ 프로그램 목표를 달성하기 위한 작업 조율

프로그램 활동 및 통합관리는 전략적 우선순위로 프로그램을 재편성하기 위해 산출된 실제 결과와 편익을 근거로 조정이 필요할 수 있기 때문에 본질적으로 더 주기적이고 반복적이다.

7.2.1 프로그램 활동 개요

전반적인 프로그램관리를 목적으로 프로그램에서 수행되는 모든 작업을 통틀어 프로그램 활동이라고 한다. 일반적으로, 프로그램 활동은 하나의 특정 활동에서 산출되는 인도물이 다른 활동을 수행하는 데 필요할 수 있기 때문에 상호 의존적이면서 보완적이다. 이러한 활동의 명칭과 설명은 프로젝트 활동이나 프로세스와 비슷해 보일 수 있지만 그 내용과 범위 및 복잡성은 다르다. 예를 들어, 프로젝트 리스크관리 활동에서는 프로젝트 실행 및 성공에 관한 리스크에 중점을 두는 반면, 프로그램 리스크관리에서는 에스컬레이션된 프로젝트 리스크 및 프로그램 리스크를 포함하며, 여러 구성요소 프로젝트에 영향을 미치는 상호 의존관계를 감시한다.

프로젝트 수준 활동에 사용되는 프로세스와 도구는 최신판 프로젝트관리지식체계 지침서(PMBOK® Guide)에서 확인할 수 있다. 해당하는 프로그램 활동에는 더 많은 수의 투입물과 일반적으로 더 넓은 범위가 포함된다. 예를 들어, 개별 구성요소 프로젝트 리스크 기획 작업의 결과는 프로그램 리스크 기획 작업의 투입물을 제공한다. 리스크 통제는 구성요소 수준과 프로그램 수준에서 모두 지속적으로 수행된다. 프로젝트 수준 리스크는 프로그램 수준으로 에스컬레이션되거나 프로그램 수준에서 리스크 해결이 필요한 누적효과를 보일 수 있다.

구성요소 활동이 프로그램의 목표를 달성하는 데 확실히 기여하기 위해서는 프로그램 활동이 개별 구성요소를 직접 지원한다는 점에 유의해야 한다. 달성된 프로그램 편익과 마일스톤에 직접적으로 기여하는 프로젝트 수준의 인도물을 프로그램 관리자가 프로그램 수준에서 감시함으로써 전체 프로그램 전략과의 일관성을 보장한다. 구성요소 수준 활동의 관리도 역시 프로젝트 관리자가 담당한다.

7.2.2 프로그램 통합관리

프로그램 통합관리는 프로그램 생애주기 전반에 걸쳐 진행되는 핵심 활동이다. 프로그램에 다양한 구성요소를 식별하여 정의하고, 결합 및 통합하며, 조율하기 위해 필요한 활동들이 여기에 포함된다. 프로그램 통합 활동 전반에 걸쳐 다른 프로그램 성과 도메인과의 많은 상호작용이 이루어진다. (2 단원 참조). 이 단원에서는 프로그램 생애주기 단계에 걸쳐 수행되는 아래와 같은 활동과 그것이 수행되는 시기를 중점적으로 알아본다.

- ◆ 프로그램 인프라 개발(7.2.2.1 단원 참조)
- ◆ 프로그램 인도관리(7.2.2.2 단원 참조)
- ◆ 프로그램 성과 감시 및 통제(7.2.2.3 단원 참조)
- ◆ 편익 지속 및 프로그램 이전(7.2.2.4 단원 참조)
- ◆ 프로그램 종료(7.2.2.5 단원 참조)

7.2.2.1 프로그램 인프라 개발

프로그램의 목표 달성을 도울 지원 체계를 조사, 평가 및 계획하기 위하여 프로그램 인프라 개발을 수행한다. 이 활동은 프로그램 정의 단계에서 착수되며, 프로그램 생애주기 동안 인프라를 업데이트하거나 수정할 목적으로 언제든지 반복할 수 있다.

프로그램 인프라 개발의 주 목적은 두 가지이다. 이는 프로그램 및 그 구성요소의 관리 및 기술 자원을 구축한다. 이 인프라는 프로그램을 관리하는 데 활용되는 인력과 프로그램 관련 도구, 설비 및 재정을 모두 포괄한다.

프로그램 관리자는 프로그램 정의 과정에서 선임되지만 프로그램관리 핵심팀은 프로그램 인프라 구축의 일환으로 선정된다. 핵심 팀원이 전임제로 프로그램에 배정될 필요는 없다. 하지만 이들 주요 이해관계자는 프로그램의 인프라 요구사항을 결정하고 개발하는 역할을 한다.

많은 프로그램에서 프로그램관리오피스(PMO)는 프로그램 인프라의 핵심 부분이다. 그것은 프로그램 및 구성요소 작업의 관리 및 조율을 지원한다. 또한 PMO는 조직 내 프로그램에 대한 일관성 있는 정책과 표준, 교육훈련도 수립한다. 프로그램 인프라의 또 다른 핵심 요소는 프로그램관리 정보시스템(PMIS)이다. PMIS는 하나 또는 그 이상의 조직 프로그램을 효과적으로 관리하기 위해 필수적인 정보를 수집, 통합 및 의사소통하는 데 사용되는 도구들로 구성된다. 효과적인 PMIS에는 다음과 같은 자원이 포함된다.

- ◆ 소프트웨어 도구
- ◆ 문서, 데이터 및 지식 저장소
- ◆ 형상관리 도구
- ◆ 변경관리 시스템
- ◆ 리스크 데이터베이스 및 분석 도구
- ◆ 재무관리 시스템
- ◆ 획득가치관리 활동 및 도구
- ◆ 요구사항관리 활동 및 도구
- ◆ 그밖에 필요한 도구 및 활동

이러한 자원은 프로그램의 개별 구성요소를 관리하는 데 필요한 자원과는 별개로 구분된다. 대부분의 자원 및 프로그램 원가가 프로그램 수준이 아닌 구성요소 수준에서 관리된다는 점이 차별 요인이다.

7.2.2.2 프로그램 인도관리

프로그램 인도관리에는 조직이 가치를 실현하는 데 필요한 역량과 편익을 제공하는 프로그램 구성요소의 관리, 감독, 통합 및 최적화 활동이 포함된다. 이러한 활동은 프로그램 인도 단계 전반에 걸쳐 수행되며, 프로그램 구성요소의 시작, 변경, 이전 및 종료 활동과 관련된다.

일반적으로 새로운 구성요소 또는 프로젝트의 착수 요청을 제출하는 것은 프로그램 관리자의 역할이다. 프로그램 운영위원회에서 조직의 승인된 선정 기준을 근거로 이 요청을 평가한다. 구성요소를 착수할지 여부에 대한 결정은 거버넌스 기능을 통해 내려진다. 구성요소가 승인되면, 프로그램 관리자가 최적의 자원 배정과 상호 의존관계 관리를 보장하기 위해 기존 프로그램 구성요소의 우선순위를 다시 정의해야 할 수 있다. 프로그램팀의 결정과 필요에 따라 구성요소의 착수가 지연되거나 가속될 수 있다. 프로그램 인도 과정에서 프로그램 관리자의 권한 수준에 해당하는 변경요청은 프로그램관리 계획서의 성과 및 변경사항을 관리하기 위해서 승인 또는 거부된다.

프로그램 구성요소가 각 생애주기 끝에 도달하거나 계획된 프로그램 수준의 마일스톤이 달성되면, 프로그램 관리자가 고객 또는 스폰서와 협력하여 구성요소의 종료 또는 이전을 요청한다. 이러한 공식 요청은 검토 및 승인을 위해 프로그램 운영위원회로 전달된다. 구성요소 이전 프로세스에는 프로그램 로드맵 업데이트가 포함된다. 이 업데이트에는 프로그램 전반에 걸쳐 예정된 주요 단계의 상위 수준 마일스톤, 범위 또는 시기에 영향을 주는 승인된 변경요청과 진행/중단 의사결정 사항이 모두 반영된다.

7.2.2.3 프로그램 성과 감시 및 통제

감시 및 통제 활동은 인도관리 동안 프로그램 및 프로젝트 수준 구성요소에 의해 수행된다. 프로그램 목표 대비 진척 상황을 추적하고 전반적인 프로그램 추세를 평가하기 위해 성과 정보를 수집, 측정 및 배포하는 활동들이 여기에 포함된다. 지속적인 감시 활동을 통해 프로그램관리팀이 프로그램의 현재 상태를 파악하고 특별한 주의가 요구되는 영역을 식별할 수 있다. 감시 활동은 프로그램을 전략적 우선순위와 다시 연계하기 위한 시정조치 또는 예방조치 등의 통제 활동이 필요한지 여부와 필요한 시기를 결정한다.

프로그램 거버넌스에서 승인한 한계선을 기준으로, 상황에 맞춘 변경에 더해, 시정조치나 예방조치의 실행 요청이 구성요소 또는 프로그램 수준에서 승인될 수 있다. 이러한 요청이 설정된 프로그램 수준 한계선을 초과하는 경우, 프로그램 운영위원회에 요청을 제출하여 승인 절차를 밟는다. 이러한 지속적인 활동의 대표적인 산출물에는 프로그램 성과 보고서와 예측치 등이 있다.

프로그램 성과 보고서에는 모든 프로그램 구성요소의 진척 상황을 요약한 내용이 포함된다. 또한 프로그램의 목표가 달성되고 편익이 계획서에 따라 성공적으로 인도될지 여부도 기술된다. 일반적으로, 수행된 작업에 대한 현재 상태 정보(특히 마일스톤과 단계 심사), 완료해야 할 잔여 작업, 획득가치, 리스크 및 이슈, 고려 중인 변경 등의 정보가 보고서에 제공된다. 예측치는 프로그램 관리자와 그 밖의 핵심 이해관계자들이 계획된 결과의 달성 가능성을 평가하고, 현재의 정보와 지식을 근거로 프로그램의 향후 상태를 예측하는 데 활용된다.

7.2.2.4 편익 지속 및 프로그램 이전

프로그램 구성요소 중에는 즉각적인 편익을 인도하는 구성요소도 있고, 지속적인 편익 실현을 위하여 다른 조직으로의 인계 또는 이전이 필요한 구성요소도 있다. 편익 지속은 운영, 유지보수, 새로운 프로젝트 또는 기타 중점 추진 과제 및 노력을 통해 달성될 수 있다. 이러한 활동은 일반적으로 프로그램이 종료되면서 수행되므로 개별 프로그램 구성요소의 범위를 초월한다. 이 하위 단계 동안 편익을 유지할 책무를 다른 조직, 주체 또는 후속 프로그램으로 이전해야 할 수 있다.

7.2.2.5 프로그램 종료

프로그램헌장이 충족되었거나 프로그램을 조기 종료해야 하는 대내/대외 상황이 발생하는 경우, 프로그램이 종료된다. 비즈니스 케이스 변경으로 더 이상 프로그램이 필요하지 않게 되는 상황이나 예상 편익을 달성할 수 없다는 결정이 내려진 상황 등을 예로 들 수 있다. 종료 과정에서 편익은 완전히 실현되었을 수도 있고, 조직 운영의 일환으로 계속 실현되고 관리될 수도 있다. 프로그램의 성공적인 완료 여부는 승인된 비즈니스 케이스, 실제 프로그램 결과, 조직의 현재 목표 및 전략 목표를 기준으로 판단된다. 모든 구성요소가 완료 또는 취소되고 모든 계약이 공식적으로 종료된 후, 프로그램 자체를 종료해야 한다. 이러한 기준이 충족되면, 프로그램 운영위원회로부터 프로그램의 공식 종료를 승인받는다.

프로그램 거버넌스 계획서의 일부로, 향후 프로그램 및 구성요소 프로젝트의 성공 가능성을 높이기 위해 적용할 수 있는 중요한 정보를 문서화하기 위해 최종 프로그램 보고서가 필요할 수 있다. 다음은 이 최종 보고서에 포함되는 자료의 일부 예이다.

- ◆ 재무 및 성과 평가
- ◆ 교훈
- ◆ 성공 및 실패
- ◆ 식별된 개선 가능 영역
- ◆ 리스크관리 결과물
- ◆ 예상치 못한 리스크
- ◆ 고객의 서명
- ◆ 프로그램 종료 사유
- ◆ 모든 기준선에 대한 이력
- ◆ 프로그램 문서에 대한 보존 계획

프로그램이 완료된 후, 프로그램관리팀에서 프로그램의 성과를 평가하고 조직과 교훈을 공유할 때 지식 이전이 수행된다. 이러한 정보로 최종 프로그램 보고서를 업데이트할 수도 있다. 지속적인 학습을 촉진하고, 다른 프로그램에서 발생되는 유사한 함정을 피할 수 있도록 모든 현재 또는 향후 프로그램에서 교훈을 쉽게 활용할 수 있도록 조치해야 한다. 이러한 지식 이전은 새로운 지원 조직에 모든 관련 문서, 교육 또는 자료를 전달하는 방식으로 편익 지속을 지원한다(자세한 내용은 3.4.2.5 및 8.2.4.1 단원 참조).

프로그램이 종료될 때 프로그램 자원의 적절한 방출을 보장해야 한다. 여기에는 팀원의 재배정 또는 재배치, 기타 중점 추진 과제나 프로그램의 자금조달 등의 활동이 수반될 수 있다. 구성요소 수준에서의 자원 재배정에는 이미 실행 중인 다른 구성요소 또는 비슷한 기술이 요구되는 조직 내 다른 프로그램으로의 자원 이전과 같은 활동이 포함될 수 있다. 구성요소 프로젝트 자원의 최종 처리에 대한 자세한 내용은 프로젝트관리지식체계 지침서(PMBOK® Guide)를 참조한다.

7.2.3 프로그램 활동에 프로그램 생애주기 연결

표 7-1에서 프로그램관리 생애주기의 세 가지 중요한 단계를 8단원에서 설명한 프로그램 지원 활동에 연결하여 보여준다. 이러한 지원 활동은 프로그램 생애주기 전반에 걸쳐 진행되지만 대부분의 작업이 수행되는 영역과 각 활동을 연결하였다. 초기 단계에서 각 고려사항에 대한 비공식 사전기획 활동이 진행될 수 있다.

표 7-1. 지원 활동과 프로그램관리 생애주기 단계 연결

지원 프로그램 활동	프로그램 생애주기 단계		
	프로그램 정의	프로그램 인도	프로그램 종료
프로그램 변경관리	프로그램 변경 평가 프로그램 변경관리 기획	프로그램 변경 감시 및 통제	
프로그램 의사소통관리	프로그램 의사소통 평가 프로그램 의사소통관리 기획	프로그램 정보 배포 프로그램 보고	
프로그램 재무관리	프로그램 초기 원가산정 프로그램 원가산정 프로그램 재무 프레임워크 구축 프로그램 재무관리 기획	프로그램 원가 예산편성 구성요소 원가산정 프로그램 재무 감시 및 통제	프로그램 재무 종료
프로그램 정보관리	프로그램 정보관리 기획	교훈	프로그램 정보 보관 및 이전
프로그램 조달관리	프로그램 조달 평가 프로그램 조달관리 기획	프로그램 계약 행정관리	프로그램 조달 종료
프로그램 품질관리	프로그램 품질 평가 프로그램 품질관리 기획	프로그램 품질통제	
프로그램 자원관리	프로그램 자원 요구사항 산정 프로그램 자원관리 기획	자원 상호 의존관계관리	프로그램 자원 이전
프로그램 리스크관리	프로그램 초기 리스크 평가 프로그램 리스크관리 기획	프로그램 리스크 감시 및 통제 프로그램 리스크 식별 프로그램 리스크 분석 프로그램 리스크 대응관리	프로그램 리스크 이전
프로그램 일정관리	프로그램 일정 평가 프로그램 일정관리 기획	프로그램 일정 감시 및 통제	
프로그램 범위관리	프로그램 범위 평가 프로그램 범위관리 기획	프로그램 범위 감시 및 통제	

8

프로그램 활동

프로그램 활동은 프로그램을 지원하기 위해 수행되며, 프로그램 생애주기 전반에 걸쳐 프로그램에 기여하는 업무와 작업이다.

이 단원은 다음과 같은 소단원들로 구성된다.

8.1 프로그램 정의 단계 활동
8.2 프로그램 인도 단계 활동
8.3 프로그램 종료 단계 활동

프로그램의 범위와 복잡성을 감안할 때, 프로그램 생애주기 전반에 걸쳐 수많은 지원 프로그램 활동이 수행된다. 프로그램 수준에서 이러한 활동과 관련된 정의 및 용어는 프로젝트 수준의 활동과 매우 유사하다. 그러나 프로그램 활동들은 여러 프로젝트 및 다른 프로그램을 처리하고 프로그램과 조직의 전략 사이 연계를 처리하는 더 높은 수준에서 운영된다. 프로그램 활동에서는 구성요소 수준의 정보를 활용할 수 있지만, 일반적으로 정보를 통합하는 방식으로 프로그램 관점을 반영한다.

다음은 프로그램관리 및 거버넌스를 지원하는 프로그램 활동들이다.

- ◆ 프로그램 변경관리
- ◆ 프로그램 의사소통관리
- ◆ 프로그램 재무관리
- ◆ 프로그램 정보관리
- ◆ 프로그램 조달관리
- ◆ 프로그램 품질관리
- ◆ 프로그램 자원관리
- ◆ 프로그램 리스크관리
- ◆ 프로그램 일정관리
- ◆ 프로그램 범위관리

프로그램 활동은 프로그램 산출물과 편익을 기획, 감시, 통제 및 인도하기 위한 전략적 접근방식을 가능하게 한다. 프로그램관리 지원 활동에는 조직 내 기능그룹과의 조율이 요구되지만, 단일 프로젝트를 지원하는 유사한 활동보다 더 넓은 범위를 다뤄야 한다.

8.1 프로그램 정의 단계 활동

프로그램 정의 단계에서는 프로그램의 비즈니스 케이스를 개발하여 확정하고, 인도에 필요한 상세한 계획서를 작성한다. 이 단계는 프로그램 구상과 프로그램 기획의 두 영역으로 나뉜다.

8.1.1 프로그램 구상 활동

프로그램 구상 과정에서 프로그램의 상위 수준 범위, 리스크, 원가 및 예상 편익을 평가하여 프로그램이 실행 가능한 방법을 조직에 제시하고, 조직의 전략적 목표와 연계되는지 확인한다. 프로그램 구상을 지원하는 프로그램 활동은 대개 탐구적 성질을 띠며, 여러 가지 가능한 대안을 조사하여 전략 및 조직의 선호도와 가장 잘 연계되는 대안이 식별되고 승인되어 프로그램에 포함될 수 있는지 확인한다. 하지만 일부 경우에 프로그램에 강력한 비즈니스 케이스가 없으므로 프로그램을 중단한다는 결론이 프로그램 구상에서 내려지기도 한다.

그림 8-1에서 프로그램 통합관리(7.2.2 단원 참조)의 핵심 활동을 통해 프로그램 구상 활동이 어떤 방식으로 프로그램 비즈니스 케이스 및 프로그램헌장 개발에 기여하는지 보여준다.

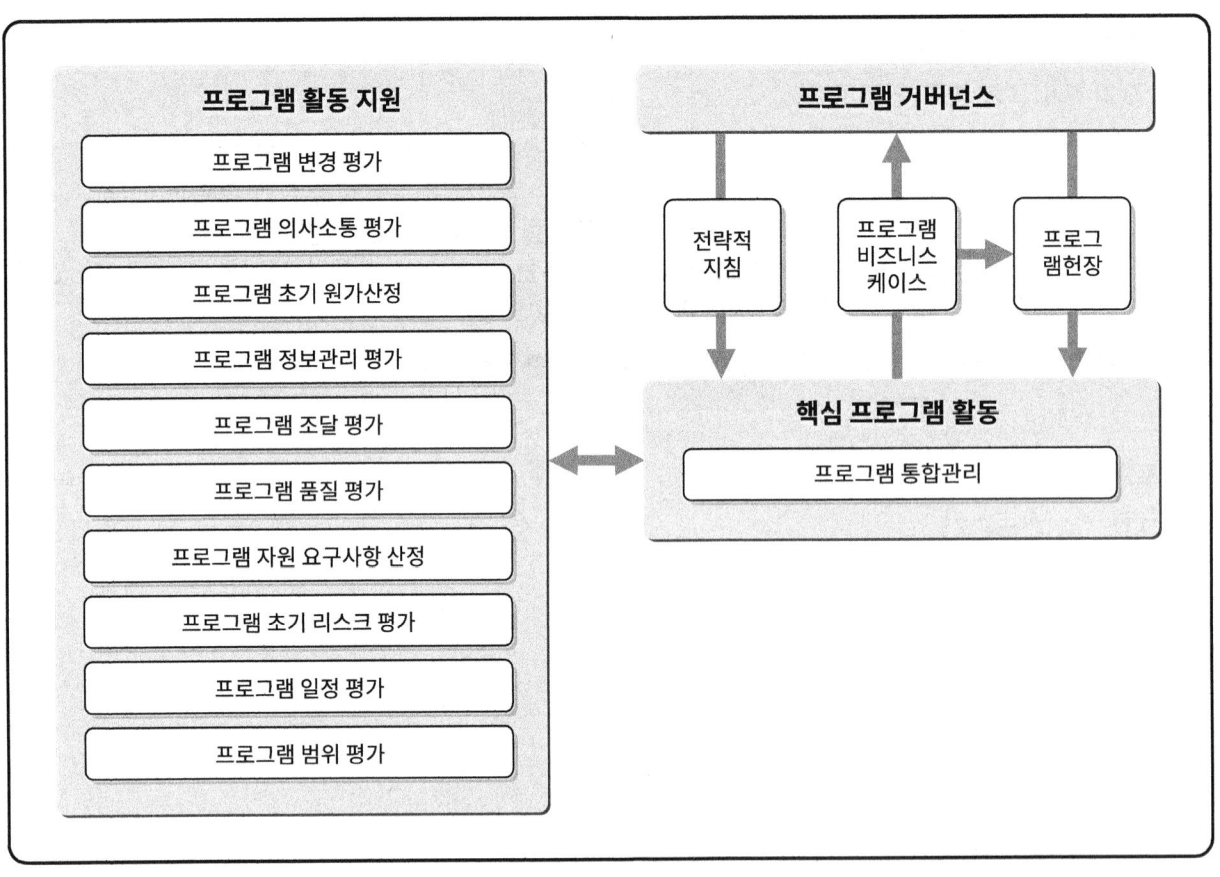

그림 8-1. 프로그램 구상 단계 활동 상호작용

8.1.1.1 프로그램 변경 평가

프로그램 구상의 일환으로, 프로그램의 비즈니스 케이스 개발에 도움이 될 잠재적 변경관리 고려사항을 식별하여 평가한다. 프로그램 변경 평가를 통해 변경의 근원을 식별한다. 예를 들어 기업환경요인의 변동성, 조직의 전략 변경에 대해 제안된 프로그램 비즈니스 케이스의 민감성, 프로그램 인도 중에 구성요소로부터 발생할 수 있는 변경 빈도 및 정도 등이 있다. 그런 다음, 해당 근원에서 비롯될 수 있는 변경 가능성과 잠재적 영향력을 산정하고, 이러한 변경에 프로그램이 파괴적 방식보다는 긍정적 방식으로 대응할 수 있는 조치를 제안한다.

이 활동의 산출물은 프로그램 변경 평가로, 프로그램 비즈니스 케이스와 프로그램헌장, 프로그램 변경관리 기획 활동의 투입물이 된다.

8.1.1.2 프로그램 의사소통 평가

프로그램 의사소통관리는 프로젝트 의사소통과 다르다. 의사소통관리는 다양한 의사소통 요구를 가진 광범위한 이해관계자들에게 영향을 주기 때문에, 다른 의사소통 방식과 전달 방법이 필요하다.

프로그램의 의사소통 요구에 대한 초기 평가는 프로그램헌장의 주요 투입물이다. 프로그램 범위가 광범위하면 참여하는 이해관계자 범위도 광범위할 수 있으므로, 내부 및 외부 이해관계자들과 효과적인 의사소통을 유지하여 더 심각한 문제가 발생하는 것을 방지할 수 있다. 프로그램 이해관계자들의 산출물에 대한 기대사항을 식별하고, 인도 과정에서의 꾸준한 최신 정보 수신 및 참여에 대한 그들의 관심도를 식별하기 위하여 프로그램 이해관계자를 대상으로 설문조사를 실시하는 것은 프로그램 구성의 일환으로 매우 유용할 수 있다.

이 활동의 산출물은 프로그램 의사소통 평가로, 이해관계자 참여 계획서와 프로그램 의사소통관리 기획 활동의 투입물이 된다.

8.1.1.3 프로그램 초기 원가산정

프로그램의 비즈니스 케이스에서 핵심 요소는 전체 원가 산정치와 이 산정치의 신뢰 수준 평가이다. 프로그램 정의 단계에서 기획 및 인도 원가를 결정하기 위한 목적으로 초기 원가 산정치를 계산한다. 이 초기 개략적 규모 산정치를 근거로 재무 관련 의사결정권자들이 프로그램 자금 지원 여부를 결정할 수 있다. 한정된 정보, 시간 및 자원 가용성 때문에 아주 상세하거나 정확한 원가 산정치를 추정하기는 어려울 수 있다. 수치는 종종 개략적 규모 수준으로만 정확하다. 이러한 문제를 감안할 때, 산정할 수 없는 원가의 성격과 근원을 식별하는 것도 유용할 수 있다.

이 활동의 산출물은 프로그램의 초기 원가 산정치로, 프로그램 기획 과정에서 프로그램 비즈니스 케이스와 프로그램헌장, 상세한 프로그램 원가 산정의 투입물이 된다.

8.1.1.4 프로그램 정보관리 평가

프로그램은 생애주기 전반에 걸쳐 많은 양의 문서와 데이터, 기타 기록을 생성하는 경향이 있다. 이러한 정보를 얼마나 쉽게 수집, 공유 및 유지관리할 수 있는지 여부가 프로그램팀의 효율성과 프로그램에 대한 이해관계자들의 인식에 상당한 영향을 줄 수 있다. 프로그램의 정보관리 요구사항을 프로그램 구상의 일환으로 고려함으로써 가능한 재무적, 조직적 또는 자원적 영향을 평가할 수 있도록 조치해야 한다.

이 활동의 산출물은 프로그램 정보관리 평가로, 프로그램 기획 과정에서 프로그램 비즈니스 케이스와 프로그램헌장, 프로그램 정보관리 기획 활동의 투입물이 된다.

8.1.1.5 프로그램 조달 평가

프로그램 조달 요구사항 평가는 프로그램헌장에 가치 있는 투입물이 될 수 있다. 조달 정책 및 실무는 일반적으로 프로그램이 승인되기 전에 존재하는 조직 또는 환경 요인의 일부이지만, 프로그램 자체가 고유한 조달 과제를 제시하는 경우(예: 공공 부문과 민간 부문 제휴 프로그램 또는 여러 국가의 조직이 참여하거나 여러 국가에서 작업이 수행되는 프로그램)도 있다. 프로그램 인도 과정에서 조달과 관련하여 특별한 과제가 제기되거나 상당한 노력수준이 수반될 때, 프로그램 정의 단계에서 프로그램 조달 평가를 준비해야 한다.

이 활동의 산출물은 프로그램 조달관리 평가로, 프로그램 기획 과정에서 프로그램 비즈니스 케이스와 프로그램헌장, 프로그램 조달관리 기획의 투입물이 된다.

8.1.1.6 프로그램 품질 평가

품질 제약, 기대사항, 리스크 및 통제에 대한 평가는 프로그램 구상 작업의 일부로 포함되어야 한다. 특히 규정준수 프로그램에서는 조직 또는 법규에 따른 품질 표준이 프로그램 인도에 중요한 제약 조건으로 작용할 수 있다. 프로그램 산출물의 품질에 대한 기대사항은 프로그램 원가와 필요한 프로그램 인프라 및 자원을 결정하는 데 중요한 투입물이 될 수 있다. 프로그램 공급업체가 품질 표준을 준수할 수 있는 역량도 프로그램 조달 및 리스크 평가에 중요한 고려사항이 될 수 있다. 마지막으로, 프로그램 거버넌스를 가능하게 하려면 프로그램 품질 검토 또는 감사의 필요성도 중요한 고려사항이 될 수 있다.

이 활동의 산출물은 프로그램 품질 평가로, 프로그램 기획 과정에서 프로그램 비즈니스 케이스와 프로그램헌장, 프로그램 품질관리 기획의 투입물이 된다.

8.1.1.7 프로그램 자원 요구사항 산정

프로그램을 계획하고 인도하는 데 필요한 자원으로는 인적자원, 업무 공간, 실험실, 데이터센터 및 그 밖의 시설, 모든 유형의 장비, 소프트웨어, 차량 및 사무용품 등이 있다. 리드타임이 길거나 진행 중인 활동에 영향을 줄 수 있는 필수 자원(특히, 직원과 시설)에 대한 산정치가 프로그램 비즈니스 케이스를 작성하는 데 필요하며, 이를 프로그램헌장에도 반영해야 한다.

이 활동의 산출물은 프로그램 자원 요구사항 산정치로, 프로그램 기획 과정에서 프로그램 비즈니스 케이스와 프로그램헌장, 프로그램 자원관리 기획의 투입물이 된다.

8.1.1.8 프로그램 초기 리스크 평가

프로그램 리스크는 그것이 발생하는 경우에 프로그램의 성공에 영향을 줄 수 있는 일련의 사건 또는 상황이다. 대개 긍정적 리스크는 기회로 간주되고, 부정적 리스크는 위협으로 간주된다. 이러한 리스크는 프로그램 구성요소 및 이들과의 상호작용, 기술적 복잡성, 일정 또는 원가 제약, 범위가 확대된 프로그램관리 환경에서 비롯된다.

프로그램 정의 과정에서 리스크의 두 가지 측면을 평가해야 한다. 첫째, 프로그램에서 발생할 수 있는 주요 리스크의 식별과, 그것들의 상대적 가능성 및 영향은 프로그램 비즈니스 케이스와 프로그램헌장의 투입물로서 개발되어야 한다. 둘째, 조직의 리스크 수용 및 처리 의지(리스크 선호도라고도 함)의 평가는 프로그램 인도 과정에서 리스크를 감시하고 평가하는 데 필요할 수 있는 노력수준을 이해하는 데 필수적이다.

이 활동의 산출물은 프로그램 초기 리스크 평가로, 프로그램 기획 과정에서 프로그램 비즈니스 케이스, 프로그램 초기 원가 산정치, 프로그램헌장 및 프로그램 로드맵, 그리고 프로그램 리스크관리 기획의 투입물이 된다.

8.1.1.9 프로그램 일정 평가

인도 일정과 편익 마일스톤에 대한 기대사항 평가가 프로그램헌장에 포함되어야 한다. 또한 이 초기 평가에서 활동기간 평가치의 신뢰 수준을 제시하고 활동이 과도하게 지연될 때 대안 활동을 시작할 지점을 식별해야 한다.

이 활동의 산출물은 프로그램 일정 평가로, 프로그램 기획 과정에서 프로그램 비즈니스 케이스, 프로그램헌장 및 프로그램 로드맵, 그리고 프로그램 일정관리 기획 활동의 투입물이 된다.

8.1.1.10 프로그램 범위 평가

프로그램 범위는 프로그램 수준에서 편익(주요 제품, 서비스 또는 지정된 특성과 기능을 갖춘 결과물)을 인도하는 데 필요한 작업을 정의한다. 프로그램 범위관리는 프로그램 범위를 정의, 개발, 감시, 통제 및 검증하는 활동이다. 범위관리를 통해 프로그램의 목표 및 목적에 프로그램 범위를 연계시킨다. 여기에는 연관된 편익을 인도하도록 설계된 인도 가능한 구성요소 제품으로의 작업 분할을 포함한다.

경계를 포함하고, 다른 프로그램/프로젝트 및 진행 중인 활동에 연결되는 프로그램 범위 평가는 프로그램헌장에 포함되어야 하며, 초기 원가, 변경, 자원, 리스크 및 일정 평가를 뒷받침 해야 한다.

이러한 초기 프로그램 범위 평가에서 프로그램 목표 및 목적에 따른 프로그램 범위기술서를 개발한다. 프로그램헌장에 활용되는 이 투입물은 포트폴리오관리 또는 이해관계자 연계 활동을 통해 프로그램 스폰서 또는 이해관계자로부터 구할 수 있다.

이 활동의 산출물은 프로그램 범위 평가로, 프로그램헌장의 투입물이 된다.

8.1.2 프로그램 기획 단계 활동

프로그램 기획 단계에서 프로그램 조직이 정의되고, 프로그램관리 계획서를 개발할 초기 팀이 배정된다. 프로그램관리 계획서는 조직의 전략 계획, 비즈니스 케이스, 프로그램헌장 및 프로그램 정의 과정에서 완료된 평가 결과를 근거로 작성된다. 이 계획서는 프로그램 구성요소의 로드맵과 프로그램 인도를 감시하고 통제할 관리 방식을 포함한다. 프로그램의 성공이 기준선에 대비되어 측정되는 것이 아니라 조직이 프로그램 결과물로부터 어떻게 편익을 실현하는지에 따라 측정된다는 점을 고려하여 계획서의 변경 가능성을 열어 두어야 한다. 따라서 프로그램관리 계획서를 참조 문서이자 관리 대상 기준선으로 간주해야 한다.

그림 8-2에서 프로그램 통합관리의 핵심 활동을 통해 프로그램 기획 활동이 어떤 방식으로 프로그램관리 계획서 개발을 뒷받침하는지 보여준다.

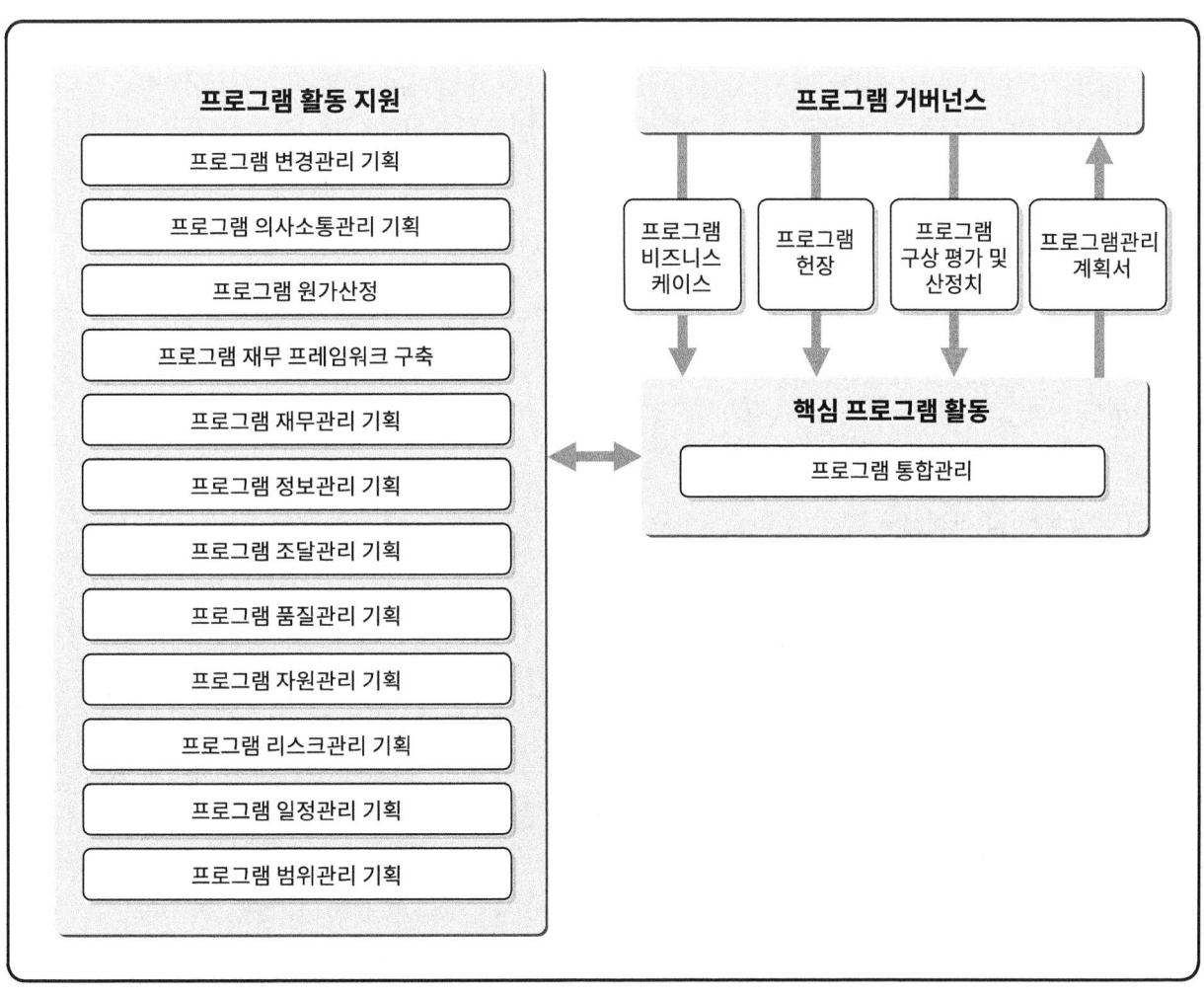

그림 8-2. 프로그램 기획 단계 활동 상호작용

8.1.2.1 프로그램 변경관리 기획

프로그램을 진행하는 과정에서 변경사항을 관리하기 위한 변경관리 활동을 수립해야 한다. 프로그램 변경관리 계획서는 요청된 변경을 포착하기 위한 접근방식을 포함하고, 요청된 모든 변경을 평가하여 최종 처리 활동을 수행하고, 영향을 받는 이해관계자들과 의사결정 정보에 대해 소통하며, 변경요청 및 근거를 문서화하고, 자금 조달 및 업무를 승인하는 프로그램 변경관리 원칙과 절차를 수립하는 문서로, 프로그램관리 계획서의 일부에 포함된다. 이 계획서에서는 변경(예: 구성요소 변경, 로드맵 변경, 기술 변경 등)이 프로그램 결과에 미치는 영향과 그에 따라 이해관계자들이 기대하는 편익에 미치는 영향을 평가하는 방법을 중점적으로 다뤄야 한다는 점이 중요하다. 이러한 가정 아래, 프로그램 운영위원회는 변경 프로세스를 유발하는 프로그램 변경 한계선 수준에 동의해야 한다.

이 활동의 산출물에는 다음과 같은 것들이 포함된다.

◆ 프로그램 변경관리 계획서
◆ 프로그램 변경 한계선

8.1.2.2 프로그램 의사소통관리 기획

프로그램 내부 및 외부 의사소통관리의 중요성을 과소평가하거나 간과해서는 안 된다. 프로그램 관리자는 프로그램팀, 구성요소팀, 구성요소 관리자, 고객 및 프로그램 스폰서를 포함하여 다양한 프로그램 이해관계자들과 의사소통하는데 상당한 시간과 노력을 쏟는다. 의사소통에 충분한 노력을 기울이지 않으면 심각한 문제가 발생할 수 있다. 프로그램 의사소통관리 활동으로는 적시에 적절하게 프로그램 정보를 생성, 수집, 배포, 저장 및 검색하고 최종 처리하는 활동들이 있다. 이러한 활동은 성공적인 의사소통과 의사결정을 위한 인적자원과 정보의 중요한 연결고리 역할을 한다.

프로그램 의사소통관리 기획은 해당 정보, 필요한 시기, 전달 방법, 배포 담당자를 바탕으로, 정보를 필요로 하는 사람과 프로그램 이해관계자의 정보 및 의사소통 관련 요구사항을 결정하는 활동이다. 프로그램 의사소통관리 계획서는 정보의 관리 및 배포 방식과 시기, 관리 및 배포 담당자를 기술한 문서로, 프로그램관리 계획서의 일부에 포함된다. 적절한 내용과 전달 방법을 통해 프로그램과 구성요소 사이, 그리고 프로그램과 해당 이해관계자 사이 정보 전달을 촉진할 수 있도록 명확하게 의사소통 요구사항을 정의해야 한다. 특정 이해관계자의 특정 의사소통 요구사항을 이해관계자 관리대장에 포함시켜야 한다.

프로그램이 진행됨에 따라, 다른 구성요소가 추가되고 새로운 이해관계자가 알려지고 설명된다. 이러한 특이사항은 의사소통 계획을 수립할 때 고려되어야 한다. 세계화에서 비롯되는 문화와 언어의 차이, 여러 시간대 또는 그 밖의 요인들도 프로그램 의사소통관리 계획서를 개발할 때 고려해야 한다. 복잡하기는 하지만, 프로그램 의사소통관리 기획은 프로그램의 성공에 매우 중요한 역할을 한다.

이 활동의 산출물에는 다음과 같은 것들이 포함된다.

- ◆ 프로그램 의사소통관리 계획서
- ◆ 이해관계자 관리대장의 투입물로 사용되는 의사소통 요구사항

8.1.2.3 프로그램 원가산정

프로그램 원가산정은 프로그램 전반에 걸쳐 수행된다. 많은 조직에서 프로그램의 주요 단계마다 일련의 진행/중단 의사결정을 통해 단계적 자금조달 프로세스를 수행한다. 전체 재무관리 계획서에 동의하고, 각 거버넌스 마일스톤에서 바로 다음 단계에 대해서만 책정된 예산에 전념한다.

산정치에서 신뢰성 인자를 추론하기 위하여 수행해야 할 작업의 리스크와 복잡성에 따라 가중치 또는 확률을 적용하기도 한다. 몬테카를로 시뮬레이션과 같은 통계 기법도 사용할 수 있다. 이 신뢰성 인자는 프로그램 원가의 잠재적인 범위를 결정하는 데 사용된다. 의사결정권자들이 프로그램 원가를 결정할 때 개발 및 구현 비용뿐만 아니라 프로그램 완료 후 발생할 수 있는 유지 비용도 고려해야 한다. 생애주기 전반의 원가를 계산하고 이전 및 유지 비용을 합산하면 총 소유비용이 산출된다. 자금조달 결정을 내리기 위해 다른 프로그램 대비 한 프로그램의 예상 편익을 기준으로 총 소유비용을 고려한다. 프로그램 원가 산정치를 산출하는 산정기법에는 여러 가지가 있다.

프로그램 원가 산정치에 산정치 산출의 근거가 되는 모든 중요한 가정도 식별해야 한다. 그 이유는 이러한 가정이 프로그램 인도 과정에서 근거가 없음으로 판명되면, 프로그램 비즈니스 케이스의 재검토 또는 프로그램관리 계획서의 개정을 요구하는 결과를 초래할 수 있기 때문이다.

마지막으로, 프로그램 원가산정이 구성요소 수준에서 원가산정의 근거 또는 지침을 제시할 수 있다. 구성요소 수준에서 널리 적용되는 모든 프로그램 수준 원가산정 지침을 문서화하고, 구성요소 관리자에게 전달해야 한다.

이 활동의 산출물에는 다음과 같은 것들이 포함된다.

- ◆ 프로그램 원가 산정치
- ◆ 프로그램 원가산정 가정
- ◆ 구성요소 원가산정 지침

8.1.2.4 프로그램 재무 프레임워크 구축

프로그램 유형과 자금조달 구조에 따라 프로그램 기간의 재무 환경이 결정된다. 다음과 같은 경우에 따라 자금조달 모델이 달라진다.

- ◆ 단일 조직 안에서 자금이 전액 조달되는 경우
- ◆ 단일 조직 안에서 관리되지만 자금은 별도로 조달되는 경우
- ◆ 상위 조직 밖에서 자금이 전액 조달되고 관리되는 경우
- ◆ 내부 및 외부 재원의 지원을 받는 경우

종종 프로그램 자체의 자금이 하나 이상의 재원에서 조달되고, 프로그램 구성요소들의 자금이 모두 다른 재원을 통해 조달될 수 있다. 자금조달 재원 외에, 자금조달 시기도 프로그램의 수행 역량에 직접적인 영향을 미친다. 프로젝트의 경우보다 훨씬 광범위한 기간을 기준으로, 프로그램 원가는 관련 편익보다 이른 시기(때로 몇 년 전)에 발생된다. 프로그램 개발에서 자금조달의 목적은 개발에 지출되는 금액과 프로그램의 편익을 획득하기 위한 금액 간 차액을 충당하기 위한 자금을 확보하는 데 있다. 이러한 거액의 현금 잔고 결손액을 가장 효과적인 방식으로 다루는 것이 프로그램 재무관리의 핵심 과제이다. 대부분의 프로그램에 상당한 액수의 자금이 투입되므로 자금조달 조직이 수동적 파트너 역할을 하는 것은 드물며, 대신 비즈니스 리더, 기술 리더 및 프로그램 관리자들이 내리는 의사결정과 프로그램관리에 적극적으로 개입한다. 이러한 이유로, 프로그램 스폰서 및 기타 주요 이해관계자들과의 의사소통은 적시에 선제적으로 이루어져야 한다.

프로그램 재무 프레임워크는 가용 자금을 조정하고, 제약사항을 결정하며 조달 자금의 할당 방법을 결정하기 위한 상위 수준의 초기 계획이다. 재무 프레임워크는 프로그램 자금 흐름을 정의하고 설명함으로써 자금이 최대한 효율적으로 집행되도록 한다.

프로그램 재무 프레임워크가 개발되고 분석됨에 따라, 프로그램을 정당화하는 근거가 된 비즈니스 케이스에 영향을 미치는 변경이 식별될 수 있다. 이러한 변경을 반영하기 위해 모든 의사결정권자의 참여 아래 비즈니스 케이스를 개정한다(3.1 단원 참조).

재무 지원과 관련하여 프로그램 스폰서 및 자금조달 조직 대표의 구체적이고 고유한 요구사항을 이해하는 것이 중요하다. 이러한 요구사항을 반영하기 위해 프로그램 의사소통관리 계획서와 이해관계자 참여 계획서를 업데이트해야 할 수도 있다.

이 활동의 산출물에는 다음과 같은 것들이 포함된다.

- ◆ 프로그램 재무 프레임워크
- ◆ 비즈니스 케이스 업데이트
- ◆ 프로그램 의사소통관리 계획서 및 이해관계자 참여 계획서 업데이트

8.1.2.5 프로그램 재무관리 기획

프로그램 재무관리는 프로그램의 재원과 자원을 식별하고, 프로그램 구성요소들의 예산을 통합하며, 프로그램의 전체 예산을 편성하고, 프로그램 진행 과정에서 원가를 통제하는 일과 관련된 활동들로 구성된다. 이러한 맥락에서, 프로그램 재무관리 계획서는 자금조달 일정과 마일스톤, 초기 예산, 계약 지불금 및 일정, 재무보고 활동 및 수단, 재무지표를 포함하여 프로그램의 모든 재무사항을 기술한 문서로, 프로그램관리 계획서의 일부에 포함된다.

프로그램 재무 프레임워크에 대한 자세한 설명과 리스크 예비, 잠재적 현금 흐름 문제, 국제 환율 변동, 미래 금리 등락, 인플레이션, 통화 평가절하, 재무 관련 현지 법률, 자재 원가 동향, 계약 성과급 및 위약금 조항 등과 같은 항목관리에 대한 설명도 프로그램 재무관리 계획서에 기술한다. 프로그램 구성요소에 자금을 할당하기 위한 승인 또는 인가 프로세스도 계획서에 포함시켜야 한다. 유보이익, 은행 대출 또는 채권 매각을 통해 내부적으로 자금이 조달되는 프로그램의 경우, 프로그램 관리자가 예정된 계약 지불금, 인플레이션, 앞에서 설명된 요인 및 다른 환경요인도 고려해야 한다. 프로그램 재무관리 계획서를 개발할 때, 프로그램 관리자는 모든 구성요소 결제 일정, 운영 원가 및 인프라 원가를 포함시켜야 한다.

프로그램의 초기 예산 산출 과정에서 사용 가능한 모든 재무 정보를 수집하고, 프로그램 원가를 프로그램 예산의 일부로 추적하기에 충분히 상세한 수준으로 모든 수입 및 지불 일정표를 작성한다. 기준선이 확정된 후에는, 예산은 프로그램의 측정 기준으로 사용되는 주요 재무 목표가 된다.

프로그램의 편익 측정 기준으로 사용할 재무지표를 개발하는 것은 매우 중요하다. 이는 쉽지 않은데, 대개 프로그램의 규모와 기간을 결정하는 단계에서는 인과관계를 파악하기 어렵기 때문이다. 프로그램팀과 프로그램 운영위원회의 업무 중 하나가 이러한 재무성과지표를 설정하고 검증하는 것이다.

프로그램 진행 기간에 걸쳐 원가, 일정 및 범위가 변경되면, 프로그램 승인에 사용된 초기 지표를 기준으로 변경에 따른 지표를 측정한다. 이러한 재무 측정치 결과는 일부분 프로그램의 진행, 취소 또는 수정 여부를 결정하는 기준이 된다. 재무관리 계획서의 일부로 식별되는 프로그램 재무 리스크는 프로그램 리스크 관리대장에 포함시켜야 한다.

이 활동의 산출물에는 다음과 같은 것들이 포함된다.

- ◆ 프로그램 재무관리 계획서
- ◆ 초기 프로그램 예산
- ◆ 프로그램 자금조달 일정
- ◆ 구성요소 결제 일정
- ◆ 프로그램 운영 원가
- ◆ 프로그램 리스크 관리대장에 통합될 투입물
- ◆ 프로그램 재무지표

8.1.2.6 프로그램 정보관리 기획

프로그램 정보관리 계획서는 프로그램의 정보자산을 준비하고 수집하여 정리하고 보호하는 방법을 기술하는 문서로, 프로그램관리 계획서의 일부에 포함된다. 대개 정보관리 정책, 배포 명단, 적절한 도구, 템플릿 및 보고 형식(그 외 다수)이 정보관리 계획서에 포함된다. 이러한 정보는 수작업 기록철 작성 방식, 전자 데이터베이스 및 프로젝트관리 소프트웨어, 그리고 엔지니어링 도면과 설계 사양서 및 테스트 계획서와 같은 기술 문서를 열 수 있는 기타 시스템 등의 다양한 매체를 통해 수집되고 검색된다. 프로그램의 정보관리 시스템이 결정되면 프로그램 정보 배포 방법이 결정된다. 정보 기술을 사용하여 수많은 수신자에게 대량의 데이터를 신속하게 배포할 수 있으므로 프로그램 정보관리 시스템은 신중하게 기획하고 구축해야 한다.

이 활동의 산출물에는 다음과 같은 것들이 포함된다.

- ◆ 프로그램 정보관리 계획서
- ◆ 프로그램 정보관리 도구 및 템플릿

8.1.2.7 프로그램 조달관리 기획

프로그램 조달관리는 전체 프로그램과 구성 프로젝트/요소의 요구사항을 충족시키기 위해 제품과 서비스를 획득하는 데 필요한 지식, 기술, 도구 및 기법을 적용하는 프로세스이다. 프로그램 조달관리 기획 단계에서 제품 및 서비스를 획득하는 데 필요한 활동들과 더불어 전체 프로그램 및 구성요소의 요구사항을 관리하는 데 필요한 구체적인 조달 요구사항을 처리한다. 프로그램 조달관리 계획서는 프로그램이 수행 조직 외부에서 제품 및 서비스를 조달하는 방법을 기술한 문서로, 프로그램관리 계획서의 일부에 포함된다.

프로그램 관리자는 프로그램의 예상 편익을 인도하는 데 필요한 자원을 파악해야 한다. 이러한 활동에 제작-구매 결정과 프로그램 작업분류체계도와 같은 기법이 유용하다. 프로그램 관리자는 사용 가능한 자금과 모든 구성요소의 요구사항을 인지해야 한다.

집중적인 조기 기획이 성공적인 프로그램 조달관리에 중요하다. 기획 활동을 통해 프로그램 관리자는 프로그램의 모든 구성요소를 파악하여 프로그램 목표 달성과 프로그램 편익의 성공적인 인도가 가능하도록 조달을 최적화하는 종합적인 계획서를 개발한다. 이를 위해 프로그램 조달관리 과정에서 프로그램 범위 전반의 다양한 조달에 대한 공통점과 차이점을 처리하고, 다음과 같은 사항을 결정한다.

◆ 여러 개별 구성요소의 공통적인 요구사항 중 일부가 여러 번의 부분 조달 조치보다 한 번의 전체 조달로 더 잘 충족될 수 있는지 여부

◆ 프로그램 전반에 걸쳐 계획된 여러 조달 계약 유형들의 최적 조합. 구성요소 수준에서는 특정 유형(예: 확정고정가)의 계약이 최상의 조달 방안으로 보일 수 있지만, 프로그램 수준에서 볼 때는 동일한 조달에 다른 유형(예: 성과급)의 계약이 가장 적합할 수 있다.

◆ 경쟁에 대한 최상의 프로그램 차원 접근방식(예: 한 프로그램 영역 내 수의 계약에 따른 리스크와 프로그램의 다른 영역에서 완전 공개 경쟁에 따른 다른 리스크 사이에서 균형을 조정할 수 있음)

◆ 특정 외부 법규 요건들 사이 균형을 유지하기 위한 최상의 프로그램 차원 접근방식(예: 중소기업 요건을 충족하기 위해 프로그램에서 각 계약의 일정 비율을 할당하기보다는 동일한 요건을 충족하기 위해 한 건의 완전한 계약을 수주하는 방식이 최상의 결정일 수 있음)

때로 기획 단계에서 대안 분석을 수행한다. 여기에는 프로그램의 특정 요구사항을 충족하는 최적의 해결책과 서비스를 결정하는 데 필요한 정보요청서(RFI), 타당성 연구, 비교분석 연구 및 시장 분석이 포함될 수 있다.

모든 법적, 재무적 의무를 준수하기 위한 요구사항과 프로그램 조달관리를 최적화해야 한다는 본질적인 요건 때문에 특히 기획 단계에서 구성요소 수준의 조달을 책임지는 모든 담당자들이 긴밀히 협력하는 것은 필수적이다.

이 활동의 산출물에는 다음과 같은 것들이 포함된다.

◆ 프로그램 조달 표준

◆ 프로그램 조달관리 계획서

◆ 프로그램 예산/재무 계획서 업데이트

8.1.2.8 프로그램 품질관리 기획

프로그램 품질관리 기획을 통해 전체적으로 프로그램과 관련된 조직 또는 법규에 따른 품질 표준을 식별하고, 프로그램 전반에 걸쳐 해당 표준을 준수하기 위한 방법을 구체적으로 지정한다. 프로그램 품질관리 계획서는 조직의 품질 정책을 구현할 방법을 기술한 문서로, 프로그램관리 계획서의 일부에 포함된다. 한 프로그램 안에서도 여러 가지 품질보증 요구사항을 적용하고, 서로 다른 테스트와 품질통제 방법 및 활동을 수행하는 경우가 종종 있다. 프로그램 품질관리는 수행 조직에서 프로그램이 성공적으로 수행되도록 프로그램 품질 정책과 목표, 담당업무를 결정하기 위해 수행하는 활동이다. 프로그램 품질관리는 이러한 다양한 요구사항과 통제 방법을 조율하는 것을 목표로 하며, 이 과정에서 전체 프로그램 품질을 보장하기 위하여 다른 요구사항을 추가할 수도 있다. 프로그램 관리자가 품질 정책에서 모든 프로그램 구성요소에 공통으로 적용되는 전체 프로그램 품질 목표 및 원칙을 문서로 작성하는 것은 우수한 실무사례이다.

프로그램의 생애주기 전반에 걸쳐, 실제로 개별 구성요소의 일정표를 벗어날 수도 있는 적절한 품질보증 기준을 계획하는 일은 프로그램관리에서 담당한다. 적절한 경우에 새로운 품질통제 도구, 활동 및 기법을 프로그램에 도입하여 적용할 수도 있다. 예로는 프로그램의 생애주기 동안 새로운 법률이 제정되거나 새로운 구성요소가 도입되는 경우 등이 있다.

프로그램을 착수할 때, 품질 요구사항 수준의 원가를 평가하여 사업 계획서에 포함시켜야 한다. 품질은 모든 구성요소에서 변동비이며, 프로그램 품질관리 계획서에서 이를 고려해야 한다. 가능한 부분에서 원가를 절감하기 위해 품질 테스트와 검사를 결합하는 것을 목표로 프로그램 품질을 분석함으로써 프로그램 전반에 걸쳐 품질을 평가하는 것이 유익하다. 테스트가 조율되지 않으면, 프로그램 전반에 걸쳐 제품과 인도물을 여러 번 테스트할 수 있고, 그로 인해 정당한 사유 없는 비용이 발생할 수 있다. 이 활동의 산출물은 프로그램에 통합된 품질보증 대책과 품질관리 및 프로그램 범위에 근거한 검사 방법을 제시하는 품질관리 계획서임을 유의해야 한다.

품질관리는 모든 프로그램관리 활동을 정의할 때뿐만 아니라 모든 인도물 및 서비스에 대해서도 고려해야 한다. 예를 들어, 프로그램 자원관리 계획서를 개발할 때, 프로그램 품질 관리자가 기획 활동에 참여하여 품질 관련 활동 및 통제가 적용되는지, 그리고 외주업체가 수행한 작업을 포함하여 모든 구성요소로 전달되는지 확인할 것을 권장한다.

이 활동의 산출물은 프로그램 품질관리 계획서이고, 이 계획서에는 다음과 같은 항목이 포함될 수 있다.

- 프로그램 품질정책
- 프로그램 품질 표준
- 프로그램 품질 원가 산정치
- 품질 매트릭스, 서비스수준 협약 또는 양해각서
- 품질 점검목록
- 품질보증 및 통제 사양서

8.1.2.9 프로그램 자원관리 기획

프로그램 수준에서의 자원관리는 구성요소 수준에서의 자원관리와 다르다. 프로그램 관리자는 불확실성의 경계 안에서 작업을 진행하고, 담당하고 있는 구성요소의 요구사항 간 균형을 조절해야 한다. 프로그램 자원관리가 프로그램의 편익을 성공적으로 인도하기 위해 구성요소 관리자가 필요한 모든 자원(인력, 장비, 자재 등)을 사용할 수 있도록 보장한다.

자원관리 기획 과정에서 기존 자원을 식별하고 추가 자원의 필요성도 확인한다. 인적자원의 경우, 구성요소가 완료될 때마다 구성요소 사이에서 자원 재배정이 가능해지므로 각 구성요소를 성공적으로 완료하는 데 필요한 총 자원 수가 프로그램을 완료하는 데 필요한 총 자원 수보다 적을 수 있다. 프로그램 관리자는 수용력과 역량 측면에서 각 자원의 가용성을 분석하고, 과도한 업무나 부적절한 지원을 피할 수 있도록 구성요소 전반에 자원을 배정하는 방법을 결정한다. 유사한 프로젝트 및 프로그램에 필요했던 자원 유형을 결정하는 데 선례정보를 활용할 수 있다.

자원관리 계획서는 프로그램 구성요소 전반에 걸쳐 예상되는 프로그램 대일정 대비 자원 사용량 예측치를 기술한 문서로, 프로그램관리 계획서의 일부에 포함된다. 이러한 예측치는 프로그램 관리자가 부족하거나 한정된 자원 사용에 따른 잠재적 자원 부족 또는 충돌 가능성을 식별하는 데 활용된다. 프로그램 자원 우선순위를 결정하고 자원 충돌을 해결하는 지침도 자원관리 계획서에 기술한다.

프로그램 내부에 가용한 자원이 없으면 프로그램 관리자가 더 큰 조직에 지원을 요청한다. 필요에 따라 프로그램 관리자는 조직과 협력하여 필요한 자원을 계약으로 조달하기 위한 작업기술서(SOW)를 개발해야 한다.

이 활동의 산출물에는 다음과 같은 것들이 포함된다.

- 프로그램 자원 요구사항
- 프로그램 자원관리 계획서

8.1.2.10 프로그램 리스크관리 기획

프로그램 리스크관리 기획 과정에서 프로그램의 구성요소를 고려하여 프로그램의 리스크관리 활동을 개시하고 수행하는 방법을 식별한다. 리스크관리의 원칙은 Practice Standard for Project Risk Management (프로젝트 리스크관리 실무 표준)[8]에 설명된 대로 적용해야 한다. 리스크관리 계획서는 리스크관리 활동을 구성 및 수행하는 방법을 기술한 문서로, 프로그램관리 계획서의 일부에 포함된다.

리스크관리 활동 기획 활동을 통해 조직에 대한 프로그램의 리스크 및 중요성을 기준으로 리스크관리의 적절한 수준, 유형 및 가시성을 보장한다. 리스크관리 활동에 필요한 자원과 시간을 식별한다. 또한 리스크 평가를 위한 합의된 기준도 마련한다.

프로그램 리스크관리 기획 활동은 프로그램 정의 단계 초기에 수행해야 한다. 이 단원에서 설명하는 다른 활동들의 성공적인 수행에도 매우 중요한 작업이다. 프로그램에서 주요한 변경이 발생할 때마다 이 활동을 반복해야 할 수도 있다. 이 활동의 주요 산출물은 프로그램 리스크 관리대장으로, 리스크 분석 및 리스크 대응 기획 활동의 결과와 함께 리스크들이 기록되는 문서이다. 프로그램 리스크 관리대장은 프로그램 인도 과정에서 프로그램 리스크와 리스크 대응이 변경됨에 따라 업데이트되는 최신 상태 유지 문서이다.

프로그램 리스크관리, 리스크 민감도 조정 및 리스크 중요성 감시에 가장 적합한 접근방식을 정립할 수 있도록 조직의 리스크 프로필을 정의하는 것이 필수적이다. 리스크 목표와 리스크 한계선이 프로그램관리 계획서에 영향을 준다. 리스크 프로필은 정책기술서에 명시하거나 조치를 취함으로써 드러날 수 있다. 이러한 조치는 고도로 위협적인 상황을 수용하려는 조직의 의지를 강조하거나, 좋은 기회에 대한 포착을 강조한다. 프로그램 및 해당 구성요소에 적용되는 시장요인은 환경요인으로 포함되어야 한다. 조직 문화와 이해관계자들의 문화도 리스크관리 방식을 정립하는 역할을 한다.

조직에서 리스크 범주, 개념 및 용어에 대한 일반적 정의, 리스크기술서 형식, 표준 템플릿, 역할 및 책임, 의사결정을 위한 권한 수준 등의 리스크관리 접근방식을 미리 정의해 놓을 수 있다. 과거에 실행한 유사한 프로그램으로부터 습득한 교훈도 효과적인 리스크관리 계획을 세울 때 구성요소로서 검토할 중요한 자산이다.

이 활동의 산출물에는 다음과 같은 것들이 포함된다.

- ◆ 프로그램 리스크관리 계획서
- ◆ 프로그램 리스크 관리대장

8.1.2.11 프로그램 일정관리 기획

프로그램 일정관리 활동을 통해 프로그램 편익을 산출하는 데 필요한 구성요소들의 투입 순서와 시기를 결정하고, 각각을 완료하는 데 필요한 기간을 산정하며, 프로그램 실행 중 중요한 마일스톤을 식별하고, 각 마일스톤의 결과를 문서로 기술한다. 일반적으로 구성요소 일정이 상세화되면서 구성요소들과의 협업 방식으로 프로그램 일정이 개발된다. 프로그램 구성요소에는 프로젝트와 하위 프로그램들, 그리고 해당 프로그램의 범위를 인도하기 위해 수행되는 다른 작업들이 포함된다.

프로그램 일정관리 기획은 프로그램 구성요소가 프로그램의 산출물과 편익을 인도할 방법을 정의하는 프로그램 작업분류체계(WBS)와 프로그램 범위관리 계획서로 시작한다. 대개 개별 구성요소의 세부 일정이 나오기 전에 초기 프로그램 대일정이 만들어진다. 프로그램 인도 날짜와 주요 마일스톤은 프로그램 로드맵과 프로그램헌장을 사용하여 개발된다.

프로그램 대일정은 최상위수준 프로그램 기획 문서로, 프로그램 목표를 달성하는 데 필요한 프로그램 구성요소(개별 구성요소 및 프로그램 수준 활동) 간의 의존관계와 개별 구성요소 일정을 정의한다. 프로그램 대일정에는 프로그램 산출물을 표시하거나 다른 구성요소들과 상호 의존관계를 공유하는 구성요소 마일스톤이 포함되어야 한다.

또한 이해관계자 참여, 프로그램 수준 리스크 완화 및 프로그램 수준 검토와 관련된 활동을 포함하되 이에 국한되지 않는 프로그램 고유의 활동들도 포함되어야 한다. 프로그램 대일정은 개별 구성요소의 시기를 결정하고, 프로그램 관리자가 프로그램을 통해 편익을 인도할 시기를 결정하는 데 활용되며, 프로그램의 외부적 의존관계를 식별한다. 프로그램 대일정의 최초 초안에는 대개 구성요소들의 순서와 시작/종료 날짜, 다른 구성요소들과의 중요한 상호 의존관계만이 간략히 식별된다. 이후에 구성요소 일정이 개발됨에 따라 구성요소의 추가적인 중간 결과를 적용하여 보강할 수 있다.

상위 수준 프로그램 대일정이 결정되면, 개별 구성요소의 날짜가 확인되고 해당 구성요소 일정을 개발하는 데 사용된다. 이러한 날짜는 대개 구성요소 수준에서 제약으로 작용한다. 한 구성요소에 다른 구성요소와 의존관계에 있는 여러 인도물이 있는 경우, 해당 인도물과 상호 의존관계를 전체 프로그램 대일정에 반영해야 한다. 일련의 기존 구성요소들을 취합한 프로그램이 설정되면, 개별 구성요소 일정의 마일스톤과 인도물을 프로그램 대일정에 통합해야 한다.

Practice Standard for Scheduling – Second Edition(일정계획 실무 표준 제2판)[9]에 요약된 일정 모델 원칙도 프로그램 대일정에 적용해야 한다. 논리 기반 프로그램 네트워크 다이어그램을 유지하고, 상호 의존관계에 있는 구성요소 산출물의 주공정을 감시하는 것은 주공정을 따라 인도물을 바탕으로 편익 실현에 주력하면서 프로그램 대일정을 효과적으로 관리하는 데 필수적이다.

프로그램 일정관리 계획서는 일정을 개발, 감시 및 통제하기 위한 기준과 활동을 수립한 문서로, 프로그램관리 계획서의 일부에 포함된다. 프로그램 일정관리 계획서에는 일정 기준선의 변경이 프로그램 구성요소 전반에 걸쳐 조율되고 통제되는 방법에 대한 지침을 포함해야 한다. 프로그램 대일정은 합의된 구성요소 인도물 순서를 식별함으로써 개별 구성요소 인도물과 예상 편익에 대한 효과적인 기획을 촉진할 수 있다. 이것은 프로그램이 생애주기 전반에 걸쳐 인도되는 방법을 시각 자료로 프로그램팀/이해관계자에게 보여준다. 프로그램 대일정은 최신 상태 유지 문서이며, 리스크를 식별하고 프로그램 목표에 영향을 줄 수 있는 구성요소 이슈를 에스컬레이션하는 수단을 프로그램 관리자에게 제공한다.

프로그램 대일정 개발 과정에서 확인된 프로그램 일정 리스크는 프로그램 리스크 관리대장의 투입물로 포함시켜야 한다. 이러한 리스크는 일정 내 구성요소 의존관계의 결과이거나 합의된 프로그램 일정관리 계획서의 결과로 확인된 외부 요인과 관련될 수 있다. 프로그램 일정관리 계획서에 모든 프로그램 구성요소에 적용되는 일정계획 표준을 수립할 수 있다.

프로그램 로드맵과 프로그램 대일정 사이 연계를 유지하기 위해 프로그램 로드맵을 정기적으로 평가하고 업데이트해야 한다. 프로그램 대일정을 변경하면 프로그램 로드맵 변경이 필요할 수 있고, 프로그램 로드맵 변경사항은 프로그램 대일정에 반영시켜야 한다.

이 활동의 산출물에는 다음과 같은 것들이 포함된다.

◆ 프로그램 일정관리 계획서
◆ 프로그램 대일정
◆ 프로그램 리스크 관리대장의 투입물
◆ 프로그램 로드맵 업데이트

8.1.2.12 프로그램 범위관리 기획

프로그램 범위관리 기획 활동에는 프로그램 범위관리 계획을 세우고 프로그램 범위와 프로그램 목표 및 목적을 연계하기 위해 수행하는 모든 활동이 포함된다. 여기에는 연관된 편익을 인도하도록 설계된 인도 가능한 구성요소 제품으로의 작업 분할을 포함한다. 목표는 상세한 프로그램 범위기술서를 작성하고, 프로그램 작업을 인도 가능한 구성요소로 분해하며, 프로그램 전반에 걸쳐 범위를 관리하기 위한 계획서를 개발하는 것이다.

프로그램 범위는 예상 편익 형태로 설명되는 것이 일반적이지만, 프로그램 유형에 따라 사용자 스토리 또는 시나리오로 설명되기도 한다. 프로그램에서 인도하는 모든 편익이 프로그램 WBS의 형태로 반영되어 프로그램 범위에 포함된다.

프로그램 WBS는 프로그램의 전체 범위를 포괄하며 인도물 중심으로 분할된 계층구조로서 구성요소에 의해 산출되는 인도물을 포함한다. 프로그램 WBS에 없는 요소는 프로그램 범위를 벗어난다. 프로그램 WBS에는 계획, 절차, 표준, 프로세스, 프로그램관리 인도물 및 프로그램관리오피스(PMO) 지원 인도물 등을 포함하되 이에 국한되지 않는 프로그램관리 결과물이 포함된다. 프로그램 WBS는 프로그램 개요를 제공하고, 각 구성요소가 프로그램 목표에 어떻게 기여하는지 보여준다. 분할은 프로그램 관리자가 요구하는 통제 수준(일반적으로 구성요소의 첫 번째 또는 두 번째 단계)에서 중지된다. 프로그램 WBS는 프로그램 대일정을 개발하기 위한 프레임워크로 사용되며, 프로그램 관리자의 관리 통제점을 정의한다. 그것은 현실적인 일정을 세우고, 원가 산정치를 추정하고, 작업을 편성하는 데 필수적인 도구이기도 하다. 보고, 추적 및 통제에 필요한 프레임워크도 제공한다.

프로그램 수준 인도물은 편익과 확실하게 연결되어야 하며, 이해관계자 참여, 프로그램 수준 관리(해당 구성요소 내 관리와 반대 의미로서) 및 구성요소 감독 및 통합과 연관된 활동에 중점을 두어야 한다. 프로그램 범위는 분할되어 구성요소에 할당되는 범위를 포함한다. 구성요소 관리자의 담당업무와 겹쳐지는 정도로 구성요소 수준 범위를 상세하게 분할하지 않도록 주의해야 한다.

범위가 개발되면, 범위 변경을 관리, 문서화 및 소통하기 위한 계획서를 프로그램 정의 단계에서 개발해야 한다. 프로그램 범위관리 계획서는 범위를 정의, 개발, 감시, 통제 및 검증하는 방법을 기술한 문서로, 프로그램관리 계획서의 일부에 포함된다.

이 활동의 산출물에는 다음과 같은 것들이 포함된다.

◆ 프로그램 범위기술서
◆ 프로그램 범위관리 계획서
◆ 프로그램 작업분류체계(WBS)

8.2 프로그램 인도 단계 활동

프로그램 인도 단계 활동에는 실제 프로그램의 인도를 조율하고 관리하는 데 필요한 프로그램 활동들이 포함된다. 여기에는 변경통제, 보고 및 정보 배포 활동은 물론이고 원가, 조달, 품질 및 리스크와 관련된 활동도 포함된다.

이것들은 프로그램 생애주기 전반에 걸쳐 수행되는 지원 활동 및 프로세스를 제공하고, 프로그램 감시 및 통제 기능을 제공하는 것을 목표로 한다. 그림 8-3에서 프로그램 인도 활동이 프로그램관리 및 구성요소관리를 어떻게 뒷받침하는지 보여준다.

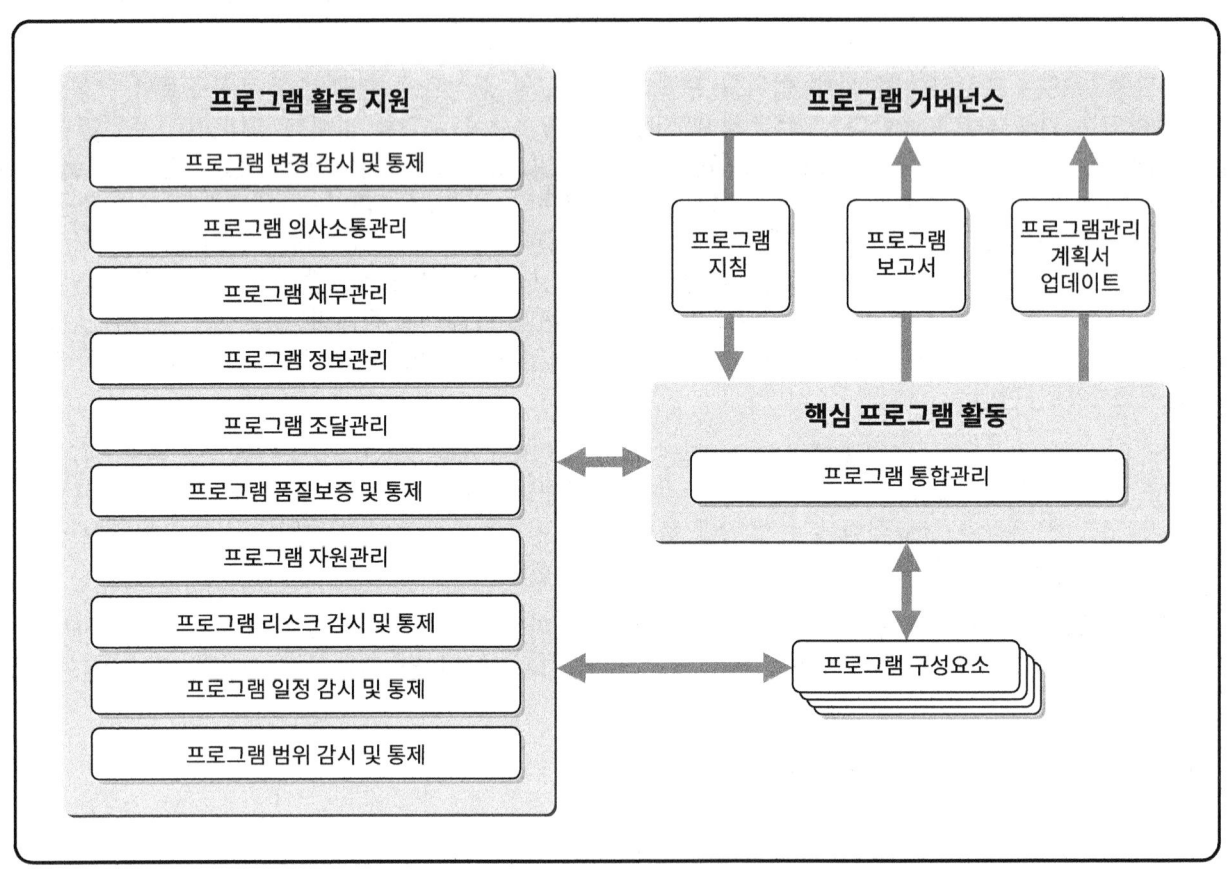

그림 8-3. 프로그램 인도 단계 활동 상호작용

8.2.1 프로그램 변경 감시 및 통제

프로그램 변경 감시 및 통제 활동은 프로그램과 연관된 문서, 인도물 또는 기준선에 대한 변경사항을 식별하여 문서화하고 승인 또는 거부하는 활동이다. 프로그램 변경 감시 및 통제는 전반적인 프로그램 인도 감시 및 통제의 중요한 측면으로, 프로그램 변경요청을 제기할 수 있는 프로그램 내부 및 외부 감시 요인을 포함시켜야 한다.

프로그램 변경요청은 모든 프로그램 문서, 인도물 또는 기준선의 수정을 공식적으로 제안하는 것이다. 프로그램 변경요청은 프로그램 변경사항 기록부에 기록되어야 한다. 변경요청의 긴급성과 프로그램 기준선 요소 및 기타 프로그램 구성요소에 미치는 영향을 결정하려면 프로그램 변경요청을 분석해야 한다. 변경을 구현하는 방법이 여러 가지일 때, 프로그램의 의도된 편익을 제공할 가능성이 가장 큰 접근방식을 선택할 수 있도록 각 대안의 원가, 리스크 및 기타 측면을 평가해야 한다.

프로그램 관리자나 프로그램 운영위원회에서 프로그램 변경요청에 대해 승인을 결정하면, 프로그램 변경통제를 통해 다음과 같은 조치가 수행되는지 확인해야 한다.

- ◆ 프로그램 변경사항 기록부에 변경요청을 기록한다.
- ◆ 프로그램 의사소통관리 계획서에 따라 해당 이해관계자와 변경요청 정보를 소통한다.
- ◆ 보증된 대로 구성요소 계획서의 업데이트에 변경요청을 반영한다.

이 활동의 산출물에는 다음과 같은 것들이 포함된다.

- ◆ 승인된 변경요청
- ◆ 프로그램 변경사항 기록부 업데이트

8.2.2 프로그램 의사소통관리

프로그램 의사소통관리는 적시에 적절하게 프로그램 정보를 생성, 수집, 배포, 저장 및 검색하고 최종 처리하기 위해 필요한 활동들로 구성된다. 프로그램 의사소통관리에는 프로그램의 전반적인 의사소통 목표와의 연계를 유지하도록 구성요소 의사소통을 조율, 지시 및 지원하는 활동들이 포함된다. 프로그램 정보는 고객, 프로그램 스폰서, 프로그램 운영위원회 및 구성요소 관리자, 그리고 경우에 따라 대중과 언론을 포함한 해당 수신자에게 배포된다.

이 활동의 산출물에는 다음과 같은 프로그램 의사소통이 포함된다.

- ◆ 프로그램, 프로젝트, 하위 프로그램 또는 기타 작업에 대한 현황 정보(진척 상황, 원가 정보, 리스크 분석 결과, 내부 또는 외부 대상자 관련 기타 정보 포함)
- ◆ 프로그램팀과 구성요소팀에 프로그램 변경요청과 변경요청에 대한 대응 통지
- ◆ 내부 또는 외부 이해관계자들에게 배포하거나 대중에 공개할 목적의 프로그램 재무보고서
- ◆ 법률 및 규정에 따라 정부기관과 규제기관에 제출하는 외부 서류
- ◆ 요청된 사전 설명회를 포함한 입법기관 대상의 발표회
- ◆ 공공 홍보 정보를 발표하는 공고
- ◆ 언론 보도자료
- ◆ 미디어 인터뷰 및 편익 업데이트

8.2.2.1 프로그램 정보 배포 방법

프로그램 정보는 다음과 같은 다양한 방법으로 배포된다.

- ◆ 직접 대면 회의와 이해관계자 집단 또는 프로그램 팀원 대상의 발표
- ◆ 이메일, 팩스, 음성 메일, 전화, 화상 및 웹 회의, 웹 게시 등과 같은 전자 방식 의사소통 및 회의 도구
- ◆ 일정계획 및 프로젝트관리 소프트웨어, 회의 및 가상 오피스 지원 소프트웨어, 포털 및 협업관리 도구에 대한 웹 인터페이스와 같은 프로그램관리용 전자 도구
- ◆ 소셜미디어(인터넷 기반 집단 의사소통 도구), 인터뷰, 회의 프레젠테이션, 마케팅, 출간물
- ◆ 이메일, 소그룹 대화 및 직원 회의와 같은 비공식적 의사소통 이러한 방법은 주로 일상적 활동 정보를 소통하기 위한 방법으로, 프로그램 현황에 대한 공식적 의사소통에는 사용되지 않는다.

배포 방법에 관계없이 정보는 항상 프로그램의 통제 아래 있어야 한다. 수신자에게 잘못된 메시지가 전달되면 프로그램에 문제가 발생할 수 있고, 경우에 따라 프로그램 중단으로 이어질 수도 있다. 프로그램 의사소통관리는 까다롭고 시간이 많이 걸릴 수 있는 업무로, 전임제 관리자를 배정하는 것이 좋다.

8.2.2.2 프로그램 보고

프로그램 보고는 프로그램 거버넌스와 이해관계자참여를 모두 지원하므로 프로그램 의사소통의 중요한 요소이다. 프로그램 보고는 프로그램 편익을 인도하기 위해 자원을 사용하는 방법에 대한 정보를 이해관계자에게 제공하기 위하여 성과 및 보고 관련 데이터를 통합하는 활동이다. 프로그램 보고는 프로그램 전체로서 명확하게 보여지도록 프로젝트, 하위 프로그램 및 프로그램 활동 전반에 걸친 모든 정보를 통합한다..

이 정보를 이해관계자들에게 정보 배포 활동을 통해 전달하여 필요한 현황 및 인도물 정보를 제공한다. 추가적으로, 프로그램 팀원 및 관련 구성요소들에도 이 정보를 전달하여 프로그램에 대한 일반적 배경 정보를 제공한다. 의사소통은 양방향 정보 흐름이어야 한다. 프로그램과 관련하여 고객이나 이해관계자로부터 받는 모든 의사소통은 프로그램관리 활동을 통해 수집 및 분석한 후, 필요에 따라 프로그램 범위 내에서 다시 배포해야 한다.

이 활동의 산출물에는 다음과 같은 것들이 포함된다.

◆ 프로그램 스폰서 또는 프로그램 협약(형식 및 보고 주기 등을 포함하는)에 따라 요구되는 보고서
◆ 고객 의견 요청
◆ 정기 보고서 및 프레젠테이션

8.2.3 프로그램 재무관리

프로그램의 초기 자금조달이 이루어지고 비용 지불이 시작되면 재무 업무가 프로그램의 자금 및 지출을 추적하고 감시 및 통제하는 활동으로 전환된다.

프로그램의 재무를 감시하고 예산 안에서 지출을 통제하는 활동은 프로그램이 자금조달 기관 또는 상부 조직의 목표를 충족하도록 하는 데 있어 매우 중요한 측면이다. 지출된 비용이 계획된 예산을 초과한 프로그램은 그 정당성의 근거가 되는 비즈니스 케이스를 더 이상 충족하지 못하며, 그로 인해 취소될 수 있다. 소액의 비용 초과도 감사와 관리진 감독의 대상이 되며, 정당한 근거를 제시해야 한다. 다음은 일반적인 재무관리 활동이다.

- ◆ 예산 기준선의 변경을 유발하는 요인 식별
- ◆ 환경요인들의 잠재적 영향 감시
- ◆ 발생되는 변경관리
- ◆ 구성요소 사이에서 원가 재할당의 영향 및 결과 감시
- ◆ 계약상 지출을 감시하여 계약에 따라 자금이 지출되는지 확인
- ◆ 획득가치관리(일정성과지수, 원가성과지수) 수행
- ◆ 원가초과 또는 원가절감으로 인해 프로그램 구성요소에 미치는 영향 식별
- ◆ 거버넌스 그룹 및 감사단(프로그램 수준과 구성요소 수준)과 예산 기준선 변경 관련 의사소통
- ◆ 프로그램 인프라에 대한 지출을 관리하여 예상 한도 이내로 비용 유지

이러한 활동의 일환으로, 계약, 프로그램의 재무 인프라 및 계약 인도물의 상황에 따라 비용을 지불한다. 각 구성요소에 대한 작업이 완료되면 개별 구성요소 예산이 마감된다. 프로그램 전반에 걸쳐 원가에 상당한 영향을 미치는 변경요청이 승인되면, 그에 따라 프로그램의 예산 기준선이 업데이트되고 재조정된다. 프로그램에 대한 새로운 재무 예측을 정기적으로 작성하여 프로그램 의사소통관리 계획서에 따라 통지한다. 마찬가지로, 프로그램이나 개별 구성요소에 승인된 변경사항도 해당 예산에 통합한다. 이러한 모든 활동의 결과로 프로그램관리 계획서가 업데이트될 수 있다.

이 활동의 산출물에는 다음과 같은 것들이 포함된다.

- ◆ 계약상 지불금
- ◆ 종료된 구성요소 예산
- ◆ 프로그램 예산 기준선 업데이트
- ◆ 승인된 변경요청
- ◆ 개정된 완료시점산정치
- ◆ 프로그램관리 계획서 업데이트
- ◆ 시정조치

8.2.3.1 프로그램 원가 예산편성

프로그램은 여러 구성요소로 이루어지기 때문에 프로그램 자체를 관리하는 데 필요한 자원 원가뿐만 아니라 개별 구성요소 원가도 프로그램 예산에 포함시켜야 한다. 기준선으로 지정된 프로그램 예산은 프로그램의 측정 기준으로 사용되는 주요 재무 목표이다. 프로그램 원가의 대부분은 프로그램 내 개별 구성요소에서 비롯되며, 프로그램 자체의 관리에 수반되는 원가는 아니다. 계약업체가 참여할 때는 예산의 세부사항이 계약서에서 비롯된다. 예산 기준선이 산정되기 전 초기 예산 수치에 프로그램관리 및 지원 프로그램 활동의 원가가 합산된다.

예산의 두 가지 중요한 부분은 프로그램 지불 일정과 구성요소 지불 일정이다. 프로그램 지불 일정은 자금조달 조직에서 자금을 수령하는 일정과 마일스톤을 식별한다. 구성요소 지불 일정은 계약 조항에 따른 계약업체 지불 방법과 시기를 명시한다. 기준선이 결정되면 프로그램관리 계획서를 업데이트한다.

이 활동의 산출물에는 다음과 같은 것들이 포함된다.

- ◆ 프로그램 예산 기준선 업데이트
- ◆ 프로그램 지불 일정
- ◆ 구성요소 지불 일정

8.2.3.2 구성요소 원가산정

프로그램에 중대한 불확실성 요소가 내재되어 있기 때문에 프로그램 정의 단계에서 초기 수준의 산정치를 계산할 때 프로그램 구성요소 중 일부가 아직 확인되지 않았을 수 있다. 추가적으로, 프로그램이 일반적으로 장기간 지속된다는 점을 감안할 때, 현재 환경 및 원가 고려사항을 반영하기 위해 초기 산정치 업데이트가 필요할 수도 있다. 업무 시작 시기에 최대한 근접하여 산정치를 계산하는 것이 일반적으로 인정되는 우수한 실무사례이다. 이 방법으로 산출물의 원가가 처음 계획한 원가보다 낮은 경우, 프로그램 관리자는 나중에 프로그램에서 추가적으로 획득할 수 있는 제품에 대한 기회를 프로그램 스폰서에게 제시할 수 있다. 반대로, 이 산출물의 원가가 훨씬 높으면 변경요청을 제기할 수 있다. 승인 과정에서, 새로운 원가 대비 추가 제품의 편익을 비교 검토함으로써 적절한 조치를 결정할 수 있다.

프로그램의 개별 구성요소에 대한 원가 산정치도 계산한다. 구성요소 원가는 기준선이 되며 그 특정 구성요소의 예산이 된다. 계약업체가 이 구성요소를 수행하는 경우, 해당 원가가 계약서에 명시된다.

이 활동의 산출물로는 구성요소 원가 산정치가 있다.

8.2.4 프로그램 정보관리

효과적인 프로그램 관리는 조직의 프로그램관리, 구성요소관리, 포트폴리오관리, 프로그램 이해관계자 및 프로그램 거버넌스 기능 사이의 광범위한 정보교환 활동을 포함한다. 이러한 정보를 관리하고, 그것이 프로그램 의사소통 및 프로그램관리를 가능하게 하거나, 그것을 보관하는 것은 지속적으로 수행해야 할 중요한 작업이다. 특히, 난해하거나 복잡한 프로그램을 추진하거나 수많은 프로그램을 추진하는 조직에서는 더욱 중요하다.

이 활동은 프로그램 정보관리 계획서에 구축된 정보관리 도구 및 프로세스를 사용하여, 프로그램 활동과 프로그램 거버넌스 및 프로그램 구성요소에 의해 생성된, 문서 및 기타 정보 제품을 수집 및 수신하고, 체계화하여 저장한다. 오류와 잘못된 의사결정을 피하기 위해 정보의 정확도와 적시성에 주의를 기울여야 한다. 프로그램 정보 저장소는 다른 프로그램 활동에 매우 중요하게 활용될 수 있다. 특히 과거 의사결정을 참조하거나 프로그램의 선례정보에 반영된 추세를 근거로 분석을 준비해야 할 필요가 있을 때 더욱 유용하다.

이 활동의 산출물에는 다음과 같은 것들이 포함된다.

- ◆ 프로그램 정보 저장소 업데이트
- ◆ 정보 배포 및 프로그램 보고의 투입물

8.2.4.1 교훈 데이터베이스

교훈은 습득한 지식이 모두 취합된 자료이다. 이러한 지식은 과거에 유사하고 관련성 있는 프로그램 실행을 통해 습득되기도 하고, 공용 도메인 데이터베이스에 저장된 것일 수 있다. 교훈은 중요한 자산으로 프로그램 이해관계자 관리대장, 프로그램 리스크 관리대장 및 프로그램 의사소통관리 계획서를 업데이트할 때 또는 새로운 프로그램 구성요소의 도입을 포함하여 프로그램관리 계획서의 주요 변경사항을 고려할 때, 검토되어야 한다. 구성요소 완료 및 프로그램 종료 시점을 포함하여, 필요한 시기에 교훈 데이터베이스를 업데이트한다.

이 활동의 산출물에는 다음과 같은 것들이 포함된다.

- ◆ 교훈 보고
- ◆ 프로그램 이해관계자 관리대장 및 리스크 관리대장 업데이트의 투입물
- ◆ 프로그램 의사소통관리 계획서 업데이트의 투입물
- ◆ 프로그램관리 계획서 변경의 투입물

8.2.5 프로그램 조달관리

프로그램 관리자는 여러 가지 도구와 기법을 활용하여 프로그램 조달을 수행하지만, 프로그램 수준 조달을 수행하는 주요한 목표는 구성요소에 대한 표준을 제정하는 것이다. 이러한 표준은 적격 판매자 명단, 사전 협상을 마친 계약, 일괄구매계약 및 공식 제안 평가 기준의 형태로 제시될 수 있다.

프로그램 관리자가 사용하는 한 가지 일반적인 구조는 담당업무를 구성요소별로 할당하기보다는 모든 조달을 중앙에 집중시키고 프로그램 수준팀에서 수행하는 방식이다.

이 활동의 산출물에는 다음과 같은 것들이 포함된다.

- ◆ 견적요청서(RFQ)
- ◆ 제안요청서(RFP)
- ◆ 입찰초청서(IFB)
- ◆ 제안서 평가 기준
- ◆ 협약 행정관리 계획서
- ◆ 서명된 협약

8.2.5.1 프로그램 계약 행정관리

프로그램 표준이 마련되고 협약에 서명을 마치면, 많은 계약의 행정관리 및 종료 활동이 해당 구성요소로 이전된다. 계약 인도물, 요구사항, 기한, 원가 및 품질에 대한 세부사항은 구성요소 수준에서 처리된다. 구성요소 수준에서 개별 관리자는 조달 결과 및 종료 정보를 프로그램 관리자에게 보고한다. 하지만 프로그램 수준에서 계약의 행정관리 업무를 수행하는 경우, 구성요소 관리자는 인도물 인수, 계약 변경 및 기타 계약 관련 이슈를 프로그램 팀원들을 대상으로 조율 또는 보고한다.

프로그램 관리자는 프로그램 편익을 얻기 위하여, 프로그램 예산이 적절하게 지출되는지 보장하기 위해 조달에 대한 가시성을 유지한다.

이 활동의 산출물에는 다음과 같은 것들이 포함된다.

- ◆ 성과/획득가치 보고서
- ◆ 진척 상황 보고서
- ◆ 공급업체/계약업체 성과 보고서

8.2.6 프로그램 품질보증 및 품질통제

프로그램 품질보증 및 품질통제는 프로그램이 관련 품질 정책과 표준을 준수한다는 확신을 주기 위해 전반적인 프로그램 품질을 주기적으로 평가하는 것과 관련된 활동들을 포함한다. 초기 품질보증 사양이 프로그램 기획 하위 단계에서 결정되면, 품질은 지속적으로 감시되고 분석되어야 한다. 프로그램에서 종종 품질보증 감사를 실시하여 적절한 업데이트가 수행되도록 보장해야 한다. 새로운 정부 법률과 규정이 제정되면 새로운 품질 기준을 제정할 수 있다. 필요한 모든 품질 변경을 실행하는 일은 프로그램관리팀이 담당한다. 프로그램이 오랜 기간 수행되는 경우, 프로그램 기간 중에 종종 품질보증 업데이트가 필요할 수 있다. 프로그램 품질보증은, 그것들이 서로 연관되어 있을 경우, 프로그램 간 및 구성요소 간 품질 상관관계에 중점을 두며, 특정 구성요소의 품질 사양이 다른 구성요소의 품질에 어떠한 영향을 미치는지에 중점을 둔다. 프로그램 품질보증 활동은 전반적인 프로그램 품질의 인도를 보장하기 위해 프로그램 구성요소의 품질통제 결과에 대한 분석 활동도 포함한다.

이 활동의 산출물에는 다음과 같은 것들이 포함될 수 있다.

- ◆ 품질보증 감사 결과
- ◆ 품질보증 변경요청

8.2.6.1 프로그램 품질통제

프로그램 품질통제 활동은 특정 구성요소 또는 프로그램 인도물과 결과를 감시하여 품질 요구사항을 충족하고, 편익 실현으로 이어지는지 판별하는 활동들이 포함한다. 품질통제 활동은 통상적으로 구성요소 검토와 함께 수행되는 품질 검토를 통해, 품질 계획이 프로젝트 및 하위 프로그램 수준에서 실행되는 것을 보장한다. 품질 통제는 프로그램 기간 전반에 걸쳐 수행된다. 프로그램 결과로는 제품 및 서비스 인도물, 관리 결과 및 원가 일정, 성과, 최종 사용자에 의해 실현되는 편익 등이 있다. 최종 사용자 만족도는 프로그램 품질을 측정하기 위해 확보해야 할 강력한 지표이다. 프로그램에 의해 인도되는 편익, 제품 또는 서비스 사용의 적합성은 해당 인도물을 받는 사람들이 가장 정확히 평가할 수 있다. 이러한 취지로 프로그램은 종종 고객만족도 설문조사 결과를 품질통제 측정치로 활용한다.

이 활동의 산출물에는 다음과 같은 것들이 포함될 수 있다.

- ◆ 품질 변경요청
- ◆ 품질통제를 마친 점검목록과 검사 보고서
- ◆ 품질 테스트 보고서 또는 측정 결과

8.2.7 프로그램 자원관리

프로그램 인도 과정 전반에 걸쳐, 프로그램 관리자는 편익 인도를 보장하기 위하여 프로그램 자원을 감시, 통제 및 조정해야 한다. 프로그램 관리자는 자원 우선순위 지정 활동을 통해 부족할 수 있는 자원들에 대한 사용 우선순위를 정하여 프로그램 내 전체 구성요소 전반에 걸쳐 자원 가용성을 최적화할 수 있다. 여기에는 개인이나 그룹의 프로그램에 대한 역할과 담당업무를 식별하고 문서화하여 배정하는 인적자원 기획 활동이 종종 포함된다.

프로그램을 인도하는 과정에서 직원, 설비, 장비 및 다른 자원 요구사항이 변경된다. 이러한 변동은 수요와 공급의 경제 원리와 유사하다. 프로그램 관리자는 프로그램 수준에서 자원을 관리하고, 구성요소 수준에서 자원을 관리하는 구성요소 관리자와의 협력을 통해 프로그램 요구사항과 자원 가용성 사이의 균형을 조절한다.

자원 우선순위는 프로그램 자원관리 계획서의 지침을 기준으로 결정한다. 기존 프로그램 구성요소를 변경하는 결정이나 새로운 프로그램 구성요소를 시작하는 결정은 프로그램 자원에 영향을 줄 수 있기 때문에 프로그램 자원관리 계획서를 조정해야 할 수도 있다.

이 활동의 산출물에는 다음과 같은 것들이 포함된다.

- ◆ 프로그램 자원 우선순위 결정
- ◆ 프로그램 자원관리 계획서 업데이트

8.2.7.1 자원 상호 의존관계관리

대개 프로그램 내 여러 구성요소들이 자원을 공유하므로 프로그램 관리자는 상호 의존관계로 인해 편익 인도가 지연되지 않도록 관리해야 한다. 이것은 부족한 자원의 일정을 신중하게 통제하여 달성된다. 프로그램 관리자는 현재 프로그램에 더 이상 필요 없는 자원이 다른 프로그램으로 방출되도록 한다.

상호 의존관계에 있거나 부족한 프로그램 자원 사용에 관한 변경사항을 프로그램 자원관리 계획서에 빠짐없이 반영하기 위해 프로그램 관리자와 구성요소 관리자가 협력할 수도 있다.

이 활동의 산출물에는 프로그램 자원관리 계획서의 업데이트가 포함된다.

8.2.8 프로그램 리스크 감시 및 통제

프로그램 인도 과정 전반에 걸쳐 다음과 같은 프로그램 리스크관리 활동을 통해 프로그램 리스크를 감시하고 통제한다.

- ◆ 프로그램 리스크 식별
- ◆ 프로그램 리스크 분석
- ◆ 프로그램 리스크 대응관리

다음과 같은 사항을 판단하기 위한 목적으로도 리스크 감시를 수행한다.

- ◆ 프로그램 가정사항이 계속 유효한지 여부
- ◆ 추세 분석으로 평가된 리스크가 이전 상태에서 변경되었는지 여부
- ◆ 적절한 리스크관리 정책 및 절차가 준수되고 있는지 여부
- ◆ 프로그램의 리스크에 따라 원가 또는 일정 우발사태 예비가 수정되는지 여부

효과적인 프로그램 리스크 감시 및 통제를 위해서는 구성요소 리스크관리 기능과 조율도 필요하다.

8.2.8.1 프로그램 리스크 식별

프로그램 리스크 식별 활동은 프로그램에 영향을 미칠 수 있는 리스크를 판별하고, 리스크의 특성을 문서로 기록하며, 성공적인 관리 대책을 마련한다. 필요에 따라 리스크 식별 활동에 프로그램 관리자, 프로그램 스폰서, 프로그램 팀원, 리스크관리팀, 프로그램팀 외부의 관련 분야 전문가, 고객, 최종 사용자, 구성요소 관리자, 다른 프로그램 구성요소 관리자, 이해관계자, 리스크관리 전문가, 외부 검토자 등을 포함할 수 있다.

리스크 식별은 반복적인 활동이다. 프로그램이 진행됨에 따라 새로운 리스크가 전개되거나 확인될 수 있다. 참가자들의 활동 반복 및 참여 빈도는 각기 다르지만 리스크기술서 형식은 일관성을 유지해야 한다. 이를 통해 프로그램에서 발생하는 리스크 사건들을 서로 비교할 수 있다. 이러한 식별 활동은 리스크를 분석하고 리스크 우선순위를 결정하기에 충분한 정보를 제공해야 한다.

이 활동의 산출물에는 프로그램 리스크 관리대장의 업데이트가 포함될 수 있다.

8.2.8.2 프로그램 리스크 분석

프로그램 수준의 리스크분석은 관련 프로그램 구성요소의 리스크를 통합하여야 한다. 구성요소 리스크와 프로그램 간의 상호 의존관계를 관리하는 것은 프로그램과 그 구성요소에 상당히 유익하다.

정성적 및 정량적 리스크 분석기법 모두 프로그램관리 의사결정을 뒷받침하는 데 사용된다. 리스크관리 활동의 이 단계에서는 실제로 발생하는 리스크를 처리하기 위해 확보해야 하는 우발사태 예비 및 관리예비를 뒷받침할 최고의 정보가 생성된다. 평가 결과에는 구성요소들의 상호 의존관계는 물론 구성요소별 원가, 일정 및 성과 결과가 포함되어야 한다.

조직 또는 외부 이해관계자에게 편익을 인도하는 데 부정적 리스크(위협)와 긍정적 리스크(기회)가 미치는 영향은 프로그램 수준에서 고려해야 한다. 프로그램과 구성요소 간의 근본적인 차이점 중 하나는 시간 척도이다. 구성요소 수준의 리스크는 비교적 멀지 않은 시기(즉, 단계 또는 구성요소의 종료 시점)에 처리해야 하는 반면, 프로그램 리스크의 처리 시기는 잠재적으로 먼 미래의 한 시점에 해당될 수 있다.

이 활동의 산출물에는 다음과 같은 것들이 포함될 수 있다.

- ◆ 제안된 리스크 대응
- ◆ 프로그램 리스크 관리대장 업데이트
- ◆ 위협 및 기회 추세를 보여주는 정기 리스크 보고서

8.2.8.3 프로그램 리스크 대응관리

리스크에 대응하기 위해서 프로그램 관리자는 부정적 결과를 완화하거나 잠재적 편익 실현을 가능하게 하는 조치를 식별하여 지시한다. 프로그램 수준에서 리스크 대응을 지원하기 위해 프로그램 관리자가 우발사태 예비를 보유할 수 있다. 구성요소 수준에서 보유하는 구성요소 우발사태 예비를 프로그램 우발사태 예비로 대체할 수는 없다.

프로그램 관리자의 지시에 따라, 다음과 같은 프로그램 리스크 관리대장의 구성요소가 업데이트될 수 있다.

- ◆ 선택된 대응 전략을 수행하기 위한 구체적인 활동
- ◆ 선택된 대응책을 수행하는 데 필요한 예산과 일정활동
- ◆ 우발사태 계획과 이러한 계획 실행의 유발조건
- ◆ 발생 시 초기 대응책이 부적합한 것으로 판명되는 리스크 대응으로 사용할 대체방안
- ◆ 계획한 대응책을 수행한 후에도 남아 있을 것으로 예상되는 잔존 리스크와 의도적으로 수용한 리스크
- ◆ 리스크 대응의 직접적인 결과로 발생하는 2차 리스크

이 활동의 산출물에는 다음과 같은 것들이 포함될 수 있다.
- ◆ 리스크대응 실행 관련 지시사항
- ◆ 프로그램 리스크 관리대장 업데이트
- ◆ 우발사태 예비 및 관리예비
- ◆ 변경요청

8.2.9 프로그램 일정 감시 및 통제

프로그램 일정 감시 및 통제는 프로그램이 필요한 역량과 편익을 정해진 시간에 정확히 인도하는지 확인하는 활동이다. 이 활동은 프로그램 대일정의 계획일정 대비 모든 상위 구성요소 및 프로그램 활동과 마일스톤의 시작 및 종료 상황을 추적하고 감시하는 일을 포함한다. 정확하고 최신의 프로그램 대일정을 유지하려면 프로그램 대일정을 업데이트하고 개별 구성요소 일정을 변경하도록 지시해야 한다.

프로그램 일정 감시 및 통제 활동은 다른 프로그램 활동들과 긴밀히 연계하여 일정 차이를 식별하고, 7.2.2.2 단원에 설명된 대로 필요하면 시정조치를 지시한다. 서로 의존관계에 있는 프로그램 범위와 원가 및 일정 사이 연계에 따라 프로그램관리의 성공 여부가 결정된다. 일정 통제 활동은 프로그램 또는 구성요소의 일정 지연 및 단축 기회를 식별하며, 적절한 리스크관리를 위해 사용되어야 한다. 리스크관리 활동의 일환으로 프로그램 일정 리스크를 추적해야 한다.

또한 프로그램 대일정은 구성요소 수준의 변경이 다른 구성요소와 프로그램 자체에 미치는 영향을 평가하기 위해 검토되어야 한다. 프로그램 목표를 달성하기 위해 일정 내에서 구성요소의 가속 또는 감속이 필요할 수도 있다. 전반적인 프로그램관리 기능의 일환으로 일정 지연 및 조기 인도물을 모두 식별할 필요가 있다. 조기 인도물 식별은 프로그램 가속 기회를 제공할 수 있다. 구성요소 성과 차이가 발생한 상태로 프로그램 편익을 실현하려면 구성요소 일정에서 벗어난 차이에 대한 승인이 필요할 수 있다. 복잡하고 기간이 길다는 프로그램의 잠재적 특성으로 인해, 프로그램 대일정은 진화하는 프로그램의 목표 달성을 위하여 승인된 변경요청의 결과로, 새로운 구성요소를 추가하거나 기존 구성요소를 제거하여 업데이트될 수도 있다. 프로그램 대일정에 상당한 변경이 발생할 때 프로그램 로드맵의 개정이 필요할지 여부를 평가해야 한다.

프로그램 대일정 업데이트와 프로그램 로드맵 업데이트, 그리고 활동의 산출물로 발생되는 일정 리스크 식별 등이 프로그램 일정 감시 및 통제 활동에 포함된다.

이 활동의 산출물에는 다음과 같은 것들이 포함될 수 있다.

- ◆ 프로그램 대일정 업데이트
- ◆ 프로그램 리스크 관리대장 업데이트
- ◆ 프로그램 로드맵 업데이트

8.2.10 프로그램 범위 감시 및 통제

프로그램의 성공적인 완료를 보장하기 위해 프로그램 관리자는 프로그램이 진행되는 과정에서 범위를 감시하고 통제하는 것이 중요하다. 구성요소 또는 프로그램에 중대한 영향을 미치는 범위 변경은 이해관계자, 프로그램 구성요소, 이전에 드러나지 않은 요구사항 이슈 또는 외부 요인으로부터 유발될 수 있다.

프로그램 범위 감시 및 통제 활동은 프로그램 변경관리 및 프로그램 범위관리 계획서에 따라 수행해야 한다. 이 활동을 통해 요청된 범위 변경을 포착하고, 요청된 각 변경사항을 평가하여 각 변경의 처리 방안을 결정하며, 영향을 받는 이해관계자들과 의사결정 내용에 대해 소통하고, 변경요청과 그에 대한 상세한 근거를 기록해야 한다. 주요한 변경요청이 승인되면, 프로그램관리 계획서와 프로그램 범위기술서의 업데이트가 필요할 수도 있다.

프로그램 관리자는 프로그램 범위 변경이 요청되었을 때 영향을 받는 프로그램의 구성요소를 결정하는 일을 책임지며, 그에 따라 프로그램 작업분류체계를 업데이트해야 한다. 대규모 프로그램에서는 영향을 받는 구성요소의 수가 상당히 많아서 평가하기 어려울 수 있다. 프로그램 관리자는 범위 관리 활동을 해당 구성요소에 할당된 수준만으로 제한해야 하며, 프로젝트 관리자나 하위 프로그램 관리자에 의해 추가로 분할된 구성요소 범위를 통제하는 일이 발생하지 않도록 한다.

이 활동의 산출물에는 다음과 같은 것들이 포함될 수 있다.

- ◆ 업데이트된 프로그램 범위기술서
- ◆ 의사결정의 근거를 기록한 요청 처리 결과
- ◆ 프로그램관리 계획서 업데이트
- ◆ 프로그램 작업분류체계 업데이트

8.3 프로그램 종료 단계 활동

프로그램 종료 단계 활동은 프로그램 구성요소가 모든 산출물 인도를 마치고 프로그램에서 의도된 편익을 인도하기 시작할 때 시작된다. 때로는, 프로그램 거버넌스에서 모든 구성요소가 완료되기 전에 프로그램을 조기 종료하도록 결정하는 경우도 발생한다. 어느 경우이든, 이 단계에서 프로그램 활동의 목표는 프로그램 자원을 방출하고, 문서 및 데이터베이스를 포함하여 남아 있는 모든 프로그램 산출물과 자산을 조직의 진행 중 활동으로 이전하는 작업을 지원하는 데 있다.

그림 8-4에서 프로그램 종료 활동이 어떤 방식으로 프로그램 종료 및 지속적인 조직 운영으로의 이전 활동을 지원하는지 보여준다.

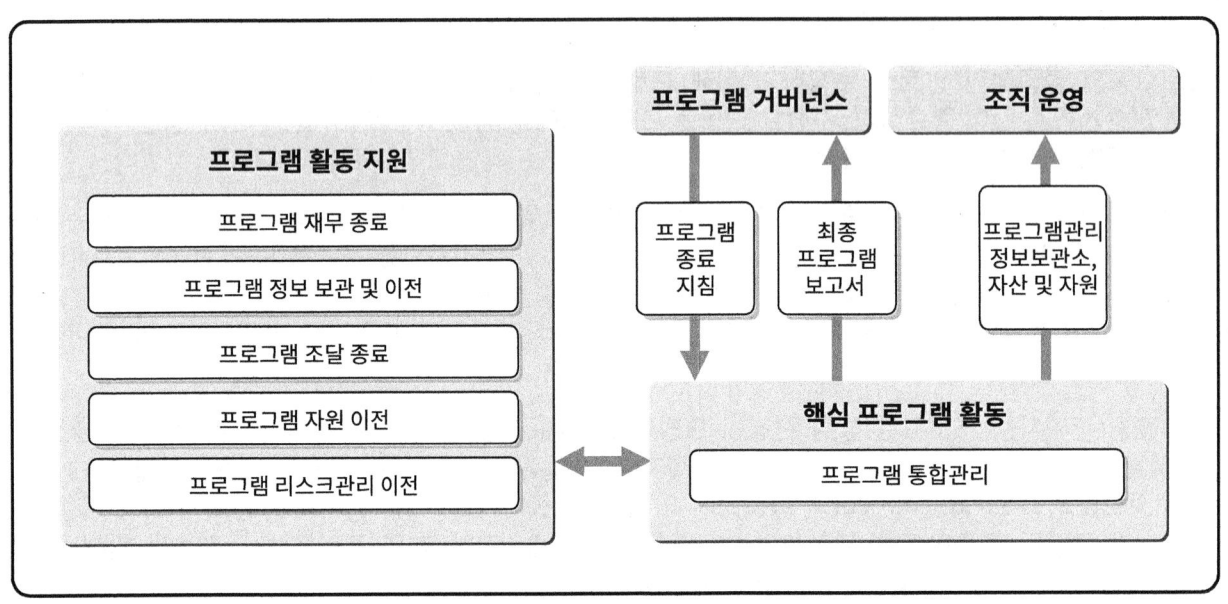

그림 8-4. 프로그램 종료 단계 활동 상호작용

8.3.1 프로그램 재무 종료

프로그램을 종료하기 위해서는 프로그램을 통해 창출된 편익을 지속하기 위한 원가 산정치 계산이 필요할 수 있다. 이러한 원가 중 대부분은 구성요소가 인도될 때 운영 및 유지관리 활동 또는 프로그램 인도 단계에서 시작된 그 밖의 활동을 통해 파악되지만, 진행 중인 편익을 감독하는 데 필요한 잔여활동들이 있을 수도 있다. 이러한 관리 작업은 개별 프로젝트 또는 결과 프로그램으로 구성되거나 별도의 포트폴리오나 프로그램, 신규 또는 기존 운영 아래에 새로운 작업으로 통합될 수 있다. 프로그램이 거의 완료되면서, 프로그램 예산은 마감되고 최종 재무 보고서가 프로그램 의사소통관리 계획서에 따라 배포된다. 미사용 자금은 전액 자금조달 조직으로 반환된다.

유지를 위한 예산이 편성되고, 편익이 인도되고, 유지되기 시작하면 프로그램 재무 이전이 완료된다.

이 활동의 산출물에는 다음과 같은 것들이 포함될 수 있다.

- ◆ 프로그램 최종 보고서의 투입물
- ◆ 프로그램 재무관리 계획서 업데이트
- ◆ 지식저장소의 투입물
- ◆ 프로그램 진행 과정에서 사용된 새로운 도구 및 기법을 지식관리시스템에 문서화
- ◆ 재무 종료기술서
- ◆ 마감된 프로그램 예산

8.3.2 프로그램 정보 보관 및 이전

법률적 이유나 운영 활동 혹은 다른 프로그램을 지원하기 위해, 또는 보관 목적이나 조직 내 다른 요소에서 활용할 목적으로, 프로그램 기록을 수집하고 체계화하는 작업이 필요할 수 있다. 이 활동의 범위에는 여러 구성요소로부터 산출된 기록 및 문서 수집, 보관 작업이 포함될 수 있다.

프로그램 종료 과정에서의 적절한 정보관리 활동에는 새로운 지원 조직에 문서, 교육훈련 또는 자료를 제공함으로써 프로그램 편익의 지속적 유지를 지원하는 데 필요한 프로그램 지식의 이전 작업이 포함된다. 프로그램 관리자는 프로그램의 성과를 평가하고, 프로그램 팀원들로부터 관찰 자료를 수집하고, 프로그램/구성요소 활동 전반에 걸쳐 지속적인 교훈 수집활동에서 확인된 결과를 통합한 최종 교훈 보고서를 제공할 수 있다. 이 보고서는 조직 내 다른 프로그램의 거버넌스 및 관리 정보를 전달하며, 프로그램 인도 과정에서 발생하는 함정을 피하는 데 유용할 수 있다.

이 활동의 산출물에는 다음과 같은 것들이 포함된다.
- ◆ 조직의 정보보관소의 투입물
- ◆ 조직의 거버넌스 기구에 전달되는 교훈 보고서

8.3.3 프로그램 조달 종료

프로그램 조달종료 활동은 모든 인도물을 만족스럽게 완료하고, 모든 지불을 이행했으며, 계약 미이행 이슈가 없음을 확인한 후에 프로그램의 각 협약을 공식적으로 종료하는 활동이다. 조기에 종료되는 프로그램의 경우, 프로그램 조달 종료 활동을 통해 종료되지 않은 계약을 해지하여 불필요한 비용 지출을 막는다.

이 활동의 산출물에는 다음과 같은 것들이 포함된다.
- ◆ 계약 종료 보고서
- ◆ 교훈 업데이트
- ◆ 종료된 계약

8.3.4 프로그램 자원이전

프로그램이 종료될 때 프로그램 자원의 적절한 방출을 보장해야 한다. 여기에는 팀원의 재배정 또는 재배치, 기타 중점 추진 과제나 프로그램의 자금조달 등의 활동이 수반될 수 있다. 구성요소 수준에서의 자원 재배정에는 이미 실행 중인 다른 구성요소 또는 비슷한 기술이 요구되는 조직 내 다른 프로그램으로의 자원 이전과 같은 활동이 포함될 수 있다. 구성요소 프로젝트 자원의 최종 처리에 대한 자세한 내용은 프로젝트관리지식체계 지침서(PMBOK® Guide)를 참조한다.

프로그램 자원의 적절하고 효율적인 방출은 프로그램 종료 단계의 필수적인 활동이다. 프로그램 수준에서, 프로그램 거버넌스가 활동의 일환으로서 자원을 방출하면 프로그램 종료 승인 단계로 진행된다.

이 활동의 산출물에는 조직의 다른 요소들로 방출된 자원이 포함된다.

8.3.5 프로그램 리스크관리 이전

프로그램이 종료되었어도 조직의 편익 실현을 저해할 수 있는 잔존 리스크가 있을 수 있다. 프로그램 리스크관리 활동을 통해 이러한 리스크를 뒷받침하는 분석 및 대응 정보와 함께 적절한 조직의 리스크 관리대장으로 이전해야 한다. 이 활동의 관리는 편익의 실현을 의도하는 주체가 아닌, 조직의 다른 그룹(예: 조직의 PMO)에서 담당할 수 있다.

이 활동의 산출물에는 다른 조직의 리스크 관리대장에 포함될 투입물이 있다.

참조 자료

[1] Project Management Institute. 2017. *A Guide to the Project Management Body of Knowledge (PMBOK® Guide) –* Sixth Edition. Newtown Square, PA: Author.

[2] Project Management Institute. 2013. *The Standard for Portfolio Management –* Third Edition. Newtown Square, PA: Author.

[3] Project Management Institute. 2014. *Implementing Organizational Project Management: A Practice Guide –* Third Edition. Newtown Square, PA: Author.

[4] Project Management Institute. 2015. *PMI Lexicon of Project Management Terms* (Version 3.1). Available from www.pmi.org/lexiconterms.

[5] Project Management Institute. 2006. *Code of Ethics and Professional Conduct.* Available from www.pmi.org/codeofethicsPDF.

[6] Project Management Institute. 2013. *Managing Change in Organizations: A Practice Guide.* Newtown Square, PA: Author.

[7] Project Management Institute. 2016. *Governance of Portfolios, Programs, and Projects: A Practice Guide.* Newtown Square, PA: Author.

[8] Project Management Institute. 2009. *Practice Standard for Project Risk Management.* Newtown Square, PA: Author.

[9] Project Management Institute. 2011. *Practice Standard for Scheduling –* Second Edition. Newtown Square, PA: Author.

부록 X1
제4판 변경 사항

X1.1 부록의 취지

프로그램관리 표준서 제4판의 구성과 내용의 변경사항을 완전히 이해하기 위해서 독자는 개정위원회의 목표와 표준서의 발전 과정을 파악할 필요가 있다.

표준서 제3판을 개정하는 과정에서 조직의 역량으로서 프로그램관리의 중요성이 부각되면서 프로젝트관리지식체계 지침서(PMBOK® Guide)와 포트폴리오관리 표준서(The Standard for Portfolio Management)를 포함한 PMI의 다른 핵심 표준서들과 프로그램관리 표준서 사이 명확한 구분을 요구하는 목소리가 높아지고 있었다. 또한 프로세스 중심 표준서로부터 원칙 중심 표준서로 출판물이 전환된 것도 이 시기였다. 제4판 출판팀은 비슷한 과정을 유지하면서, 표준서를 구성하는 원리와 개념을 구체화하고 다른 여러 기본 표준서, 해당되는 실무 표준서 및 실무 지침서들과의 일관성을 유지하는 데 힘썼다.

X1.2 목표

특히 다음과 같은 사항이 개정위원회의 목표에 포함된다.

- ◆ 프로그램관리의 틀을 잡는 기본사항을 설명하는 원칙 중심 기술서이자 대부분의 경우에 대다수 프로그램에서 우수한 실무들로 간주되는 표준서를 유지관리한다.
- ◆ 현재 프로그램관리에서 용인되는 실무를 반영하여 표준서 내용을 개정한다.
- ◆ 개정된 버전이 다른 PMI 표준서들과 적절히 연계되고 조율되는지 확인한다.

X1.3 접근방식

현재 개정을 준비하기 위해서 프로젝트위원회는 형식과 배치(X1.3.1 단원) 및 프로그램관리 본문(X1.3.2 단원)을 비롯하여 여러 가지 중요한 전략과 원칙을 취합한 개정 방식을 마련하였다.

X1.3.1 형식과 배치

프로그램관리 표준서 제4판을 접하자마자 독자들은 표준서의 형식과 배치가 근본적으로 수정된 것을 쉽게 알 수 있다. 제4판의 기본체계를 설계하는 동안 고려했던 몇 가지 중요한 요소가 있는데, 이들은 앞서 출간된 표준서에 익숙한 독자들에게 배경 정보로 유용하며 제3판에서 제4판으로 전환된 것을 설명하는 데 도움이 될 요소들이다. 현재 기본체계를 설명하기 위해서, 초판부터 현재에 이르기까지 표준서의 발전 과정을 간략히 정리하여 설명한다.

- ◆ **제1판.** 프로그램관리 표준서 제1판에서는 프로그램관리 작업에 대한 일반적인 이해를 세 가지 핵심 주제로 나눠서 설명하였다. 세 가지 주제는 바로 이해관계자관리, 프로그램 거버넌스, 편익관리이다. 프로그램관리 생애주기에 대한 정의도 함께 제시하였다. 표준서의 전반부에서 생애주기를 인용하고, 후반부에서 점차 상세히 설명하였다. 이러한 기본체계를 통해 표준서, 프로그램관리 작업 및 프로그램 관리자의 역할에 대한 정의를 "도메인 중심"으로 확실히 접근한다.

- ◆ **제2판.** 프로그램관리 표준서 제2판에서는 제1판에서 설명한 세 가지 프로그램관리 주제에 관한 기본틀을 유지하였다. 여러 번의 개정을 통해 프로그램관리 생애주기에 대한 설명을 보강하는 데 주력하였다. 그 결과 표준서 전반에 걸쳐 프로그램관리 생애주기에 대한 설명이 상당히 자주 등장한다. 또한, PMI의 프로젝트관리 표준서인 프로젝트관리지식체계 지침서(PMBOK® Guide)의 배치와 형식을 그대로 반영한 표준서 구조도 채택하였다. 이 구조 안에서, 특정 프로그램관리 프로세스 그룹 및 지식영역을 프로그램 표준서에 기술하였다. 제2판에서는 이러한 기본체계를 따르면서 명확한 생애주기 기반의 "프로세스 지향" 방식으로 프로그램관리 작업과 프로그램 관리자의 역할을 설명하였다.

- ◆ **제3판.** 제3판은 제1판과 제2판을 모두 고려하면서 유용성과 가독성에 주력하였다. 이전 판에서 가장 효과적이었던 요소를 신중하게 분석한 결과, 제1판의 도메인 중심 설명 방식을 위해 프로젝트관리지식체계 지침서(PMBOK® Guide)의 프로세스 그룹, 지식영역, 투입물/도구 및 기법/산출물 제시 방식과 유사했던 제2판의 구성을 바꾸기로 결정하였다.

제3판에서 수행된 주요한 변경사항은 다음과 같다.

- 제1판의 도메인 중심 방식으로 회귀
- 역할정의연구(RDS)에 제시된 프로그램관리 성과 도메인 중심의 전개
- 과거에 출판된 PMI 프로그램관리 표준서에서 비롯된 학습 및 개선의 장점
- 미국 이외 국가의 여러 다른 프로그램관리 분야 표준서와 저서 인정 및 연계

◆ **제4판.** 제3판과 제4판 사이에 중대한 변경은 필요하지 않으며, 변경보다는 제3판 개정 시 미뤄진 의견과 내부 검토 및 토의자료 프로세스를 통해 관련분야 전문가들이 제출한 의견을 다루는 데 중점을 두었다. 원칙 중심 접근방식으로의 전환으로 제2판에서 제3판으로 개정 시 중대한 변경이 일어났으며, 이는 8개 단원 전체의 일관성을 높일 수 있는 기회가 되기도 하였다. 표 X1-1에 전체 단원의 주요 변경사항이 간략히 정리되어 있다.

표 X1-1. 제4판의 상위 수준 변경사항

적용된 변경사항	설명
1단원에 주요 프로그램 역할에 대한 설명 추가	부록 X3에서 흡수된 주요 내용: '프로그램의 유형 분류' 및 '프로그램 관리자 역량' 다음 중요한 역할을 소개하는 설명 추가: '프로그램 관리자', '프로그램 스폰서' 및 '프로그램관리오피스'
2단원에서 프로그램의 복잡성과 상호 의존관계에 대한 설명 개정	프로그램 복잡성 및 상호 의존관계에 대한 부 단원 추가 프로그램 생애주기 단계에 대한 소개를 7단원으로 이동
3단원 확대	프로그램 리스크 전략에 대한 설명 추가
5단원 확대	프로그램 이해관계자 연결 및 프로그램 이해관계자 의사소통에 대한 설명 추가
6단원의 프로그램 거버넌스에 관한 설명을 PMI의 새로운 거버넌스 실무 지침서와 연계	PMI에서 '포트폴리오, 프로그램 및 프로젝트 거버넌스: 실무 지침서'라는 새로운 실무 지침서를 출간했다. 두 가지 출판물이 연계될 수 있도록 프로그램 거버넌스를 다루는 단원들을 면밀히 검토했다. 이제 표준서와 실무 지침서에서 주요 역할이 일관성 있게 다루어진다. 프로그램 거버넌스 내에서 연관된 역할에 대한 설명이 보강되었다. 활동 중심 내용을 8단원으로 옮겨서 본문 재구성
7단원의 생애주기 단계에 대한 설명 보강	생애주기 단계에 대한 소개 도입 "프로그램 편익 인도 단계"에서 "프로그램 인도 단계"로 명칭 변경 8단원으로 이어지는 프로그램 활동에 대한 소개 추가
8단원 개정	표준서가 프로세스 중심에서 원칙 중심으로 전환됨에 따라 8단원이 "프로세스" 지원에서 "프로그램 활동" 지원으로 전환되었다. 실무자들이 3단원 ~ 7단원의 내용을 8단원과 연결할 수 있도록 지원하기 위해 8단원의 구성을 크게 변경하였다. 이제 프로그램 생애주기 단계 대비 주제와 프로그램 활동들이 연계된다.
표준서의 전체 단원 사이 조율과 연계에 중점을 두고 중복되거나 겹쳐지는 산출물들을 삭제.	설명되지 않거나 활용되지 않은 프로그램 산출물을 삭제했다. 여러 단원에 걸쳐 산출물에 대한 설명을 조율하는 데 신중을 기했다.
'프로그램'과 '프로그램관리'에 대한 정의를 개정.	**프로그램.** 개별적으로 관리해서는 실현되지 않는 편익을 달성하기 위해 통합적인 방식으로 관리하는 다양한 관련 프로젝트, 하위 프로그램 및 프로그램 활동. **프로그램관리.** 프로그램 구성요소들을 개별적으로 관리해서는 실현되지 않는 편익과 통제를 달성하기 위해 프로그램에 지식, 기량, 원칙을 적용하는 관리 방식.

X1.3.2 프로그램관리 본문

프로그램관리 표준서 – 제4판은 프로그램관리의 고유한 개념과 실무를 소개하며, 프로젝트관리 관련 출판물의 방대한 자료에 흔히 인용되어 있는 개념이나 프로세스를 모방, 복사 및 답습하지는 않는다. 프로그램관리 프로세스가 프로젝트관리 도메인에서 발견되는 프로세스들에 의존하거나 이와 유사하게 수행되는 경우, 사용자에게 프로젝트관리 분야 서적 및 관련 출판물을 안내한다.

X1.4 단원 개요

X1.4.1~X1.4.8 단원에서는 표준서의 각 단원을 소개하고, 제2판 및 제3판과 비교할 때 확인되는 변경사항을 자세히 설명한다.

X1.4.1 1 단원 - 소개

표준서의 일관성을 높이고 2~ 8 단원에서 다룬 핵심 개념을 표준서 초반부에 빠짐없이 소개하기 위해 1 단원 전반에 걸쳐 약간의 변경을 수행하였다.

1.2 단원에서는 구성요소 활동의 결과와 산출물을 통한 편익 인도에서의 프로그램 역할을 집중적으로 설명한다. 다른 프로그램에서 후원받는 프로그램으로 정의되는 하위 프로그램이라는 용어도 도입하였다.

1.3 단원에서는 프로그램 구성요소와 조직의 목표 사이 전략적 연계의 중요성을 강조하였다.

1.4 단원에서는 프로그램의 반복적 특성을 강조하면서 프로그램관리와 프로젝트관리 간 차이점과 상호작용에 대해 자세히 설명하였다.

프로그램 스폰서 및 프로그램관리오피스의 역할을 포함하여 프로그램에 중요한 역할에 관한 논의를 확대하기 위해서 제3판 부록의 내용을 1 단원에 포함시켰다. 또한 의사소통, 이해관계자참여, 변경관리, 리더십, 분석 및 구성요소 통합 기술을 포함하여 중요한 프로그램 관리자 기술에 대한 설명을 보강하는 방향으로 1.7.1 단원을 확장하였다.

이전 출판물들과 마찬가지로, 이 단원과 다른 PMI 기본 표준서들 사이 일관성을 유지하기 위해 노력을 기울였다. 표 X1-2에 개정된 1 단원이 정리되어 있다.

표 X1-2. 1 단원 - 제4판

1 단원	머리말
1.1	**프로그램관리 표준서의 목적**
1.2	**프로그램이란 무엇인가?**
1.2.1	프로그램 착수
1.2.2	포트폴리오, 프로그램 및 프로젝트 사이의 관계
1.3	**프로그램관리란 무엇인가?**
1.4	**포트폴리오관리, 프로그램관리, 프로젝트관리 사이의 관계 및 조직차원 프로젝트관리(OPM)에서 각각의 역할**
1.4.1	포트폴리오관리, 프로그램관리 및 프로젝트관리 사이의 상호작용
1.4.2	프로그램관리와 포트폴리오관리 사이의 관계
1.4.3	프로그램관리와 프로젝트관리 사이의 관계
1.5	**조직의 전략, 프로그램관리 및 운영관리 사이의 관계**
1.6	**비즈니스 가치**
1.7	**프로그램 관리자의 역할**
1.7.1	프로그램 관리자 역량
1.8	**프로그램 스폰서의 역할**
1.9	**프로그램관리오피스의 역할**

X1.4.2 2 단원- 프로그램관리 성과 도메인

2 단원에서는 프로그램관리 성과 도메인을 설명하고, 프로젝트관리 및 포트폴리오관리와 차별화하여 프로그램관리를 고유하게 정의하는 특성을 논의 및 문서화하는 활동에 계속 주력하였다.

2.1.1 단원(프로그램 생애주기 단계)은 2 단원에서 제외하였다. 2 단원의 주안점이 프로그램관리 성과 도메인에 대한 설명이기 때문이다. 프로그램 생애주기에 대해서는 7 단원에서 자세히 설명하였다. 또한 2.1.2 단원을 7 단원으로 옮겼다.

2.5 단원(제3판)을 2.3 단원(제4판)으로 옮겨 이 단원의 논리적인 흐름을 개선하였다. 그 결과 단원의 전개가 하향식 방식에 더욱 가까워졌다. 포트폴리오, 프로그램, 프로젝트 사이 차이점이 수정되었다. 먼저 포트폴리오와 프로그램 간 차이점을 설명한 다음, 프로그램과 프로젝트 간 차이점을 설명하는 방식으로 논리적 순서를 바꿨다. 제3판에서는 두 가지였던 프로그램과 프로젝트 간 구별 특성(변경 및 불확실성)에서 제4판에서는 세 가지 특성(복잡성, 변경 및 불확실성)으로 변경하였다.

표 X1-3에서 2 단원의 개요를 보여준다.

표 X1-3. 2 단원 - 제4판

2 단원	프로그램관리 성과 도메인
2.1	프로그램관리 성과 도메인 정의
2.2	프로그램관리 성과 도메인 상호작용
2.3	조직의 전략, 포트폴리오관리 및 프로그램관리 연계
2.4	포트폴리오와 프로그램의 차이점
2.5	프로그램과 프로젝트의 차이점
2.5.1	불확실성
2.5.2	변경관리
2.5.3	복잡성

X1.4.3 3단원 - 프로그램 전략연계

프로그램 전략연계 성과 도메인을 심층 보강하기 위해서 제4판에 프로그램과 조직의 전략 사이 연계를 유지하는 수단으로써 프로그램 리스크관리 전략을 추가하였다. 프로그램 리스크관리 전략은 프로그램 리스크 한계선 정의, 초기 프로그램 리스크 평가 수행, 상위 수준 프로그램 리스크 대응 전략 개발을 통해 수립되며, 이후에 프로그램 리스크관리 활동(프로그램 리스크의 적극적 식별, 감시, 분석, 수용, 완화, 회피 또는 폐기)의 지침으로 사용된다.

상위 수준 설명은 3단원에 두고 프로세스 수준의 자세한 설명은 8단원으로 옮긴 것도 3단원에서 변경된 사항 중 하나이며, 기타 변경사항은 미미하다.

표 X1-4에서 제4판 3단원의 내용을 보여준다.

표 X1-4. 3단원 - 제4판

3단원	프로그램 전략연계
3.1	**프로그램 비즈니스 케이스**
3.2	**프로그램헌장**
3.3	**프로그램 로드맵**
3.4	**환경 평가**
3.4.1	기업환경요인
3.4.2	환경 분석
3.5	**프로그램 리스크관리 전략**
3.5.1	전략연계를 위한 리스크관리
3.5.2	프로그램 리스크 한계선
3.5.3	초기 프로그램 리스크 평가
3.5.4	프로그램 리스크 대응 전략

X1.4.4 4단원 - 프로그램 편익관리

편익관리 측면에서 리스크관리를 다루도록 4단원을 개정하였다. 여기에는 리스크 완화 및 리스크도 포함된다. 생애주기에 대한 개정과 일치시키기 위한 수정도 포함된다. 표준서에서 새로 채택한 용어와 일치되도록 명명법도 개정하였다.

표준서에 새로 등장한 문구와 나머지 내용에 일치되도록 그림과 표를 수정하였다.

표 X1-5에서 4단원의 개요를 보여준다.

표 X1-5. 4단원 - 제4판

4단원	프로그램 편익관리
4.1	**편익 식별**
4.1.1	편익 관리대장
4.2	**편익분석 및 기획**
4.2.1	편익관리 계획서
4.2.2	편익관리 및 프로그램 로드맵
4.2.3	편익 관리대장 업데이트
4.3	**편익 인도**
4.3.1	편익 및 프로그램 구성요소
4.3.2	편익 및 프로그램 거버넌스
4.4	**편익 이전**
4.5	**편익 지속**

X1.4.5 5 단원 - 프로그램 이해관계자참여

프로그램 이해관계자참여는 편익 실현 및 거버넌스와 함께 프로그램관리의 세 가지 주제 중 하나로서 표준서 제1판에 처음 소개되었다. 이 도메인은 이해관계자관리보다는 이해관계자참여에 중점을 둔다. 그 이유는 조직에서 프로그램 관리자는 이해관계자의 직접적이고 활발한 참여와 각 참여에 대한 적극적인 관리를 보장할 책임을 담당하기 때문이다. 제4판에서, 이해관계자 분석 및 의사소통 활동을 자세히 설명하여 내용을 보강하였다. 이러한 측면은 프로그램과 관련된 조직의 문화, 정치 및 관심사항을 이해하고, 프로그램을 통한 편익 인도에 영향을 줄 수 있는 전반적인 영향력을 파악하는 데 중요하다.

표 X1-6에서 5 단원의 개요를 보여준다.

표 X1-6. 5 단원 - 제4판

5 단원	프로그램 이해관계자 참여
5.1	프로그램 이해관계자 식별
5.2	프로그램 이해관계자 분석
5.3	프로그램 이해관계자 참여 기획
5.4	프로그램 이해관계자 참여
5.5	프로그램 이해관계자 의사소통

X1.4.6 프로그램 거버넌스

프로그램 거버넌스는 편익 실현 및 이해관계자관리와 함께 프로그램관리의 세 가지 주제 중 하나로서 표준서 제1판에 처음 소개되었다. 제4판에서 프로그램 거버넌스는 프로그램 의사결정을 가능하게 하고, 의사결정을 내리고, 프로그램을 지원하기 위한 실무를 구축하고, 프로그램을 지속적으로 감독하는 네 가지 프로그램관리 성과 도메인 중 하나로서 자세히 다뤄진다. 이 도메인은 프로그램 거버넌스 실무 소개와 해당 실무를 수행하는 데 필요한 거버넌스 역할에 중점을 둔다.

해당되는 경우, 제4판 표준서를 역할과 담당업무, 프로그램과 거버넌스 관계를 다루는 Governance of Portfolios, Programs, and Projects: A Practice Guide(포트폴리오, 프로그램 및 프로젝트 거버넌스: 실무 지침서), 4 단원과 함께 활용하면서 조율한다. '역할과 담당업무', '프로그램과 거버넌스 관계'를 다루는 단원 간의 구체적인 시너지 효과도 포함되어 있다.

제4판에 환경 및 조직 요인에 대한 설명과 프로그램 거버넌스 설계에서 수용하는 프로그램 속성에 대한 설명이 추가되었다(표 X1-7 참조). 또한 활동 중심 내용을 8 단원으로 적절히 이전하여 본문을 재구성하였다.

표 X1-7. 6 단원 - 제4판

6 단원	프로그램 거버넌스
6.1	프로그램 거버넌스 실무
6.1.1	프로그램 거버넌스 계획서
6.1.2	프로그램 거버넌스, 비전 및 목표
6.1.3	프로그램 승인, 인증 및 정의
6.1.4	프로그램 성공 기준
6.1.5	프로그램 감시, 보고 및 통제
6.1.6	프로그램 리스크 및 이슈 거버넌스
6.1.7	프로그램 품질 거버넌스
6.1.8	프로그램변경 거버넌스
6.1.9	프로그램 거버넌스 검토
6.1.10	정기적인 프로그램 건전성 점검
6.1.11	프로그램 구성요소 착수 및 이전
6.1.12	프로그램 종료
6.2	프로그램 거버넌스 역할
6.2.1	프로그램스폰서
6.2.2	프로그램운영위원회
6.2.3	프로그램관리오피스
6.2.4	프로그램 관리자
6.2.5	프로젝트 관리자
6.2.6	기타이해관계자
6.3	프로그램 거버넌스 설계 및 구현

X1.4.7 프로그램

제4판에서는 프로그램 통합관리의 중요성을 강조하기 위해 프로그램 생애주기 관리 단원을 보강하였다. 이는 프로그램 생애주기 전반에 걸쳐 진행되는 핵심 활동이다. 그 결과로, 프로그램 수준 지원 활동과 관련되었던 프로그램 통합관리 활동이 8 단원에서 7 단원으로 옮겨졌다. 이러한 개정으로 통합관리를 통해 프로그램 안에서 여러 구성요소의 작업을 결합, 통합 및 조율하는 방법을 더욱 정확하게 상세히 설명하였다.

또한 프로그램 편익 인도 단계의 명칭을 프로그램 인도로 변경하였다. 이는 프로그램 생애주기의 주요 단계들과 편익관리 성과 도메인에서 편익 인도의 일환으로 수행되는 활동들을 명확히 구분하기 위한 변경이다. 프로그램 인도 단계에는 편익 인도 활동 외에, 편익 분석 활동과 기획 활동도 포함된다. 각 구성요소의 편익과 편익실현 계획 사이 연계가 유지되도록 구성요소를 감시하는 활동뿐만 아니라 프로그램 구성요소 우선순위 결정, 시작, 기획 및 실행과 같이 의도된 편익 인도에 필요한 모든 작업이 포함된다.

이러한 핵심 요소는 프로그램 생애주기 관리의 발전과 전반적인 프로그램 목표 달성 과정에서 개별 구성요소를 지원하기 위해 프로그램 활동들이 수행되는 방식을 설명한다.

표 X1-8에서 7 단원의 개요를 보여준다.

표 X1-8. 7 단원 - 제4판

7 단원	프로그램 생애주기 관리
7.1	**프로그램 생애주기**
7.1.1	프로그램 생애주기 단계 개요
7.1.2	프로그램 정의 단계
7.1.3	프로그램 인도 단계
7.1.4	프로그램 종료 단계
7.2	**프로그램 활동 및 통합 관리**
7.2.1	프로그램 활동 개요
7.2.2	프로그램 통합관리
7.2.3	프로그램 활동에 프로그램 생애주기 연결

X1.4.8 프로그램 활동

제3판의 8 단원은 프로그램 재무관리, 범위관리, 의사소통관리, 조달관리 및 기타 관리 활동을 포함한 프로그램관리 지원 프로세스들을 따라 구성되었으며, 7 단원에서 설명한 대로 프로그램 생애주기 관리를 보완하기 위해 필요한 프로세스 정보를 제공한다. 제4판 집필진은 프로그램 생애주기 단계로 자료를 재구성하고 각 단계를 지원하는 활동을 설명함으로써 8 단원과 7 단원을 조율하는 것이 더 효과적이라고 판단하였다. 프로그램 변경관리는 프로그램 정의 및 인도 과정에서 변경에 대한 보다 공식적인 기획, 감시 및 통제를 가능하게 하는 프로그램 활동으로서 도입되었다. 마지막으로, 프로그램 정보자원 관리의 중요성을 인식하고, 현재의 우수 실무사례를 반영하는 의미에서, 프로그램 정보관리를 프로그램 의사소통관리와는 별개인 프로그램 활동으로 설명하였다.

표 X1-9에서 8 단원의 개요를 보여준다.

표 X1-9. 8 단원 - 제4판

8 단원	프로그램 활동
8.1	**프로그램 정의 단계 활동**
8.1.1	프로그램 구상 활동
8.1.2	프로그램 기획 단계 활동
8.2	**프로그램 인도 단계 활동**
8.2.1	프로그램 변경 감시 및 통제
8.2.2	프로그램 의사소통관리
8.2.3	프로그램 재무관리
8.2.4	프로그램 정보관리
8.2.5	프로그램 조달관리
8.2.6	프로그램 품질보증 및 품질통제
8.2.7	프로그램 자원관리
8.2.8	프로그램 리스크 감시 및 통제
8.2.9	프로그램 일정 감시 및 통제
8.2.10	프로그램 범위 감시 및 통제
8.3	**프로그램 종료 단계 활동**
8.3.1	프로그램 재무 종료
8.3.2	프로그램 정보 보관 및 이전
8.3.3	프로그램 조달 종료
8.3.4	프로그램 자원이전
8.3.5	프로그램 리스크관리 이전

부록 X2
프로그램관리 표준서 제4판의 기여자 및 검수자

이 부록에서는 프로그램관리 표준서 제4판의 개발과 제작에 기여한 분들을 소개합니다.

프로젝트관리협회는 프로젝트관리 전문분야에 기여해주신 모든 분들의 아낌없는 지원에 깊은 감사의 뜻을 전합니다.

X2.1 프로그램관리 표준서 제4판 핵심 위원회

구성원 자격으로 봉사한 다음 분들은 문서 내용 또는 컨셉의 기여자이며 프로젝트 핵심 위원회 내에서 리더로 활약해 주셨습니다.

Vanina Mangano, PMP, PMI-RMP, 회장
Carolina Gabriela Spindola, PMP, CSSBB, 부회장
Brad Bigelow, PMP, MSP
Shika Carter, PgMP, PMP
Colette J. Connor, PMP
Wanda Curlee PfMP, PgMP
Richard J. Heaslip, PhD
Felicia Elizabeth Hong, MBA, PMP
Carl Marnewick, PhD
Anca Slușanschi, PMP, MSc
Maricarmen Suarez, PMP, PgMP
Kristin L. Vitello
Andy Wright, MBA, BSc (Hons)

X2.2 프로그램관리 표준서 제4판 컨텐츠 위원회

다음 분들은 문서 내용 또는 개념 정립에 기여자들로 프로그램관리 표준서 제4판 초안에 대한 조언을 권고사항을 제시해 주셨습니다.

Chris Richards, PMP
Terry Lee Ricci, PfMP, PgMP
Daniele Pinto, PMP

X2.3 검수자

X2.3.1 SME 검수

위원회 구성원들 외에, 다음 분들이 표준서 초안을 검수하고 개선에 유용한 권고사항을 제시해 주셨습니다.

Emad E. Aziz, PfMP, PgMP
Martial Bellec, PgMP, PMI-ACP
James F. Carilli, PfMP, PgMP
David M. Ciriello, PgMP, PMP
Sandy Hoath Cobb, PfMP, PgMP
Christopher L. Edwards MBA, PMP
Scott Girard
Jean Gouix, Eng, PgMP PMP
Ginger Levin, PhD, PgMP, PMP

Jamie Mines
Marvin R. Nelson, MBA, SCPM
Eric S. Norman, PgMP, PMI Fellow
Crispin ("Kik") Piney, BSc, PfMP
Sandra E. Smalley
Matthew D. Tomlinson, PgMP, PMP
Michel Thiry, PhD, PMI Fellow
Gwen Whitman, EMBA, PfMP

X2.3.2 최종 공개 초안 검수

위원회 구성원들 외에, 다음 분들이 프로그램관리 표준서 제4판 공개 초안 개선에 유용한 권고사항을 제시해 주셨습니다.

Galal Abdelmessih, FEC, PMP
Habeeb Abdulla, PMP, RMP
Ali Abedi, PhD, PMP
Tarik Al Hraki, PMP, P3O
Homam Al Khateeb, PMP, ACP
Abubaker Sami Ali, PfMP, PgMP
Bill Allbee, PMP
Wasel Al-Muhammad
Charalampos Apostolopoulos,
 PhD, PMP
Vijaya Chandar Avula
Nabeel Eltyeb Babiker, PMP, P3O
Manikandan Bangarusamy,
 PgMP, PMP
Manuel F. Baquero V., MSc, PMP
Thomas Charles Belanger,
 MS, PMP
Shantanu Bhamare, PMP, LIMC
Nigel Blampied, PE, PMP
Greta Blash, PMP, PMI-ACP
Raúl Borges, PMP
Farid F. Bouges, PhD, PfMP, PMP
Alberto S. Brito, MSc
James F. Carilli, PfMP, PgMP
Christopher W. Carson, PMP, CCM
Sergio Luis Conte, PhD
Jesús Cruz-Franco, PgMP, PMP
Larry C. Dalton, PgMP
Shauna Daly
Farshid Damirchilo, MSc, PMP
Jean-Michel De Jaeger Emba, PMP
Kaushal Desai
Saju Devassy, PMP, ITIL
Ivana Dilparic
Yasir Elsadig, PfMP, PMP
Majdi N. Elyyan, PMP, PMI-RMP
Diego H. Escobar, PMP
Sergio Ferreto Gutiérrez,
 MPM, MBA

Nestor C. Gabarda Jr., PMP, MSP
Ravindra Gajendragadkar,
 PMP, MSP
Robert M. Galbraith, PMP
Theofanis Giotis, PMP, PMI-ACP
Jean Gouix
Scott M. Graffius, PMP
Simon Harris, CGEIT, PRINCE2Agile
Patti Harter, PMP
Henry Hattenrath
Susumu Hayakawa, PMP
Hironori Hayashi, PMP, PMI-PBA
Bruce A. Hayes PMP, CSM
Gheorghe Hriscu, PMP, CGEIT
Mamane Ibrahim, PMP, CMQOE
Shuichi Ikeda
Masako Imamura, PMP
Suhail Iqbal, PfMP, PgMP
Frank E. Jakob, PE, PMP
Anand Jayaraman, PMP
Hernan Dario Jimenez
Robert Joslin, PhD, PfMP
Shoichiro Kashimura
Suhail Khaled
Ahmed S. Khalil, Eng, OPM3, PMP
Adeel Khan
Henry Kondo, PfMP, PMP
Ryohei Kondo, PMP
Maciej Koszykowski,
 PMP, PMI-RMP
Mahesh Kuimil, PE, PgMP
Avinash Kumar, PMP
Cristian Lagos
Harisha Lakkavalli, PMP, PgMP
G. Lakshmi Sekhar, PMP, PMI-SP
Craig Letavec, PfMP
Lydia G. Liberio, JD, PMP
Tong Liu, PhD, PMP
Zheng Lou, PgMP, MBA

Lucas Machuca
Sanjay Mandhan
Gaitan Marius Titi, PMP
Lou Marks, PMP
Constance Martin-Wilson
Gary Marx, MBA, PMP
Puian Masudi Far, PhDc, PMP
Sandeep Mathur, PgMP, FAICD
Thomas F. McCabe, CSSMBB, PMP
Mohammed M'hamdi, PMP
Lubomira Mihailova, MBA, PMP
Akiyoshi Miki, PMP
Gloria Miller
Venkatramvasi Mohanvasi, PMP
Mordaka Maciej, PMP
Syed Ahsan Mustaqeem, PE, PMP
Faig Nasibov, PMP
Marvin R. Nelson, MBA, SCPM
Jeffrey S. Nielsen, PgMP, PMP
Eric S. Norman, PgMP, PMI Fellow
Allan Old, PGDipPM, PMP
Habeeb Omar, PfMP, PgMP
Stefan Ondek, PMP
Hariyo Pangarso
Seenivasan Pavanasam,
 PgMP, PfMP
Jean-Pierre Pericaud
Crispin ("Kik") Piney, BSc, PfMP
Svetlana Prahova, PMP
S. Ramani, PgMP, PfMP
Christopher S. Rambo, PgMP, PMP
P. Ravikumar, PMP, PMI-ACP
Michael Reed, PfMP, PMP
Alexander V. Revin, PMP
Juan Carlos Ribero
Bernard Roduit
Stelian Roman, PMP, PMI-ACP
P. Fernando Romero, MBA, PMP

Rafael Fernando Ronces Rosas, PMP, ITIL
Parthasarathy Sampath
Edward Shehab, PfMP, PgMP,
Toshiki Shimoike, PhD, PMP
Sandeep Shouche, PgMP, PMI-ACP
Gary J. Sikma, PMP, PMI-ACP
Mauro Sotille, PMP, PMI-RMP
Howard Souder, Jr., CPCM, CFCM
Pranay Srivastava, PMP, CSM
Shoji Tajima, MS, PMP
Tetsuya Tani, PMP
Sivasubramanian Thangarathnam, BE, PMP
Matthew D. Tomlinson, PgMP, PMP
Ali Vahedi Diz, PfMP, PgMP
Raymond Z. van Tonder, B-Tech, PMP
Toshiyuki Henry Watanabe, PE, JP, PMP
Lars Wendestam, MSc, PMP
Deb Whitcomb, MBA, PMP
Michal P. Wieteska, PMP
Karen Wright
Yan Wu, PMP, SPC4
Clement C. L. Yeung, PMP
Kenichi Yoshida, PMP, ITC
Marcin Żmigrodzki, PhD, PgMP

X2.4 PMI 표준 프로그램 고문단(MAG)

다음 분들이 프로그램관리 표준서 제4판을 개발하는 과정에서 PMI 표준 프로그램 고문단의 회원으로 참여했습니다.

Maria Cristina Barbero, PMI-ACP, PMP
Brian Grafsgaard, PgMP, PMP
Hagit Landman, PMP, PMI-SP
Yvan Petit PhD, PMP
Chris Stevens, PhD
Dave Violette, MPM, PMP
John Zlockie, MBA, PMP, PMI 표준 관리자

X2.5 여론 기관 검수

다음 분들은 PMI 표준 프로그램 여론 기관의 구성원으로 참여했습니다.

Chris Cartwright, MPM
John L. Dettbarn, Jr., DSc, PE
Charles T. Follin, PMP
Dana J. Goulston, PMP
Brian Grafsgaard, PgMP, PMP
Dave Gunner, MSc, PMP
Dorothy L. Kangas, PMP
Thomas M. Kurihara
Hagit Landman, PMP, PMI-SP
Timothy A. MacFadyen, MBA, MPM
Harold "Mike" Mosley, Jr., PE, PMP
Eric S. Norman, PgMP, PMI Fellow
Nanette Patton, MSBA, PMP
Yvan Petit, PhD, PMP
Michael Reed, PfMP, PM
David W. Ross, PgMP, PMP
Paul E. Shaltry, PMP
Chris Stevens, PhD
Geree V. Streun, PMP, PMI-ACP
Dave Violette, MPM, PMP

X2.6 제작진

다음은 제작에 참여한 PMI 직원들입니다.

Donn Greenberg, 관리자, 출판
Roberta Storer, 제품 편집자
Barbara Walsh, 출판 제작 총괄자

X2.7 한국어 번역검증 자원봉사자 그룹 회원

김태영(Tae Young Kim), PMP
백광구(Kwang Gu Baek), PgMP, PMP
심병섭(Byoungserb Shim), PMP

X2.8 한국어 번역검증 위원회 회원

Barbara Walsh, 출판제작 감독
Stephen Townsend, Network Programs이사
Vivian Isaak, Magnum Group, Inc., 번역회사 대표
Brian Middleton, Magnum Group, Inc., 번역회사 전략 솔루션 관리자

용어해설

1. 용어 수록 기준

본 용어해설에는 다음과 같은 용어가 수록되었다.

- ◆ 프로그램관리 분야의 전문용어(예: 편익관리)
- ◆ 프로그램관리 분야만의 전문용어는 아니지만 일상적인 의미와 다르게 사용되거나 협의의 의미를 갖는 용어(예: 편익, 리스크)

일반적으로 다음과 같은 용어는 본 용어해설에 수록하지 않았다.

- ◆ 특정 응용 분야 또는 산업 분야로 용도가 한정되는 용어
- ◆ 프로그램관리 분야에서 용도가 일상적으로 사용되는 의미와 다르지 않은 용어(예: 비즈니스 성과)
- ◆ 프로그램관리에 사용되면서 '프로젝트관리지식체계 지침서(PMBOK® Guide)' 제6판에 정의된 유사 용어와 다르지 않은 용어. 단, 여기서는 프로젝트 수준이 아닌 프로그램 수준에서 사용되는 용어라는 점이 다르다(예: 프로그램헌장과 프로젝트헌장은 업무 개시 승인이라는 동일한 목적으로 이용됨).

이 용어해설에 정의된 많은 단어가 프로그램관리 상황에도 적용될 수 있도록 그 의미가 확대되고, 경우에 따라 여러 다른 사전적 정의를 가질 수도 있다.

2. 용어 정의

구성요소 / Component. 프로그램을 지원하기 위해 수행되는 프로젝트, 하위 프로그램 또는 그 밖의 관련 활동.

기업환경요인 / Enterprise Environmental Factors. 팀의 즉각적인 통제 아래 있지 않으면서 프로젝트, 프로그램 또는 포트폴리오에 영향을 주거나, 제약이 되거나 방향을 지시하는 요인.

단계 심사 / Phase Gate. 한 단계의 종료 시점에서 다음 단계로 진행할지, 수정 작업을 계속할지 또는 프로젝트나 프로그램을 종료할지에 대한 결정을 내리기 위한 검토.

리스크관리 계획서 / Risk Management Plan. 리스크관리 활동을 체계적으로 구성하고 수행하는 방법을 기술한 문서로, 프로젝트, 프로그램 또는 포트폴리오관리 계획서를 구성하는 요소이다.

범위관리 계획서 / Scope Management Plan. 범위를 정의, 개발, 감시, 통제 및 검증하는 방법을 기술한 문서로, 프로젝트관리 계획서 또는 프로그램관리 계획서를 구성하는 요소이다.

비즈니스 케이스 / Business Case. 프로그램이 인도할 편익의 타당성을 확증하기 위해 사용된, 문서화된 경제적 타당성 연구.

수행 조직 / Performing Organization. 프로젝트 또는 프로그램의 작업을 수행하는 데 가장 직접적으로 관여하는 직원이 속한 조직.

스폰서 / Sponsor. 프로젝트, 프로그램 또는 포트폴리오에 필요한 자원과 지원을 제공하고 성공으로 이끌 책임이 있는 개인 또는 집단.

이해관계자 / Stakeholder. 프로젝트, 프로그램 또는 포트폴리오의 의사결정, 활동 또는 결과로 인해 영향을 받거나 받을 수 있거나 스스로 영향을 받는다고 여기는 개인, 집단 또는 조직.

일정관리 계획서 / Schedule Management Plan. 프로젝트 또는 프로그램을 개발, 감시 및 통제하기 위한 활동을 기술한 문서로, 프로젝트관리 계획서 또는 프로그램관리 계획서를 구성하는 요소이다.

제약 / Constraint. 프로젝트, 프로그램 포트폴리오 또는 프로세스의 실행에 영향을 미치는 제한 요인.

조달관리 계획서 / Procurement Management Plan. 팀이 수행 조직 밖에서 상품과 서비스를 획득하는 방법을 기술한 문서로, 프로젝트관리계획서 또는 프로그램관리 계획서를 구성하는 요소이다.

편익 / Benefit. 프로그램에 의해 인도되는 성과의 결과로서, 조직 및 그 밖의 이해관계자들에 의해 실현되는 이득과 자산.

편익 식별 단계 / Benefits Identification Phase. 프로그램의 이해관계자들이 실현되기를 기대하는 편익을 식별하고 그 타당성을 확인하기 위해 조직 및 비즈니스 전략, 내부적 및 외부적 영향, 그리고 프로그램의 동인에 대한 가용한 정보를 분석한다.

편익 이전 단계 / Benefits Transition Phase. 편익이 운영 영역으로 이전되는 것과 이전된 후의 지속성 유지를 보증하기위해 수행하는 프로그램 활동.

편익 인도 단계 / Benefits Delivery Phase. 편익관리 계획서에 정의된 대로 프로그램이 예상 편익을 인도하는지 확인한다.

편익 지속 단계 / Benefits Sustainment Phase. 프로그램이 인도하는 개선과 성과의 지속적인 발생을 보장하기 위해 프로그램이 끝난 후에도 인수 조직이 계속 수행하는 유지관리 활동.

편익관리 계획서 / Benefits Management Plan. 프로젝트 또는 프로그램에 의해 제공되는 편익을 창출 및 극대화하고 유지하기 위해 수행하는 프로세스에 대한 정의를 기술한 문서.

편익분석 및 기획 단계 / Benefits Analysis and Planning Phase. 프로그램 편익관리 계획을 수립하고, 프로그램 구성요소와 편익의 측정을 모두 감시하고 통제하는 데 사용할 편익 지표와 프레임워크를 개발한다.

포트폴리오 / Portfolio. 전략적 목표를 달성하기 위해 그룹으로 관리되는 프로젝트, 프로그램, 하위 포트폴리오 및 작업.

포트폴리오관리 / Portfolio Management. 전략적 목표를 달성하기 위해 하나 이상의 포트폴리오를 중앙집중식으로 관리하는 기법.

품질관리 계획서 / Quality Management Plan. 조직의 품질 정책을 구현할 방법을 기술한 문서로, 프로젝트관리 계획서 또는 프로그램관리 계획서를 구성하는 요소이다.

프로그램 생애주기관리 성과 도메인 / Program Life Cycle Management Performance Domain. 효과적인 프로그램 정의, 프로그램 인도 및 프로그램 종료를 촉진하기 위해 필요한 프로그램 활동들을 관리하는 성과 도메인.

프로그램 / Program. 개별적으로 관리해서는 실현되지 않는 편익을 달성하기 위해 통합적인 방식으로 관리하는 다양한 관련 프로젝트, 하위 프로그램 및 프로그램 활동.

프로그램 거버넌스 / Program Governance. 조직의 전략 목표와 운영 목표를 달성하기 위해 프로그램을 감시 및 관리하고 지원하는 프레임워크, 기능 및 프로세스.

프로그램 거버넌스 계획서 / Program Governance Plan. 주어진 프로그램을 감시, 관리 및 지원하는 데 사용되는 시스템과 방법을 기술하고, 이 시스템과 방법을 적시에 효과적으로 활용할 수 있도록 구체적인 역할별 담당업무를 기술한 문서.

프로그램 거버넌스 성과 도메인 / Program Governance Performance Domain. 프로그램 의사결정을 가능하게 하고 그것을 수행하며, 프로그램을 지원하기 위한 실무를 구축하고, 프로그램을 지속적으로 감독하는 성과 도메인.

프로그램 거버넌스 프레임워크 / Program Governance Framework. 의사결정, 지원 및 감독을 위한 실무가 구축되어 운영 및 관리되도록 하는 지원체계.

프로그램 관리자 / Program Manager. 수행 조직에서 프로그램 목표를 달성할 책임이 있는 하나 또는 여러 팀을 이끌도록 지정된 책임자.

프로그램 대일정 / Program Master Schedule. 프로그램 편익을 전달하는 데 필요한 구성요소, 마일스톤 및 상위 수준 활동들을 논리적으로 연결하는 종합적인 일정 모델.

프로그램 로드맵 / Program Roadmap. 프로그램에서 의도하는 방향을 연대순으로 표시한 자료로, 주요 마일스톤과 의사결정 시점 간 의존관계를 그림으로 나타내고 비즈니스 전략과 프로그램 작업 간 연결관계를 보여준다.

프로그램 리스크 / Program Risk. 발생할 경우에 프로그램에 긍정적 또는 부정적인 영향을 미치는 불확실한 사건이나 조건.

프로그램 리스크 관리대장 / Program Risk Register. 리스크 분석과 리스크대응 계획수립의 결과를 리스크와 함께 기술한 문서.

프로그램 리스크관리 / Program Risk Management. 프로그램 리스크를 적극적으로 식별하여 감시 및 분석하고, 수용, 완화 또는 회피하거나 폐기시키는 조치에 수반되는 프로그램 활동.

프로그램 범위관리 / Program Scope Management. 프로그램 범위를 정의, 개발, 감시, 통제 및 검증하는 활동.

프로그램 변경관리 / Program Change Management. 프로그램이 진행되는 동안 변경을 계획, 감시, 통제 및 관리하는 활동.

프로그램 생애주기 관리 / Program Life Cycle Management. 프로그램 정의, 프로그램 인도 및 프로그램 종료와 관련된 모든 프로그램 활동 관리 프로세스.

프로그램 운영위원회 / Program Steering Committee. 주어진 권한으로, 거버넌스 실무를 통해 프로그램을 지원할 목적으로 지침, 후원 및 승인을 제공함으로써 프로그램과 관련된 다양한 이해를 대표하는 참가자 집단. 이 위원회를 프로그램 거버넌스 보드라고도 한다.

프로그램 의사소통관리 / Program Communications Management. 프로그램 정보를 적시에 적절한 방식으로 생성, 수집, 배포, 저장, 검색 및 최종 처리하는 데 필요한 활동.

프로그램 이해관계자참여 성과 도메인 / Program Stakeholder Engagement Performance Domain. 이해관계자 요구를 식별하여 분석하고, 이해관계자 지원을 촉진하도록 기대사항과 의사소통을 관리하는 성과 도메인.

프로그램 인도 단계 / Program Delivery Phase. 프로그램관리 계획서에 따라 각 구성요소의 의도된 결과를 산출하기 위해 수행되는 프로그램 활동.

프로그램 일정관리 / Program Schedule Management. 프로그램 편익을 산출하는 데 필요한 구성요소들의 투입 순서와 시기를 결정하고, 각 단계를 수행하는 데 필요한 시간을 산정하며, 프로그램 수행 중 중요한 마일스톤을 확인하고, 각 마일스톤의 성과를 문서화하는 활동.

프로그램 자원관리 / Program Resource Management. 프로그램의 편익을 성공적으로 인도하기 위해 구성요소 관리자가 필요한 모든 자원(인력, 장비, 자재 등)을 사용할 수 있도록 지원하는 프로그램 활동.

프로그램 재무 프레임워크 / Program Financial Framework. 가용 자금조달을 조정하고, 제약사항을 결정하며 조달된 자금의 할당 방법을 결정하기 위한 상위 수준의 초기 계획.

프로그램 재무관리 / Program Financial Management. 프로그램의 재원과 자원을 식별하고, 프로그램 구성요소들의 예산을 통합하며, 프로그램의 전체 예산을 편성하고, 프로그램 진행 과정에서 비용을 통제하는 일과 관련된 활동.

프로그램 전략연계 / Program Strategy Alignment. 비즈니스 전략, 조직의 목표 및 목적을 통합하고 개발하는 일과, 운영 및 성과가 명시된 조직의 목표 및 목적에 부합하는 정도와 연관된 활동.

프로그램 전략연계 성과 도메인 / Program Strategy Alignment Performance Domain. 조직의 목표 및 목적에 연계되는 편익을 제공하기 위해 프로그램 산출물과 성과를 식별하는 성과 도메인.

프로그램 정보관리 / Program Information Management. 프로그램의 정보 자산을 어떻게 준비하고 수집하여 정리하고, 안전하게 할 것인가에 관한 활동.

프로그램 정보관리 계획서 / Program Information Management Plan. 프로그램의 정보자산을 준비하고 수집하여 정리하는 방법을 기술하는 문서로, 프로그램관리 계획서를 구성하는 요소이다.

프로그램 정의 단계 / Program Definition Phase. 프로그램을 승인하고 예상되는 결과를 달성하기 위해 필요한 프로그램 로드맵을 개발하는 과정에서 수행되는 프로그램 활동.

프로그램 조달관리 / Program Procurement Management. 전체 프로그램과 구성 프로젝트/요소의 요구사항을 충족시키기 위해 제품과 서비스를 획득하는 데 필요한 지식, 기량, 도구 및 기법을 적용하는 프로세스.

프로그램 종료 단계 / Program Closure Phase. 프로그램 편익을 담당 조직으로 이전하고, 통제된 방식으로 프로그램을 공식적으로 종료하기 위해 필요한 프로그램 활동.

프로그램 통합관리 / Program Integration Management. 프로그램의 다양한 구성요소를 식별하여 정의하고, 결합하고, 통합하고, 조율하기 위해 수행하는 프로그램 활동.

프로그램 편익관리 / Program Benefits Management. 프로그램의 계획된 편익과 의도된 결과를 명확히 하고, 그러한 편익과 결과 대비 프로그램의 인도 역량을 감시하는 프로세스.

프로그램 편익관리 성과 도메인 / Program Benefits Management Performance Domain. 프로그램이 제공하는 편익을 정의, 창출, 극대화 및 인도하는 성과 도메인.

프로그램 품질관리 / Program Quality Management. 수행 조직에서 프로그램이 성공적으로 수행되도록 프로그램 품질 정책과 목표, 담당업무를 결정하기 위해 수행하는 활동.

프로그램 품질보증 / Program Quality Assurance. 프로그램이 관련 품질 정책과 표준을 준수한다는 확신을 주기 위해 전반적인 프로그램 품질을 주기적으로 평가하는 일과 관련된 활동.

프로그램 품질통제 / Program Quality Control. 특정 구성요소 또는 프로그램 인도물과 결과를 감시하여, 품질 요구사항을 충족하고 편익 실현으로 이어지는지 판별하는 활동.

프로그램 활동 / Program Activities. 프로그램 생애주기 전반에 걸쳐 기여하면서 프로그램을 지원하기 위해 수행되는 작업과 업무.

프로그램관리 / Program Management. 프로그램 구성요소들을 개별적으로 관리해서는 실현되지 않는 편익과 통제를 달성하기 위해 프로그램에 지식, 기량, 원칙을 적용하는 관리 방식.

프로그램관리 계획서 / Program Management Plan. 프로그램의 다양한 하위 계획서를 통합하고, 프로그램의 개별 구성요소들을 통합하고 관리하기 위한 통제 항목들과 전반적인 계획을 수립하는 문서.

프로그램관리 성과 도메인 / Program Management Performance Domain. 프로그램관리 작업의 전체 범위내에서, 특정 성과 도메인에서 발견된 활동이 다른 도메인의 활동과 차별화되고 고유하게 특성화되도록 하는 활동이나 관련 기능 영역들을 상호 보완적으로 구분.

프로그램관리 정보시스템 / Program Management Information Systems. 조직의 하나 또는 그 이상의 프로그램을 효과적으로 관리하기 위해 필수적인 정보를 수집, 통합 및 의사소통하는 데 사용되는도구.

프로그램관리오피스 / Program Management Office. 프로그램 관련 거버넌스 프로세스를 표준화하여 자원, 방법론, 도구 및 기법 등의 공유를 촉진하는 관리 구조.

프로그램헌장 / Program Charter. 프로그램관리팀에 프로그램 실행을 위해 조직의 자원을 사용할 권한을 부여하고, 조직의 전략적 목표와 프로그램을 연결하는 내용을 기술한 문서로, 스폰서가 발행한다.

프로젝트 / Project. 고유한 제품, 서비스 또는 결과를 창출하기 위해 일시적으로 투입하는 노력.

프로젝트관리 / Project Management. 프로젝트 요구사항을 충족시키기 위해 지식, 기술, 도구, 기법 등을 프로젝트 활동에 적용하는 조치.

색인

I

IFB (입찰초청서), 131

P

PMBOK® Guide, 1, 4, 10, 77, 84, 102
PMI 프로젝트관리용어집, 1
PMO. 프로그램관리오피스 참조

R

RFP (제안요청서), 131
RFQ (견적요청서), 131

S

SOW (작업기술서), 119
SWOT 분석, 40

ㄱ

가정 분석, 40
가치. 비즈니스 가치 참조
개인정보보호, 60
거버넌스. 프로그램 거버넌스 참조
    계층구조, 68
    계획, 70
    리스크 감시 및, 54
    복잡성, 31
    지원 활동, 105
    포트폴리오, 68
건전성 점검, 프로그램, 76
검토
    의사결정 시점, 71, 75
    프로그램 거버넌스, 75–76

견적요청서 (RFQ), 131
경제적 타당성 연구. 비즈니스 케이스 참조
계약 행정관리, 프로그램, 131
계약관리, 프로그램 거버넌스 및, 86
계층구조
    의사결정, 86
    프로그램 거버넌스, 68
계획
    리스크관리 계획서, 120, 164
    범위관리 계획서, 123, 164
    변경관리 계획서, 112
    의사소통관리 계획서, 112–113, 115
    이해관계자 참여 계획서, 63–64, 107, 115
    일정관리 계획서, 121–122, 164
    자원관리 계획서, 119
    재무관리 계획서, 116
    정보관리 계획서, 116,
    조달관리 계획서, 117, 164
    편익관리 계획서, 50, 164
    품질관리 계획서, 118–119, 165
    프로그램 거버넌스 계획서, 70, 165
    프로그램 로드맵, 36–37, 122, 137, 165
    프로그램관리 계획서, 94–95, 137, 167
고객
    고객 의견 요청, 127
    서명, 102
    외부적, 54
    종료, 85
    주요 프로그램 이해관계자로서의 역할, 61
    프로그램 편익관리 및, 44
고객 만족, 44
    설문조사, 132
공급업체, 주요 프로그램 이해관계자, 61

관리. 편익관리; 변경관리; 기대사항 관리; 재무관리;
지식 관리; 조직차원 프로젝트관리 (OPM);
포트폴리오관리; 프로그램 활동 및 통합 관리;
프로그램 정보관리; 프로그램관리; 프로그램
품질관리; 프로젝트관리; 품질관리 계획서;
리스크관리 계획서 참조
관리대장. 편익 관리대장; 이해관계자 관리대장 참조
관리자. 포트폴리오 관리자; 프로그램 관리자;
프로젝트 관리자 참조
교훈, 102
   데이터베이스, 130
구성요소
   감독 및 통합, 96
   상호 의존관계 및, 9
   승인 및 기획, 96
   원가산정, 129
   이전 및 종료, 97, 101
   인도물 및, 121
   정의, 164
   프로그램 요소로서의 역할, 4
권력/이해관계 배치도, 62–63
규정준수, 프로그램, 73
규제 당국, 61
규제 준수, 44
긍정적 리스크, 135
기대사항 관리, 58
기업환경요인
   정의, 164
   환경 평가 및, 38–39
기회, 49, 52
   프로그램 리스크 분석 및, 135
   협업, 63

ㄴ

널리 인정되는, 정의, 2

ㄷ

단계 심사
   검토, 71, 75
   보고, 101
   정의, 164
대일정, 프로그램, 121–122, 165
동적 복잡성, 32

ㄹ

로드맵. 프로그램 로드맵 참조
리더십 기술, 18
리스크
   관리, 13
   긍정적, 49
   실패 및, 86
   에스컬레이션 프로세스, 73
   영향 분석 및, 65
   이전된 편익 및, 54
   프로그램 거버넌스 및, 73
   프로그램 리스크관리 기획, 120
   프로그램 일정 리스크 투입물, 122
   프로그램 초기 리스크 평가, 109
리스크 관리대장, 116, 120, 122, 136–137, 140, 165
리스크 복잡성, 32
리스크 식별, 134
리스크 한계선, 41, 73, 120
리스크 확률, 45
리스크관리 계획서, 120
   정의, 164
   프로그램 리스크관리 이전, 140
   프로그램 리스크관리 전략, 41–42

ㅁ

마일스톤 달성, 27
매트릭스. 측정 참조
모호성, 58
목표
   전략 계획 및, 35
   프로그램 거버넌스 및, 71
몬테카를로 시뮬레이션, 113
문서화. 보고 참조
   이해관계자 의사소통 및, 66

ㅂ

범위. 프로그램 범위관리 참조
   복잡성, 32
   프로그램 범위 감시 및 통제, 137
   프로그램 범위 평가, 110
   프로그램 범위기술서, 123, 137
범위관리 계획서, 123
   정의, 164
법률 환경, 86

변경
  관점별 프로그램 편익, 59
  복잡성, 32
  프로그램 변경 감시 및 통제, 125
  프로그램 변경 평가, 107
  프로그램 변경관리 기획, 112
  프로그램변경 거버넌스, 74
변경관리
  기술, 18
  프로젝트, 프로그램 및, 29–31
변경관리 계획서, 112
보고. 문서화 참조
  프로그램 거버넌스 및, 72–73
  프로그램 보고, 127
  프로그램 성과, 101
  프로그램 종료 및, 102
보조 계획서
  리스크관리 계획서, 120, 164
  범위관리 계획서, 123, 164
  변경관리 계획서, 112
  의사소통관리 계획서, 112–113, 115
  이해관계자 참여 계획서, 63–64, 107, 115
  일정관리 계획서, 121–122, 164
  자원관리 계획서, 119
  재무관리 계획서, 116
  정보관리 계획서, 116,
  조달관리 계획서, 117, 164
  편익관리 계획서, 50, 164
  품질관리 계획서, 118–119, 165
  프로그램 거버넌스 계획서, 70, 165
  프로그램 로드맵, 36–37, 122, 137, 165
복잡성
  프로젝트, 프로그램 및, 31–32
  환경 및, 58
복잡성 탐구: 실무 지침서, 31
부정적 리스크, 135
부정적인 영향, 44
분석 기술, 18
분할, 110, 123
불일치, 34
불확실성, 16, 58
  프로그램 및, 95
  프로젝트, 프로그램 및, 28–29
비교우위 분석, 39
비전
  사명 및, 6, 15, 36, 78
  프로그램 거버넌스 및, 71
  프로그램헌장 및, 93

비즈니스 가치. 편익 참조
  개요, 15
  인도, 52, 91
비즈니스 케이스
  정의, 164
  편익 식별 및, 46, 47
  프로그램 거버넌스 및, 72
  프로그램 전략연계 및, 34, 35

ㅅ

사명
  비전 및, 6, 15, 45, 78
  전략적, 36, 69, 80
산출물 및 결과물, 7, 16
상호 의존관계. 의존관계 참조
  복잡성, 31
  자원 상호 의존관계관리, 133
  조율, 13
  프로그램 구성요소 및, 9, 121, 122
생애주기. 프로그램 생애주기; 프로그램
  생애주기관리 성과 도메인 참조
선례정보 분석, 40
성공
  측정, 35
  프로그램 거버넌스 및, 69, 72
성과 도메인, 프로그램관리, 9
수행 조직
  정의, 164
  주요 프로그램 이해관계자 및, 61
  프로그램 편익관리 및, 44
스폰서. 프로그램 스폰서 참조
  정의, 164
  프로그램, 20
승인, 프로그램, 72
실패, 리스크, 86

ㅇ

역량, 17–19
역할
  프로그램 거버넌스, 70, 77–85
  프로그램 관리자, 2, 16–17
  프로그램 스폰서, 20
  프로그램관리오피스 및, 20–21

연결. 프로그램 로드맵 참조
    프로그램 생애주기에 따른 프로그램 활동, 103–104
연계. 프로그램 전략연계 참조
    프로그램 거버넌스 및, 86
영향 분석, 65
예산. 프로그램 재무관리 참조
    프로그램 원가 예산편성, 129
우수 실무, 정의, 2
원가
    구성요소 원가산정, 129
    프로그램 원가 예산편성, 129
    프로그램 원가산정, 113
    프로그램 초기 원가산정, 107
원인분석, 65
위협, 135
윤리 및 직무 강령, 2
윤리, 2
의사소통. 프로그램 의사소통; 프로그램 보고 참조
    계획, 112–113, 115
    기술, 18
    배포 방법 및, 126
    양방향, 59, 127
    이해관계자 참여 및, 57, 58
    프로그램 이해관계자, 66
의사소통관리 계획서, 112–113, 115
의존관계. 상호 의존관계 참조
    관리, 13
이슈
    관리, 13
    에스컬레이션 프로세스, 73
    이해관계자, 65
이슈 기록부, 65
이전 이후의 활동, 55
이해관계자
    권력/이해관계 배치도, 63
    내부 또는 외부, 57
    복잡성, 31
    연결, 58
    정의, 164
    프로그램 거버넌스 및, 79, 85
    프로그램 구상 및, 93
이해관계자 관리대장
    검토 및 업데이트, 63
    예시, 60
이해관계자 참여 계획서, 63–64, 107, 115

이해관계자 참여, 64–65
    기술, 18
이해관계자 환경, 프로그램 및, 58
이해관계자맵, 62
인도 단계, 14
인도. 프로그램 인도 참조
인도된 가치, 프로그램 생애주기 단계 및, 91
인도물
    문서, 35–36
    상호 의존관계 및, 121
    편익 및, 45
    프로그램 수준, 123
인수기준
    편익 이전 및, 53–54
    프로그램 거버넌스 및, 72
인증, 프로그램, 72
일정. 프로그램 대일정; 프로그램 일정관리 참조
    프로그램 및, 27
    프로그램 일정 평가, 109
일정계획 실무 표준 – 제2판, 122
일정관리 계획서, 121–122
    정의, 164
입찰초청서 (IFB), 131

ㅈ

자금조달 구조, 프로그램, 87
자금조달 조직
    재무 프레임워크 및, 114
    주요 프로그램 이해관계자로서의 역할, 61
자원
    복잡성 및, 32
    자원 상호 의존관계관리, 133
    재배정, 102
    프로그램 자원 요구사항 산정, 109
    프로그램 자원관리 기획, 119
    프로그램 자원관리, 133
    프로그램 자원이전, 140
자원 상호 의존관계관리, 133
자원관리 계획서, 119
작업기술서 (SOW), 119
작업분류체계 (WBS), 121, 123, 137
재무관리 계획서, 116
재무관리. 프로그램 재무관리 참조
    자금조달 모델 및, 114
    프로그램 재무 종료, 139

전략적 연계
    거버넌스 및, 85
    리스크관리, 41
    편익 인도 단계 및, 52
    프로그램 구상 및, 93
전략적 중요성, 87
정보 보관, 139–140
정보. 프로그램 정보관리 참조
    교환, 14
    프로그램 정보 배포 방법, 126
    프로그램 정보 보관 및 이전, 139–140
정보관리 계획서, 116
정의 단계, 14
정의, 프로그램, 72
정의의 복잡성, 31
제안요청서 (RFP), 131
제약
    거버넌스 및, 71
    고정, 28
    정의, 164
    프로그램헌장 및, 93
    프로젝트 및, 4
    프로젝트관리 및, 10
조달
    프로그램 조달 종료, 140
    프로그램 조달 평가, 108
    프로그램 조달관리 기획, 116–117
조달관리 계획서, 117
    정의, 164
조직
    수행, 44, 61
    자금조달, 61, 114
    현재 및 향후 상태, 59
조직 거버넌스, 86
조직의 변경관리: 실무 지침서, 14
조직의 복잡성, 32
조직의 전략
    프로그램 생애주기 단계 및, 91
    프로그램관리 성과 도메인 및, 26
조직차원 프로젝트관리 (OPM)
    비교 개요 및, 11
    포트폴리오, 프로그램, 프로젝트관리 및, 10–11
조직차원프로젝트관리구현: 실무 지침서, 1, 10
종료 단계, 14
종료, 프로그램, 102
주공정, 122

지식 관리, 102. 교훈 참조
직무 강령, 2
측정치
    이해관계자 참여 및, 64, 65
    편익분석 및, 48–49
    프로그램 거버넌스 및, 71
    프로그램 성공 및, 35
    프로그램 재무관리 기획 및, 115

E

타당성 조사, 40
통계 기법, 113
통합 기술, 18

ㅍ

파트너십, 63, 108
편익 관리대장
    개요, 47
    업데이트, 50
편익 식별 단계
    개요, 46–47
    정의, 164
편익 이전 단계
    정의, 164
    인수자, 54
    활동, 53–54
편익 인도 단계
    정의, 164
    활동, 51
편익 지속 단계
    정의, 164
    활동, 55–56
편익. 비즈니스 가치 참조
    실현, 53
    유형별, 44
    이전, 54
    인도, 3, 6, 31, 51–52
    정의, 164
    지속, 101
    프로그램 거버넌스 및, 52
    프로그램 구성요소 및, 52
편익관리 계획서, 50
    정의, 164
    편익 인도 단계 및, 49
편익관리. 프로그램 편익관리 참조
    프로그램 로드맵 및, 50

편익분석 및 기획 단계
    개요, 48–49
    정의, 165
포트폴리오
    관련성 및, 26–27
    기간 및, 26–27
    작업 분류, 27
    정의, 165
    프로그램 거버넌스 및, 86
    프로그램 구별 및, 26–27
    프로그램, 프로젝트 및, 7–8
포트폴리오 거버넌스, 68
포트폴리오 검토
    위원회, 33
    프로세스, 26
포트폴리오 관리자
    이해관계자로서의 역할, 61, 85
    프로그램 관리자 및, 17
    프로그램, 프로젝트 및, 12
포트폴리오관리
    OPM 및, 10–11
    비즈니스 가치 및, 15
    설명, 10
    연계, 26
    정의, 165
    프로그램관리 및, 12
    프로그램관리 성과 도메인 및, 26
    프로젝트관리 및, 12
포트폴리오관리 표준서, 1, 3, 10
품질
    프로그램 기버넌스 및, 74
    프로그램 품질 평가, 108
    프로그램 품질관리 기획, 118–119
    프로그램 품질관리, 118–119, 167
    프로그램 품질보증, 132, 167
    프로그램 품질통제, 132, 167
품질관리 계획서, 118–119
    정의, 165
프로그램
    관련성 및, 26–27
    변경관리 및, 29–31
    복잡성 및, 31–32
    불확실성 및, 28–29
    설명, 3–6
    시간 및, 26–27
    요소, 4
    착수, 6–7
    포트폴리오 구별 및, 26–27
    포트폴리오, 프로젝트 및, 7–8
    프로젝트 및, 4
    프로젝트 비교, 28–32
    하위, 4, 6, 27
프로그램 WBS, 123
프로그램 거버넌스 계획서
    내용, 기타, 71
    목적, 70
    역할과 담당업무, 70
    정의, 165
    회의, 계획, 71
프로그램 거버넌스 계획서, 70
    정의, 165
프로그램 거버넌스 성과 도메인
    연계 및, 52
    정의, 25
프로그램 거버넌스, 67–87
    개요, 67–70
    검토, 75–76
    계층구조, 68
    계획, 70
    변경 및, 74
    비전 및 목표, 71
    설계 및 구현, 85–87
    성과 도메인, 165
    역할, 78–85
    이해관계자, 기타, 85
    정의, 165
    최적화, 86
    최적화, 조정 및, 86–87
    편익 및, 52
    프레임워크, 165
    프로그램 감시 및 통제, 72–73
    프로그램 건전성 점검, 76
    프로그램 관리자 및, 83–84
    프로그램 구상 및, 93
    프로그램 구성요소 착수 및 이전, 76–77
    프로그램 리스크 및 이슈 거버넌스, 73
    프로그램 보고, 72–73
    프로그램 성공 및, 69
    프로그램 스폰서, 80
    프로그램 승인 및 인증, 72
    프로그램 운영위원회 및, 81–82
    프로그램 정의 및, 72

프로그램 종료 및, 102
프로그램 종료 및, 78
프로그램 품질 거버넌스, 74
프로그램 활동 및, 106, 111, 124, 138
프로그램관리오피스 및, 82
프로젝트 관리자 및, 84
프로그램 계약 행정관리, 131
프로그램 관리자
   역량, 17–19
   역할, 2, 16–17
   이해관계자 참여 및, 59–60
   정의, 165
   프로그램 거버넌스 및, 79, 83–84
프로그램 구상
   개요, 92–93
   프로그램헌장 및, 93
   하위 단계, 34
프로그램 구상 활동, 106–110
   개요, 106
   프로그램 범위 평가, 110
   프로그램 변경 평가, 107
   프로그램 의사소통 평가, 107
   프로그램 일정 평가, 109
   프로그램 자원 요구사항 산정, 109
   프로그램 정보관리 평가, 108
   프로그램 조달 평가, 108
   프로그램 초기 리스크 평가, 109
   프로그램 초기 원가산정, 107
   프로그램 품질 평가, 108
프로그램 구성요소
   착수 및 이전, 76–77
   프로그램 및, 3, 4
프로그램 구성요소, 정의 및, 4
프로그램 규정준수, 73
프로그램 기획 단계 활동, 110–123
   상호작용, 110–111
   프로그램 리스크관리 기획, 120
   프로그램 범위관리 기획, 123
   프로그램 변경관리 기획, 112
   프로그램 원가산정, 113
   프로그램 의사소통관리 기획, 112–113
   프로그램 일정관리 기획, 121–122
   프로그램 자원관리 기획, 119
   프로그램 재무 프레임워크 구축, 114–115
   프로그램 재무관리 기획, 115–116
   프로그램 정보관리 기획, 116
   프로그램 조달관리 기획, 116–117
   프로그램 품질관리 기획, 118–119

프로그램 기획, 94–95
프로그램 단계, 14
프로그램 대일정
   정의, 165
   프로그램 일정 감시 및 통제, 136–137
   프로그램 일정관리 기획 및, 121–122
프로그램 로드맵, 36–37, 122, 137. 연결 참조
   구성요소 이전 및, 101
   예시, 37
   정의, 165
   편익 및, 45
   프로그램 대일정 및, 122
프로그램 리스크
   대응 전략, 42
   분석, 135
   식별, 134
   정의, 165
   한계선, 41
프로그램 리스크 감시 및 통제, 134–136
   프로그램 리스크 대응관리, 135–136
   프로그램 리스크 분석, 135
   프로그램 리스크 식별, 134
프로그램 리스크 관리대장, 122
   정의, 165
   주요 산출물, 120
프로그램 리스크 대응관리, 135–136
프로그램 리스크관리
   기획, 120
   이전, 140
   전략, 41–42
   정의, 165
프로그램 및 포트폴리오 관련성, 26–27
프로그램 및 포트폴리오 시간 요소, 26–27
프로그램 범위
   감시 및 통제, 137
   평가, 110
프로그램 범위관리
   기획, 123
   정의, 165
프로그램 범위기술서, 123, 137
프로그램 변경
   감시 및 통제, 125
   관리 기획, 112
   관리, 166
   변경관리 및, 30
   요청, 125
   평가, 107

프로그램 보고, 127
프로그램 비즈니스 케이스. 비즈니스 케이스 참조
프로그램 생애주기, 89–97
    개요, 89–90
    관리, 166
    단계 개요, 90–91
    연결 프로그램 활동, 103–104
    인도 단계 및, 5
    전반적인 원가 및 편익 프로필, 49
    프로그램 편익관리 및, 46
프로그램 생애주기관리 성과 도메인, 89–104
    개요, 89
    정의, 25, 165
    통합 관리, 98–104
    프로그램 생애주기, 89–97
    프로그램 활동, 98–104
프로그램 성과 감시 및 통제, 101
프로그램 스폰서
    역할, 20
    주요 프로그램 이해관계자로서의 역할, 61
    프로그램 거버넌스 및, 79, 80
프로그램 운영위원회
    PMO 및, 20
    담당업무, 81–82
    정의, 166
    주요 프로그램 이해관계자로서의 역할, 61
    프로그램 거버넌스 및, 73, 74, 76, 78, 79, 80, 83, 84
    프로그램 관리자 및, 2, 19
    프로그램 생애주기 및, 90, 92, 94, 95, 97, 100, 101, 102
    프로그램 전략연계 및, 33, 36
    프로그램 편익관리 및, 43, 46, 49, 51, 52
    프로그램헌장 및, 36
프로그램 원가. 비용 참조
프로그램 의사소통
    관리 기획, 112–113
    관리, 125–126, 166
    평가, 107
프로그램 이전, 101
프로그램 이해관계자
    분석, 62–63
    의사소통, 66
프로그램 이해관계자 식별
    개요, 60–62
    이해관계자 관리대장, 60
    주요 프로그램 이해관계자, 61–62

프로그램 이해관계자 참여, 64–65
    기획 활동, 63–64
프로그램 이해관계자참여 성과 도메인, 57–66
    정의, 25, 166
프로그램 인도
    관리, 100–101
    프로그램 거버넌스 및, 86
    프로그램 자원관리 및, 133
프로그램 인도 단계 활동, 124–129
    개요, 124
    구성요소 원가산정, 129
    프로그램 변경 감시 및 통제, 125
    프로그램 보고, 127
    프로그램 원가 예산편성, 129
    프로그램 의사소통관리, 125–126
    프로그램 재무관리, 127–128
    프로그램 정보 배포 방법, 126
프로그램 인도 단계, 95–97
    개요, 95
    구성요소 감독 및 통합, 96
    구성요소 승인 및 기획, 96
    구성요소 이전 및 종료, 97
    생애주기 단계 및, 90, 91
    정의, 166
    프로그램관리 성과 도메인 및, 26
프로그램 인프라 개발, 99–100
프로그램 일정
    감시 및 통제, 136–137
    리스크 투입물, 122
프로그램 일정관리
    계획, 122
    기획, 121–122
    정의, 166
프로그램 자금조달 구조, 87
프로그램 자원 요구사항 산정, 109
프로그램 자원관리
    개요, 133
    기획, 119
    정의, 166
프로그램 재무 프레임워크, 166
    구축, 114–115
프로그램 재무관리
    기획, 115–116
    정의, 166
    활동, 127–128
프로그램 전략연계 성과 도메인, 25, 166

프로그램 전략연계, 33–42
    개요, 33–34
    불일치 및, 34
    비즈니스 케이스, 35
    요소, 34
    정의, 166
    프로그램 로드맵 및, 36–37
    프로그램 리스크관리 전략, 41–42
    프로그램헌장 및, 36
    환경 평가 및, 38–40
프로그램 정보 배포 방법, 126
프로그램 정보관리
    개요, 130
    정의, 166
    평가, 108
프로그램 정보관리 계획서, 116, 166
프로그램 정의 단계
    개요, 91
    생애주기 단계 및, 90, 91
    정의, 166
    프로그램 구상, 92–93
    프로그램 기획, 94–95
    프로그램 인도 단계, 95
프로그램 정의 단계 활동, 106–123
    완료, 7
    프로그램 구상 활동, 106–110
프로그램 조달 평가, 108
프로그램 조달관리
    개요, 131
    기획, 116–117
    정의, 166
프로그램 종료 단계
    개요, 97
    생애주기 단계 및, 90, 91
    정의, 166
    프로그램 자원이전, 140
    프로그램 재무 종료, 139
    프로그램 정보 보관 및 이전, 139–140
    프로그램 조달 종료, 140
프로그램관리 성과 도메인 및, 26
활동, 138–140
프로그램 종료, 102
프로그램 종료. 프로그램 종료 단계 참조
    정보, 78
    프로그램 구성요소 및, 77
    프로그램 조달 종료, 140
프로그램 착수, 6–7

프로그램 초기 리스크 평가, 109
프로그램 초기 원가산정, 107
프로그램 통합관리, 99–104
    개요, 99
    정의, 167
    편익 지속, 101
    프로그램 성과 감시 및 통제, 101
    프로그램 이전, 101
    프로그램 인도관리, 100–101
    프로그램 인프라 개발, 99–100
    프로그램 종료, 102
프로그램 편익관리 성과 도메인, 25, 167
프로그램 편익관리, 43–56
    개요, 43–46
    정의, 167
    프로그램 생애주기 및, 46
프로그램 품질관리
    기획, 118–119
    정의, 167
프로그램 품질보증
    정의, 167
    통제 및, 132
프로그램 품질통제
    개요, 132
    정의, 167
프로그램 활동 및 통합 관리, 98–104
    개요, 98
    연결, 프로그램 생애주기 및, 103–104
    프로그램 통합관리, 99–104
    프로그램 활동 개요, 98–99
프로그램 활동, 105–140
    개요, 98–99
    정의, 167
    프로그램 인도 단계 활동, 124–137
    프로그램 정의 단계 활동, 106–123
    프로그램 종료 단계 활동, 138–140
프로그램관리 계획서, 137
    정의, 167
    프로그램 기획 및, 94–95
프로그램관리 생애주기 단계, 프로그램 활동 및, 103–104
프로그램관리 성과 도메인, 9, 23–32
    개요, 23–24
    상호작용, 25
    정의, 24–25, 167
    조직의 전략 및, 26
    포트폴리오관리 및, 26
    프로그램관리 연계 및, 26

프로그램관리 전문가 (PgMP®) 자격인증 프로그램, 19
프로그램관리 정보시스템 (PMIS), 100
프로그램관리 정보시스템, 167
프로그램관리, 8–9
    OPM 및, 10–11
    비즈니스 가치 및, 15
    설명, 8–9, 10
    원칙, 2
    정의, 167
    포트폴리오관리 및, 12
    프로젝트관리 및, 12–14
프로그램관리오피스 (PMO)
    역할, 20–21
    정의, 167
    주요 프로그램 이해관계자로서의 역할, 61
    프로그램 거버넌스 및, 79, 82
    프로그램 인프라 및, 100
프로그램헌장
    정의, 167
    프로그램 거버넌스 및, 72
    프로그램 구상 및, 93
    프로그램 전략연계 및, 33, 36
프로세스 개선 프로그램, 6
프로젝트
    변경, 30
    변경관리 및, 29–31
    복잡성 및, 31, 32
    불확실성 및, 28–29
    정의, 167
    포트폴리오 및, 7–8
    프로그램 및, 4, 7–8, 28–32
    프로그램 요소로서의 역할, 4
    한시적 특성, 7, 13
프로젝트 관리자
    프로그램 거버넌스 및, 79, 84
프로젝트 관리자 역량 개발 프레임워크 제3판, 19
    주요 프로그램 이해관계자로서의 역할, 61
프로젝트 리스크관리 실무 표준, 120
프로젝트관리
    OPM 및, 10–11
    비즈니스 가치 및, 15
    설명, 10
    정의, 167
    지원 활동, 105
    포트폴리오관리 및, 12
    프로그램관리 및, 12–14

프로젝트관리오피스 (PMO)
    프로그램 거버넌스 및, 82, 87
프로젝트관리지식체계 지침서 *(PMBOK® Guide)*,
    A. *PMBOK® Guide* 참조
프로젝트관리협회 (PMI), 1

ㅎ

하위 프로그램, 4
하위 프로그램, 4, 6, 27
핵심성과지표
    거버넌스 및, 52
    편익 관리대장 및, 47
헌장. 프로그램헌장 참조
협업 기회, 63
환경 분석, 39–40
환경 평가, 38–40
    기업환경요인, 38–39
    환경 분석, 39–40
활동. 프로그램 활동 참조
회의, 프로그램 거버넌스 및, 71